慧海拾珠

中华文化千问

Classic Reading
And Collection

探寻华夏文明发展之路·解读中华千年璀璨历史

王永鸿　周成华◎主编

陕西新华出版传媒集团

三秦出版社

图书在版编目（CIP）数据

中华文化千问／王永鸿，周成华主编．—西安：三秦出版社，2012.1
（2022.6 重印）
（慧海拾珠）
ISBN 978-7-5518-0067-9

Ⅰ．①中…　Ⅱ．①王…　②周…　Ⅲ．①中华文化—问题解答
Ⅳ．①K203-44

中国版本图书馆 CIP 数据核字（2012）第 001582 号

慧 海 拾 珠
中华文化千问

王永鸿　周成华　主编

出版发行	陕西新华出版传媒集团　三秦出版社
社　　址	西安市雁塔区曲江新区登高路 1388 号
电　　话	（029）81205236
邮政编码	710061
印　　刷	永清县晔盛亚胶印有限公司
开　　本	787mm×1092mm　1/16
印　　张	15
字　　数	400 千字
版　　次	2012 年 1 月第 1 版
	2022 年 6 月第 3 次印刷
标准书号	ISBN 978-7-5518-0067-9
定　　价	46.00 元
网　　址	http://www.sqcbs.com

前言

qian yan

　　人们常说，中华文化源远流长。那么，到底什么是文化或者说文化有哪些特质？现代著名思想家、哲学家、教育家梁漱溟先生在《中国文化要义》中指出，文化就是我们生活的依靠，中国文化就是中国人的生活方式、观念和主张。梁先生的解释直截了当且一语中的。的确如此，中华文化从产生之际，就渗入到每一位中华儿女的血脉里，根植在神州大地的万物中，她用坚强的意志，证明文化特有的价值，并在潜移默化中改变我们的生活，开拓我们的视野，提升我们的人生境界，丰富我们的知识结构，启动我们思维的多元性……总之，文化无处不在，我们与文化的关系，若鱼与水。我们是鱼，文化是水。一旦鱼离开水，生命很难延续，更谈不上发展。

　　既然文化对我们如此重要，我们又了解多少呢？信息时代，生活节奏瞬息万变，新生知识的发展极为迅猛，让我们很难静下心来，细细品味传统中华文化的韵味。所以，信息更新换代的越快，我们就越远离生存之本。不得不让人感慨，这是一个文化常识稀缺的年代！

　　而只有知古才能鉴今，中华古代文化中蕴含着深刻的思想与智慧。这些思想与智慧，是现今流行的快餐文化无法比拟的。如果说快餐文化能够一时充饥，那么中华文化常识则会让你终身受益。

　　文化具有传承性，一个人的思想往往是由他的血液和灵魂中所属的几千年的民族的基因决定。每一个人都不能脱离它，每一个人都或多或少地受到它的影响。正是它的这种性质，一代又一代的炎黄子孙才能在自己漫长的发展史中得以发展和延续；正是这种性质，决定了人们不能把它遗忘或淡化；正是这种性质，我们才能在挫折与失败中找到前进的精神力量，才能在一次次冲击和劫难中焕发新的生机，使中华民族屹立于世界而不倒。学习与继承中华传统文化，了解和掌握文化常识，对我们来说颇为重要。

　　《慧海拾珠》集纳大量的历史文化细节，精选了大量图片和文字，是文、史、哲知识汇编类图书，它上起三代，下迄清末，内容涉及文学、哲学、艺术、历史、政治等方面。以丰富的知识和史料，娓娓讲述各类事物精彩的历史文化，真切逼真地再现了中国传统社会厚重、独特、百态纷呈的生活景观，是不可多得

的精神食粮。

拥有《慧海拾珠》，尽知古代万事万物的文化脉络。让你在轻松玩赏的同时，浏览丰富多彩的知识美景，了解妙趣横生的文化历史，给你带来全新的知识盛宴！既可作为茶余饭后增知益识的消闲读品，也可以成为家庭的珍藏读本。而对于广大青少年朋友而言，《慧海拾珠》更是一份特殊而宝贵的礼物，该书会让你变得更加睿智，让你的明天更加阳光灿烂。

目 录
mu lu

第八章 科技发明 **113**

第一章　生活起居

筷子是怎么来的？

筷子是中华民族传统且又特殊的进餐用具。从形状上可分为：四方形、三角形、圆形、椭圆形、倒圆锥形、上方下圆等等；从制作材料上可分为：竹制的、木制的、象骨的、象牙的、金属的、塑料的等等。

史前社会的人类是不会使用筷子的。人们用手抓食，因煮熟的饭菜烫手，不得不折取草茎木棍来佐取，久而久之，便练出使用筷子的技术了。到了汉代，人们称筷子为"箸"。新中国成立后，在云南大理洱海考古出土的筷子，经专家鉴定为西汉遗物。渔民在行船捕鱼时最盼望顺风顺水，行船如飞，非常忌讳"住"字，因"箸"与"住"谐音，故把"箸"称为"快儿"。又因制作筷子多取材于竹，字不离母，就在"快"字的头上加上个竹字头，变成今天的"筷子"了。

古代的筷子有什么特点？

在饮食中，将烹饪好的食物从炊具中取出放入盛食器，再从盛食器中取出放入口腔，这两个过程所需要的中介工具就是进食器，中国传统的进食器具可分为勺子和筷子两类。筷子一经产生，历三千余年而无功能和形态的实质变化，因而被视为中华国粹的一种，成为

饮食文化的象征。而勺类进食具的历史则更为久远，发展变化的过程相对要复杂些。

筷子古称"箸"，至明代始才有此称呼。考古发现最早的箸出于安阳殷墟商代晚期墓葬中，文献中曾记载商纣王制作使用精美象牙箸。但中国发明使用箸的历史肯定要早于商代。这种首粗足细的圆柱形进食具，最早应是用木棍做的，商周时期出现青铜制品，汉代则流行竹木质，而且很多刷漆，非常精美。隋唐时出现了金银制作的箸，一直沿用到明清，至宋元时期，出现了六棱、八棱形箸，装饰也日渐奢华，明清时宫廷用箸更是用尽匠心，工艺考究且有题诗作画的箸，实际成了高雅的艺术品。

我国传统菜系有哪些？

广州菜是粤菜的主要组成部分，以味美色鲜、菜式丰盛著称。广州菜有三大特点：一是鸟兽虫鱼均为原料，烹调成形态各异的野味佳肴；二是即开刀、即烹和即席烹制，独具一格，吃起来新鲜火热；三是夏秋清淡、冬春香浓，深受大众的喜爱。

东江菜又称客家菜，用料以肉类为主，原汁原味，讲求酥、软、香、浓。注重火功，以炖、烤、煲、焗见长。做法上仍保留一些奇巧的烹饪技艺，具有古代中原的风貌。

四川菜简称川菜，是中国著名的八大菜系之一，历史悠久，风味独特，驰名中外。主要特点在于味型多样，厚实醇浓，具有"一菜一格"、"百菜百味"特殊风味，各式菜点无不脍炙人口。

山东菜可分为济南风味菜、胶东风味菜、孔府菜和其他地区风味菜，并以济南菜为典型，有煎炒烹炸、烧烩蒸扒、煮氽熏拌、溜炝酱腌等50多种烹饪方法。

江苏菜简称苏菜，以苏州和扬州菜为代表，是中国著名的八大菜系之一。

浙江菜简称浙菜，是浙江地方风味菜系。

福建菜俗称闽菜，以福州菜为代表，素以制作细巧、色调美观、调味清鲜著称。

湖南菜又称湘菜，调味重酸辣，重视材料互相搭配。

徽菜是安徽菜的简称，又叫皖菜，是中国八大菜系之一。

山珍海味指的是什么？

山珍海味，指的是产自山野和海洋的名贵珍稀食品，是食物中最精华的部分，熊掌、驼峰、燕窝、鱼翅、海参等，在食谱上经常充当主角。

熊掌，煮好的熊蹯，酥烂滑润，自有其耐人寻味处。扒熊掌是食谱上的名菜。

驼峰，以骆驼的肉峰作原料，可以蒸食或烤食。驼峰和银鳞这两道菜是唐玄宗和杨贵妃精美饮食生活的一部分。

鹿尾，古人视为珍食。明清两代北京宴饮，最重鹿尾。《红楼梦》写庄头乌进孝向贾府交年租年礼，所开单子

的第一宗是大鹿(全鹿)三十只。鹿尾、鹿舌、鹿筋、鹿肉、鹿血、鹿鞭既是美食，又是大补剂品。

燕窝，金丝燕吞食鱼虾、海藻经胃液消化后吐出黏液，在闽粤海滨悬崖上筑起的巢叫燕窝，供人食用，营养丰富。

鱼翅，鱼翅是加工干制后的鲨鱼鳍，海参是海里一种棘皮动物。古代隆重的喜庆筵席以鱼翅、海参作为主菜，称为翅子席，鱼翅席和海参席。

鲥鱼，春夏之交，一年一次的鲥鱼上市。鲥鱼生活在海洋中，春季到长江、钱塘江产卵，大的长达三尺，是我国鱼中美味。

我国古时著名的山珍海味，还有鱼肚、鱼唇、干贝、对虾、野鸡崽子、凫脯、哈士蟆、猴头蘑、银耳等等。至于宫廷食谱"龙肝凤髓"之类，不过是戏言帝王饮食的名贵珍异罢了。"龙肝"是用白马的肝脏代替，凤髓是锦鸡骨髓充当的。

馒头是如何出现的？

三国时期，诸葛亮辅佐刘备攻下四川建立了蜀国，要和曹操、孙权争夺天下。然而，蜀国南边的"南蛮"洞主孟获总是不断来袭骚扰，使得蜀国不能专心对付魏吴。为了解决后顾之忧，诸葛亮亲自带领蜀国军队去征伐孟获。蜀国军队向南进攻要渡过泸水。那时，泸水一带人烟稀小，瘴气很重且泸水有毒，此时，

★馒头

诸葛亮的部下就有人提出一个迷信的主意：杀掉一些"南蛮"的俘虏，用他们的头颅去祭祀泸水的河神。

但是，诸葛亮不答应用此方法，而主张以仁义来收服孟获。为了鼓舞士气，诸葛亮想出了一个办法：用军中所带的面粉和成面泥，把捏成人头模样的"蛮头"蒸制而成，用以祭祀泸水的河神。此后，这种面食就流传下来，并传到北方。但是称为"蛮头"实在太吓人，人们就用"馒"字换下了"蛮"字，于是写作"馒头"。久而久之，馒头就成了盛产麦面的北方人的主食。

饺子是怎么来的？

在我国北方，有这么一种习俗，逢年过节或者是迎亲待友，总要包顿饺子吃。尤其是大年初一，全家人拜完年后，便围坐在一起，边包饺子边聊天，山南海北，无所不谈，不时引来欢声笑语，大有其乐无穷之意。"水饺人人都爱吃，年饭尤数饺子香"。当人们吃着这滑润适口滋味鲜美的水饺时，如果再知道一些它的来历，谁能不惊叹我们文明古国源远流长的面食奇苑呢！

饺子源于古代的角子。早在三国时期，魏张揖所著的《广雅》一书中，就提到这种食品。据考证：它是

★饺子

由南北朝至唐朝时期的"偃月形馄饨"和南宋时的"燥肉双下角子"发展而来的，距今已有一千四百年的历史了。千百年来，饺子作为贺岁食品，受到人

们喜爱，相沿成习，流传至今。

饺子的称呼有哪些？

饺子在其漫长的发展过程中，名目繁多，古时有"牢丸"、"扁食"、"饺饵"、"粉角"等等名称。唐代称饺子为"汤中牢丸"；元代称为"时罗角儿"；明末称为"粉角"；清朝称为"扁食"。

现在，北方和南方对饺子的称谓也不尽相同。北方人叫"饺子"，南方不少地区却称之为"馄饨"。饺子因其用馅不同，名称也五花八门，有猪肉水饺、羊肉水饺、牛肉水饺、三鲜水饺、红油水饺、高汤水饺、花素水饺、鱼肉水饺、水晶水饺等。此外，因其成熟方法不同，还有煎饺、蒸饺等。因此，大年初一吃饺子在精神和口味上都是一种很好的享受。

涮羊肉是怎么来的？

目前关于涮羊肉的直接材料晚到辽宋时期，但是我们仍有理由认为：人们吃涮羊肉应当和火锅的出现是同时的，只是最初并没有什么调料可言。

在说起涮羊肉和火锅出现的同时，首先就要看看在原始社会后期有没有羊。从已发现的羊骨骼来看，目前最早的羊距今近一万年，是在江西发现的，不过，经鉴定并不是人类饲养的家羊。至于家羊的骨骼，已知最早的距今5000年左右，在东北、内蒙、甘肃等地都有所发现，而且是既有家山羊也有家绵羊。由此可见，在我们的祖先造出火锅的时候，是有羊肉可涮的。

最早的面条是什么？

面条是一种起源于中国的古老食物，有着源远流长的历史。在中国东汉年间已存记载，至今超过1900年。最早的实物面条是由中国科学院地质与地球物理研究所的科学家发现的，他们在2005年10月14日在黄河上游、青海省民和县喇家村进行地质考察时，在一处河漫滩沉积物地下3米处，发现了一个倒扣的碗。碗中装有黄色的面条，最长的有50厘米。研究人员通过分析该物质的成分，发现这碗面条已经有约4000年历史，使面条的历史大大提前。

★面条

油条是怎么来的？

油条起初的名字叫做"油炸桧"，据说最早是临安人发明的。南宋高宗绍兴十一年，秦桧一伙卖国贼，以"莫须有"的罪名杀害了岳飞父子，南宋军民对此无不义愤填膺。当时在临安风波亭附近有两个卖早点的饮食摊贩，各自抓起面团，分别搓捏了形如秦桧和王氏的两个面人，绞在一起放入油锅里炸，并称之为"油炸桧"。一时，买吃早点的群众心领神会地喊起来："吃油炸桧！吃油炸桧！"为了发泄心中愤恨，于是人们争相仿效。从此，各地熟食摊上就出现了油条这一食品。至今，有些地方，仍有把油条称为"油炸桧"。

吃粥有什么样的好处？

粥是我们日常最普通的饮食之一，一般以五谷杂粮为原料加水熬制而成，具有养生效果。谷类中含有蛋白质、脂肪、碳水化合物、维生素和矿物质等营养成分，经慢火熬制成粥后，香糯滑软，清淡适口，很容易被人体消化吸收，是一种理想而方便的营养食品。如果在粥中加入一些补益物料，如大枣、枸杞、当归等，其营养和滋补的作用更加强了，药借食力，食借药威，不但能保健强身，还有防病治病的功效，这就是药粥。普通粥和药粥都可以养生，统称养生粥。

粥有什么样的悠久历史？

粥是我国医学的瑰宝之一，有着悠久的历史。湖南长沙马王堆汉墓出土的14种医学方剂书中，就有记载服食青粱米粥治疗蛇咬伤、用加热的石膏块煮米内服治疗肛门痒痛等方剂。根据专家考证，这批出土的古医书约编写于春秋战国时期，是迄今发现的最早的关于粥的文字记载。

盛食具中的盆有什么特点？

大而深的盘可称为盆，从"锅碗瓢盆"这一习语中可知，盆自然是用于炊事活动的。但"金盆洗手"的说法，又表明盆也可以作盥洗用具，不过后一种意义的盆古代常写为鉴，形态上与盛食之盆也略有差异，新石器时代的陶盆均为食器，式样较多，秦汉以后食盆的质料虽多，但造型一直比较固定，与今天所用基本无别。

盛食具中的案有什么特点？

案的形态功用和俎有很多相似的地方，但秦汉及其后多言案而少称俎。食案大致可分两种，一种案面长而足高，可称几案，既可作为家具，又可用作进食的小餐桌；另一种案面较宽，四足较矮或无足，上承盘、碗、杯、箸等器皿，专作进食之具，可称为梜案，形同今天的托盘。自商周以至秦汉，案多陶质或木质，鲜见金属案，木案上涂漆并髹以彩画是案中的精品，汉代称为"画案"。

古代炊具中的鼎有什么特点？

鼎，最早是陶制的，殷周以后开始用青铜制作。鼎腹一般呈圆形，下有三足，故有"三足鼎立"之说；鼎的上沿有两耳，可穿进棍棒而抬举。可在鼎腹下面烧烤。鼎的大小因用途不同而差别较大。古代常将整个动物放在鼎中烹煮，可见其容积较大。夏禹时的九鼎，经殷代传至周朝，象征国家最高权力，只有得到九鼎才能成为天子，可见它又是传国之宝。

什么是瓢？

将完整的葫芦一剖为二便成了两个瓢，可见最早的瓢应是圆形带柄并是木质的。后来又有了陶质和金属瓢，汉代的瓢方形、平底，既可舀水，又可直接进食，称为"魁"，较小的瓢称为"蠡"，古语有"以蠡测海"就是说工作之艰巨，或者是不自量力的意思。瓢魁之类，既然可舀水进食，当然也可用以装酒，上古之时，用于舀水的器具除陶质、木质的瓢外，还有以动物甚至人脑壳为瓢者，民族学有许多相关的例证，考古学也有相关的发现。

古代的勺有什么特点？

从功能上看，勺可分为两种，一种是从炊具中捞取食物入盛食具的勺，同时可兼作烹饪过程中搅拌翻炒之用，古称匕，类似今天的汤勺和炒勺。另一种是从餐具中舀汤入口的勺，形体较小，古称匙，即今天所俗称的调羹。但早期的餐勺往往是兼有多种用途的，专以舀汤入口的小匙的出现应是秦汉及其以后的事。考古发现最早的餐勺距今已有七千余年的历史，属新石器时代。当时的勺既有木质、骨质品，也有陶质的。夏商周时期出现铜勺，带有宽扁的柄，勺头呈尖叶状，自铭为匕，即勺头展平后形如矛头或尖刀。"匕首"之称即指似勺头的刀类。自战国起，勺头由尖锐变为圆钝，柄也趋细长，此形态一直为后代沿袭，秦汉时流行漆木勺，做工华美，并分化出汤匙，此后金、银、玉质的匕、匙类也日渐增多，餐桌上的器具随着食具的多样而更加丰富了。

古代的葡萄酒是怎么来的？

在古代中国，葡萄酒并不是主要的酒类品种，但在一些地区，如在现在的新疆所在地，葡萄酒则基本上是主要的酒类品种。在一些历史时期，如元朝，葡萄酒也曾大力普及过。历代文献中对葡萄酒的记载仍是较为丰富的。

司马迁著名的《史记》中首次记载了葡萄酒。公元前138年，外交家张骞奉汉武帝之命出使西域，看到大宛有葡萄酒，

富人家藏酒万石。这史料充分说明西域地区的人在西汉时期，西域地区的人们已掌握了葡萄种植和葡萄酿酒技术。西域自古以来一直是我国葡萄酒的主要产地。公元4～8世纪期间吐鲁番地区葡萄园种植，经营，租让及葡萄酒买卖的情况皆有史料记载，可以看出在那一历史时期葡萄酒生产的规模是较大的。

古代的酒器有哪些？

尊，古代酒器的通称，是一种专门的盛酒器具，敞口，高颈，圈足。尊上常饰有动物形象。

壶，是一种长颈、大腹、圆足的盛酒器，能装酒也能装水，故后代有"箪食壶浆"之说，其意可表示犒劳军旅。

爵，古代饮酒器的总称，是专门用来温酒的，下有三足，可升火温酒。

角，早期的角，细腰、平底、圆足有圆孔，宽把手。角的口部呈前后两只尖角形，前角略高，后角稍低，下有一个带附饰的筒形流，宜酌而不宜吸饮。其整体形状与爵相似，但无柱，也无便于吸饮的流。角用于盛酒、温酒和饮酒，同时它又是一种量器。

觥，是一种盛酒、饮酒兼用的器具，像一只横放的牛角，长方圈足，有盖，多作兽形，觥常被用作罚酒。

杯，椭圆形，是用来盛羹汤、酒、水的器物。杯的质料有玉、铜、银、瓷器，小杯为盏、盅。

卮，一种圆筒状的有把手和三个小脚的饮酒器。

彝、卣、罍、瓿，都是盛酒的大器。

缶，一种圆身、大腹的容器，有盖，腹部有四个环，可用于结绳提取。缶原作汲水之用，后也常用来盛酒。

豆，一种形似高足盘的盛器，有盖，也有无盖的，有木制的，也有青铜制的；豆本是一种盛肉盛菜的重要器皿，但也有用于盛酒的。

斗，有的人认为斗与豆通，也是一种盛酒器，不过它是一种容量比较大的酒器。

斝，古书中也称为"散"，形状像爵，但比爵大，有把手，圆口双柱，平底之下有三个尖足；也有侈口，下腹扁圆，三足中空，或呈棱形或呈圆柱形的；还有四尖足、带盖、呈方形而圆其四角的。斝可温酒和饮酒，类似现在的大酒杯。

盉，是用水调酒的器具。盉的形状一般是大腹、敛口，前面有长流，后面有把手，有盖，下有三足或四足；春秋战国时期的盉呈圈足式，很像后来的茶壶。

行酒令有哪两种？

酒令在春秋战国的时候就有了。一种是投壶，就是放一个壶在那里，然后把箭投进去，输者喝酒。还有一种就是射覆，拿一个盆之类的器具，上面盖着让大家猜里面的东西。在魏晋南北朝的时候，酒令有几个特点：第一，特别好聚饮，酒桌上做诗就是从那时开始的；第二，对联、连语、格律等这些文字游戏，也是在酒桌上形成的。有名的《兰亭集序》，王羲之他们当时就是用"曲水流觞"的方法来联诗。这种比赛形成后，也促进了诗的发展和完善，这也是后来唐诗大为繁盛的成因之一。

什么是"叶子戏"？

有一种酒令，是采用"竹制筹令"。把竹签当筹，签上面写有酒令的要求，比如做诗、做对，抽到签的人要按照签上的要求去做。到宋代的时候，酒筹变成了纸，当时叫"叶子"，纸上面画有故事，并写清楚要罚几杯。再发展到后来，就有了"叶子戏"。可以说，"叶子戏"就是纸牌的起源了，而筹码后来就变成了骨牌，清末的时候逐渐发展成了麻将。后来酒令的发展可谓五花八门。谜语，最初也是在酒桌上出现的，包括灯谜、字谜。还有，就是"说大话"。

茶是怎么来的？

茶是中国的国粹，在中国历史上，饮茶占据着很大一部分史录，饮茶的历史虽然不能溯源，但大致的时代是有说法的。并且也可以找到证据显示，世界上很多地方饮茶的习惯是从中国传过去的。所以，很多人认

★茶

为饮茶就是中国人首创的，世界上其他地方的饮茶习惯、种植茶叶的习惯都是直接或间接地从中国传过去的。

谈起饮茶的历史，真可谓众说纷纭。民间有很多传说：神农有个水晶肚、达摩眼皮变茶树等。对于中国人饮茶的起源，有人认为起于上古、起源是神农，有人认为起于周代，认为起源于秦汉、三国、南北朝、唐代等的说法也都有。

斗茶是怎么来的？

斗茶是从唐代开始的，兴起于以出产贡茶闻名于世的建州茶乡，是新茶制成后，茶农评比新茶品序的一项比赛活动。有比技巧、斗输赢的特点，富有趣味性。一场斗茶的胜败，犹如现今一场球赛的胜败，为广大观众所关注。因此，唐称"茗战"，宋称"斗茶"。

斗茶胜负的标准是什么？

斗茶决定胜负的标准，一是汤色。即茶水的颜色。标准是以纯白为上。青白、灰白、黄白，则依次为次等。色纯白，表明茶质鲜嫩，蒸时火候恰到好处；色偏青，表明蒸时火候不足；色泛灰，是蒸时火候太老；色泛黄，则采制不及时；色泛红，是烘焙火候过了头。

二是汤花。即指汤面泛起的泡沫。汤花决定优劣的标准：第一是汤花的色泽。因汤花的色泽与汤色是密切相关的，因此，汤花的色泽也是以鲜白为上；第二是汤花泛起后，水痕出现的早晚。早者为负，晚者为胜。如果茶末研碾细腻，点汤、击拂恰到好处，汤花匀细，有若"冷粥面"，就可以紧咬盏沿，久聚不散。这种最佳效果，名曰"咬盏"。反之，汤花泛起，不能咬盏，会很快散开。汤花一散，汤与盏相接的地方就露出"水痕"。因此，水痕出现的早晚，就成为决定汤花优劣的依据。

为什么喝茶被称为吃茶？

"吃茶"这个词的出现已经有上千年的时间了，但大部分时候都是喝茶的另一种说法，真正以茶叶为食的历史并不很长，细细思来，茶食与素食境况也有很多相同之处。比如茶与素食都需平心静气，讲究井然有序，以求环境与心境的宁静、清静、安逸。茶食和素食差不多，时值春季，又是喝茶的好时节，中国人善饮，于是又从茶中延伸出庞大的茶文化，茶食即是其中一种。在中国人的心目中，茶食往往是一个泛指名称，而在茶学界，茶食是指用茶揉和其他可食之物料，调制成茶菜肴、茶粥饭等茶食品，就是指含茶的食物。茶食与素食看似关联不大，其实细细思来，两者境况也有很多相通之处。茶与素食都需平心静气，讲究井然有序，以求环境与心境的宁静、清静、安逸。素食多与佛学结缘，而茶也与佛学有很大关系，日本茶道兴盛，也是由中国的和尚东渡带过去的。

古代是怎么制盐的？

海盐可能是古代人工最早采制的盐。古籍记载，炎帝时的宿沙氏开创用海水煮盐，史称"宿沙作煮盐"。宿沙氏，可能只是一个传说中的人物，实际上用海水煮盐，应当是生活在海边的古代先民经过长期摸索和实践创造出来的。也许宿沙氏将煮盐的方法加以提升推广，后人也就将采制海盐的发明权归到了他的头上。

湖盐又称池盐，受到干燥气候的影响，内陆的盐湖能够自然生成结晶盐。

历史上古老的河东盐池，就是借助风和太阳的蒸发作用，自然生成食盐，史称"解盐"、"潞盐"或"河东盐"。河东盐池很早就出现在史籍的记载中，盐池采盐的历史也许并不比海盐晚。

中国古代的海盐、湖盐、井盐，大体都是取卤做原料，或柴火煎熬，或风吹日晒，水分蒸发后便能得到盐。

宋代以前的海盐制造，全都是用煎炼之法。海盐是刮土淋卤，取卤燃薪熬盐。海盐锅煎之法和用具，历经元、明、清各代更替，并无明显差异。崂山青盐迟到清光绪二十七年(1901)，盐民才用沟滩之法，改煎为晒，从而结束了煎盐的历史。

古代是怎么制醋的？

醋在古代的叫法很多，如醯、酢、苦酒、米醋等。酿醋和食醋在我国有十分悠久的历史。《神农本草》之中已有关于酒的记载，而根据酒醋同源同时代的说法，想必醋在这个时期也已出现。

有史料记载，醋是杜康的儿子黑塔歪打正着而发明的。

黑塔跟杜康一起造酒，因发酵时间控制不当，导致酒味变酸，这种发酸的液体又别有风味，人喝了胃口大开，便在造酒的同时也尝试酿醋。发展到春秋战国时期，酿醋从造酒业中分离出来，开始有专业的酿醋作坊了，但产量很低，这种稀少而又贵重的调料，实在非普通农家能享用。据说，汉文帝以前，醋被叫做醯，醯成于商朝，是高粱美酒变化而成的。到汉朝时，陈平、周勃诛杀吕后，拥立生于长安长于晋阳的刘恒为汉文帝，"醯"便成为汉宫的指定贡品。

醋的名字是怎么来的？

孝文帝十二年，晋阳送来贡品，照例要到送到后宫孝敬孝文帝生母薄太后，薄太后是晋人，自然喜欢家乡的东西，但听到宫女太监们叫"老醯"时感到十分不舒服，便想将"醯"改个名字。孝文帝知晓母意后，便要臣子们想个好名字取代"醯"。一个学士想了一会儿奏道："今年是癸酉年，又是腊月二十一日，将年月一合，即是'醋'字，而'昔'字拆开，正好是二十一日。孝文帝龙心大悦，御笔亲书"醋"字，贴于盛"醯"的器皿上。此后，"醯"便叫为"醋"了。

古代洗衣服用的是什么洗涤剂？

最早使用的洗涤剂是草木灰。这是利用草木灰中的碳酸钾来洗掉衣帽上的油污。直到现在这种方法在一些地方还时有应用。

古代纺织业的漂洗用的洗涤剂更进了一步。将贝壳烧成灰，其主要成分是氧化钙（石灰）。它与栏灰（碳酸钾）在水中相作用就生成氢氧化钾水溶液，氢氧化钾是强碱，不仅清除油污的能力强，而且能与木质纤维作用使之胶化，增加其光泽和强度。马王堆汉墓出土的麻织品的纤维表面也显示出用这种方法处理过的痕迹。

后来，人们又发现了天然纯碱（碳酸钠），可用来洗衣服。汉代的《神农本草经》中称草木灰为冬灰或藜灰，称天然产的碳酸钠为"卤碱"，唐代起又改称"石碱"。金元以后，在碱中配以淀粉及香料等，制成淀粉，作为商品出售。与此同时，专营化妆洗涤用品的商业也兴旺起来，明末在北京前门开设的合香楼、花汉冲等老店是远近驰名的，一直营业到解放初期。那时的洗涤用玫瑰香碱做成桃形、葫芦形等等，装盒作为礼品出售。

秦汉时期的床有什么特点？

秦汉时期是席地而坐的时代。床作为卧具，许多文献上都有对床的记载。这时的床，在贵族阶层时很讲究的，有的上设屏风，有的上设幔帐。这里的幔帐以其作用、性质和位置等不同，分为帐、幔、帷、幕等形式。从汉代画像石、画像砖以及墓葬出土的文物中可大致了解汉代床的式样和特征。此时幔帐与床的关系并不紧密，幔帐多结合室内装饰，屏风的围合还比较弱，有的只围合了二面，说明床空间的封闭性并不强。

魏晋隋唐时期的床有什么特点？

魏晋南北朝时期床的样式发生很大变化。在床上出现了倚靠用的长几、隐囊和半圆形的凭几。与此同时，床的封闭性也进一步加强。东晋时顾恺之《女史箴图》可以看出当时的床既可以端坐其上，也可以垂足坐于床沿，床前设有案，供上下床与放鞋之用。与魏晋前的床相比床，体积较为庞大，并四面设屏，前面留有活屏为上下出口。上面还有帐幔，俨然一个封闭的空间。这种封闭式的四面屏风床，是前代床的巨大发展。但是仍然屏为屏、帐为帐、床为

床，三者在结构上结合并不紧密，有一种临时性。

隋唐时代，床的结构本身并未有很大的发展，但是同当时帷帐大量用于室内装饰和空间分隔限定的手法一样，帐依附于床，封闭床的空间，增加私密性。然而，帐与床的关系仍有一定的临时性，并非结构上一体化。

明清时期的床有什么特点？

明清两代，床的发展进入完备和成熟期。床的封闭性体现在床的结构自身，如架子床，三面设围，有床盖，织物帐幔依附于床结构上，进一步起到封闭空间的作用。拔步床就是能表现床封闭性与住居空间特征之间关系的代表，亦称八步床。

这种床的床体庞大，上有顶盖，下有底座，前有廊庑，四周设围屏。床前的中间部位，留出可以上下的床门。廊庑两侧是两个空间，可以放置小桌、板凳、衣箱、马桶、灯盏等物。整个大床就是一个"前堂后室"的空间布局，等于在卧室之中又限定了一个与住屋有相同空间结构特点的封闭空间，以弥补宅居中卧室私密性较低的不足，形成一个完全属于床主人的私密性空间。

枕头的发展过程是怎样的？

从医学上来看，人的脊柱是具有四个生理弯曲的曲线，为了保护颈部的正常生理弯曲，维持人们睡眠时正常的生理活动，人们睡眠时必须采用枕头。

远古时代，人们用石头或草捆等将头部垫高去睡觉。到战国时，枕头就已

经相当讲究。1957年，在河南信阳长台关一个战国楚墓里，出土了一张保存完好的漆木床，床上就有竹枕。我国前人对枕头颇有研究。北宋著名史学家司马光，用一个小圆木作枕头，睡觉时，只要稍动一下，头从枕上滑落，便立即惊醒，醒之后发奋继续读书，他把这个枕头取名为"警枕"。为了强身健体，在睡眠时达到治病的目的，古人还在枕内放药以治病，叫做"药枕"。民间有多种多样的药枕，大都以"清火"、"去热"为目的。

在现代社会，出现了越来越多的医疗保健枕，如"磁疗枕"对治疗神经衰弱、失眠、头痛及耳鸣有一定的疗效。"颈椎枕"能使颈、肩和颅底的肌肉完全放松，消除一天的疲劳。"健身枕"能像振荡器那样不断释放能量，可促进人体血液循环、新陈代谢，又可以催眠，更好地发挥它作为睡眠工具的作用。

古代的布是如何织出来的？

用麻和葛纤维来纺织，这是中国人祖先在七千年前母系氏族时期便已掌握的制作服饰的方法。剥掉大麻或者葛藤的皮，麻皮在水里泡上几天之后，皮就松散了。用棍子槌击几下，麻丝就出来。再放进一些矿物质，使其脱胶，麻丝变得更麻利。接着，把丝捏出来。这些长长的麻线挂在脖子上，再利用"陶制纺轮"捻成线。纺轮只有铜钱两倍大小，样子也像铜钱。中间的小眼插着竹签，签子顶上系上麻丝。用手转动纺轮，利用纺轮在悬坠状态时的重力和旋转扭力，把几缕麻线拧成结实的一根长线——纺轮质量越大，坠力就

越大，旋转拧出的线就越细；纺轮质量越轻，纺出的线越粗。把拧好的麻线，分成经线、纬线，相互垂直地排列起来，就是布了。

殷商时期的服饰有什么特点？

殷商时期，随着社会生产力的发展，人民的物质生活得到很大改善，然而尊卑贵贱的等级关系也由此产生，从而促使了服饰也开始形成其固有的制度。周代是中国冠服制度逐步完善的时期，这时候，有关服饰的文字记载十分多见。随着等级制的产生，上下尊卑的区分，各种礼仪也应运而生。反映在服饰上，有祭礼服、朝会服、从戎服、吊丧服、婚礼服。这些服饰适应于天子与庶民，甚至被沿用于商周以来的两千年封建社会之中。

春秋战国时期的服饰有什么特点？

春秋战国时期，七雄并踞，各国间不全遵周之制度。其中除秦国因处西陲，与其他六国在衣冠制度上有差异外，其他六国均因各诸侯的爱好和奢俭，以及当时兴起的百家之风，在服饰上也各显风采。春申君的三千食客中的上客皆着珠履；平原君后宫数百婢妾被绮縠；卫王宫的卫士穿黑色戎衣；儒者的儒服长裙褒袖、方履等等。

两汉、魏晋时期的服饰有什么特点？

汉初的服饰等级制度并不森严。西汉虽有天子所服第八诏令的服饰制度，但也并不详细，大致用四季节气来为服色分别，如春青、夏赤、秋黄、冬皂。汉代妇女的日常之服，则为上衣下裙。魏晋南北朝以来，由于北方各族入主中原，将北方民族服饰带到了这一地区。同时，大量民族服饰文化也影响和同化了北方民族的服饰。妇女的日常衣服仍以上身着襦、衫，下身穿裙子。襦、裙也可作礼服之内的衬衣衫。

隋唐时期的服饰有什么特点？

隋统一全国后，虽然重新实施了汉族的服饰制度，但是仍然难以摆脱其由北向南统一而带来北族服饰形制的影响。到了唐朝的建立，才以其长时期的统治，加上其强盛的国力，令其服饰制度呈现出繁荣景象。唐人与西北各民族的交往频繁，各民族同唐人杂居内地的也很多，因此，唐人穿胡服的装束常会在该时代的文物中见到。

两宋时期的服饰有什么特点？

当宋朝北方大片土地沦为女真贵族统治领域时，服饰文化因其政治和经济因素发生相互影响。南宋也提倡北服。宋代妇女的日常服饰，大多是上身穿袄、襦、衫、背子、半臂，下身束裙子、裤。其面料为罗、纱、锦、缕、縠、绢。尤其是裙子颇具风格，其质地多见罗纱，颜色中以石榴花的红色最注目。褶裥裙也是当时裙子中有特点的一种，有六幅、八幅、十二幅不等，贵族妇女着裙的褶裥更多。

元朝之后的服饰有什么特点？

在元代蒙古族统治中原的时期，

他们的服饰既承袭了汉朝的制度，又推行自己本族的制度。元朝初建，也曾令在京士庶须剃发为蒙古族装束。蒙古族的衣冠，以头戴帽笠为主，男子多戴耳环。然至元大德年间以后。蒙、汉间的士人之服也就各认其便了。明朝建立之后，朱元璋先是禁胡服、胡语、胡姓，继而又以明太祖的名义下诏：衣冠悉如唐代形制。明朝的皇帝冠服、文武百官服饰、内臣服饰，其样制、等级、穿着礼仪真可谓繁缛。清代男子的服饰以长袍马褂为主，此风在康熙后期雍正时期最为流行。妇女服饰在清代可谓满、汉服饰并存。满族妇女以长袍为主，汉族妇女则仍以上衣下裙为时尚。清代中期始，满汉各有仿效，至后期，满族效仿汉族的风气颇盛。

裙子是怎么来的？

裙子是指一种女性用于围遮在人体腰部以下的无裤管服装，它是由原始时代人类为遮体护肤、用树叶或兽皮制成的"腰围"演变而成的。那么，裙子源于何时？又是如何演变的呢？相传早在四千年前，黄帝就定了"上衣下裳"的制度，并规定按照人们地位的高低，穿着各色衣裳。那时的"下裳"就是裙子，男女均穿裙子，一直延续至隋唐。唐朝以后，男子渐渐穿起裤和袍，而裙子才逐步成为女性的专用服装，不仅如此。"裙钗"成了妇女的代称。且穿裙子也无地位和年龄风度及贫富之分。但是，劳动妇女一般多穿短裙，甚至是"超短裙"，而贵妇人则多穿长裙，裙长曳地，用小步行走，于是有"行不动裙"之说。

我国古代的裙子，色泽及款式丰富多样。晋代，皇妃爱穿绛纱复裙和丹碧纱纹双裙；唐代，妇女一般爱穿红色裙子；元朝后期，妇女兴穿素净淡雅的鱼鳞百褶裙；明代又流行以红色为主的百褶长裙；清代的品种和款式就更多了，有凤尾裙、月华裙、丁当裙、百褶裙等。

建国之前的旗袍是什么样的？

旗袍，是指以满、蒙为主的关外妇女的常服，因是清朝满人入关前后八旗妇女的衣袍而被称作旗袍。其基本样式是：立领、右大襟、全身较宽松、长袖、上下直线剪裁、下摆宽大、不开衩。通常在领口、大襟、袖口边、下摆处，装饰刺绣花边或其他颜色的边。这种旗袍主要在北方流行，南方妇女仍多数沿袭明朝风俗习惯穿着较长的上衣，下露长裙。辛亥革命后，虽然新潮女青年多数穿着白色或绿色上衣、黑色短裙，但是一般家居妇女无论南北方，都普遍穿着较简化的旗袍，尤其是棉旗袍已成为老少必备、人人宜穿的冬日服装了。

20世纪30年代，旗袍的样式有了很大的变化。衣袖从原来的长袖过胳膊肘，变成短袖到胳膊肘以上，再后来更短，甚至到肩部，成为无袖的了。衣服都在膝以下，最长到脚跟，只有穿高跟鞋才能不拖地，显得亭亭玉立。最大的变化是剪裁，依腰身曲线完全贴身，下摆小，左右开衩到膝部，这无疑是受西方礼服裸露曲线的影响。20世纪40年代后，旗袍还曾流行衣长短到膝以上，这也是受了迷你裙的影响。

古代的帽子有什么样的象征意义?

帽子传说是华夏始祖黄帝首先发明的。奴隶社会时期帽子一开始只是在官僚统治阶层普遍使用，不是为了御寒防暑，而是在于它的装饰和标志作用，象征着统治权力和尊贵地位。这时的帽子叫"冠"和"冕"，只有帝王和文武大臣才可以戴的，表示地位和权力的大小。帽子所形成一种科层官僚秩序，就是所谓的中国古代冠冕制度。作为统治阶级内部地位和权力的象征，帽子虽经历朝代的转变，但象征标志一直没有改变过，样式有了很大的变化，但是权力和地位的象征标志更加细化，更加精确，直到清朝结束，民国建立才被取消。

帽子的起源和演变，完全体现出男人的社会权力和地位，以及这种历史的发展和瓦解。

不同朝代的帽子有什么区别?

魏晋南北朝时期，帽子开始流行于民间的文人雅士。隋唐时期，社会风气逐渐开放，特别是盛唐时期的开放风气，使帽子的特殊象征逐渐淡化，但是仍作为一种地位的象征，逐渐流向民间。一般读书人和有钱商人及其子弟可以戴帽子，但是仍有区别，有规定的样式，有典型的书生帽和商人帽。在五代和宋时期比较流行的是：一般老百姓还是用布把头发包裹起来，叫"方巾"。元朝时，北方游牧民族的帽子开始逐渐流行于中原，有皮帽，毡帽。元朝皇帝戴的帽子也是珍贵的皮毛做的，上面镶有珍珠。明朝的建立，又恢复了汉人的"冠冕"制度。清朝入主中原以后，帽子真正流行起来，上至皇帝，下至贫民都可以戴帽子。这种情况一直延续到清朝末年。西洋帽子文化的传入才使"帽子"在社会上普遍流行起来，上至官僚商人，下至车夫乞丐，会根据自己的身份选择不同的帽子。可见，帽子已成为人们日常装束的重要组成部分。

不同朝代的"乌纱帽"有什么区别?

乌纱帽最初是民间常见的一种便帽，东晋时期开始成为官员专用帽，但作为正式"官服"的一个组成部分，却始于隋朝，兴盛于唐朝，到宋朝时加上了双翅，明朝以后，乌纱帽才正式成为做官为宦的代名词。

东晋初年时，凡在都城建康宫中做事的人，均戴一种用黑纱做的帽子，人称"乌纱帽"。到了南北朝宋明帝时，这种帽子在民间流传开来。于是，"乌纱帽"就成为民间百姓常戴的一种便帽。

隋唐时，天子百官士庶都戴乌纱帽。但为适应封建社会的等级制度，隋朝用乌纱帽上的玉饰多少显示官职大小：一品有九块，二品有八块，三品有七块，四品有六块，五品有五块，六品以下就不准装饰玉块了。

为防止议事时朝臣交头接耳，宋太祖赵匡胤登基后，就下诏书改变乌纱帽的样式：在乌纱帽的两边各加一个翅，这样只要脑袋一动，软翅就会颤动。皇上居高临下，看得非常清楚。同时，乌纱帽上装饰不同的花纹，来区别官位的高低。

洪武三年，明代开国皇帝朱元璋定

都南京后，作出一个规定：只要文武百官上朝和办公时，一律要戴乌纱帽，穿圆领衫，束腰带。另外，取得功名而未授官职的状元、进士，也可戴乌纱帽。从此，"乌纱帽"遂成为官员的一种特别标志。

到了清代，官员的乌纱帽被换成红缨帽，但至今人们仍习惯地将"乌纱帽"作为官员的象征，"丢掉乌纱帽"就意味着削职为民了。

先秦时期的鞋子是什么样的？

人类最早的鞋子样式很简陋，就是将兽皮切割成大致的脚样后，用细皮条将其连缀起来即成为最原始的鞋子。

到了殷商时期，随着社会的发展和纺织业的进步，布料、丝绸等物也用来制作鞋子，并与皮革、麻绳组合应用，出现大量的鞋制品。鞋的式样、做工和装饰已十分讲究，用材、施色、图案也根据服饰制度有了严格的规定。

每个朝代鞋的造型、色彩都随着制服的形式而变化。胡人游牧骑乘多穿筒靴子，赵武灵王主张骑射，以利于战事，因此周朝末期开始，靴子逐渐在中原流行起来。汉代的鞋靴在造型上已有很大变化，如丝织的靴有色彩和图案上的变化，造型也很简练，较符合足部的形状。鞋靴使用的材料也很广泛，有牛皮、丝织物、麻编物等。

唐宋时期的鞋子有什么特点？

南朝时期上至天子，下至文人、士庶，盛行穿木屐。一般人士或百姓穿着草鞋，由南方多产的蒲草类植物编结而成。唐代靴制袭的六合靴，后改为长鞲靴和短鞲靴，并加以毡。妇女鞋子的形状，前为凤头式。其他的鞋，有高头、平头、翘圆头等式样，有的绣出虎头纹，有的鞋身饰有锦文。宋代的鞋式初期沿袭前代制度，在朝会时穿靴，后改成履。用黑革做成靴筒，内衬以毡，各官职穿着不同的颜色按服色而定。一般人士所穿的鞋有草鞋、布鞋等，按所用的材料取名。南方人多用木屐。

明清时期的鞋子有什么特点？

在明代，鞋的样式被规定的很严格，无论官职大小，都必须遵守服制。在何种场合穿何种鞋式，如儒士生员等准许穿靴；校尉力士在上值时准许穿靴，外出时不许穿；其他人如庶民、商贾等都不许穿靴。清朝靴制沿明代制度，文武各官及士庶可以穿靴，而平民、伶人、仆从等不能穿靴。清代的靴多为尖头式。靴底均厚，因嫌底重，采用通草做底。后改为薄底，成为"军机跑"。一般人士的鞋有缎、绒、布料制作，鞋面浅而窄，有做鹰嘴式尖头状鞋，也有如意挖云式。百姓有草鞋、棕鞋、芦花鞋等，拖鞋也在各等人士中流行开来。南方雨天穿着钉鞋，北方冬天则出现冰鞋。

顶戴花翎的讲究有哪些？

清代修改了冠的制度，用以礼帽替代。礼帽分二种，一为暖帽，圆形，有一圈檐边，多用皮、缎、布制成，多黑色，中有红色帽纬、帽子最高处有顶珠，其材料多以宝石制成，有红、蓝、白、金。

按照清朝礼仪，一品为红宝石，二品为珊瑚，三品为蓝宝石，四品用青金石，五品用水晶，六品用砗磲，七品为素金，八品用阴文镂花金，九品为阳纹镂花金。无顶珠者无官品；二为凉帽，无边，喇叭式，初期扁而大，后期小而高，用藤、篾席，外裹绫罗，多为白色，也有湖色、黄色，上缀红缨顶珠。

清朝的礼帽，在顶珠下有翎管，是用白玉或翡翠做的，用来安插翎枝。清朝的翎枝分蓝翎和花翎两种。蓝翎为鹖羽所做，花翎为孔雀羽所做。花翎在清朝是一种辨等威、昭品秩的标志，不是一般官员所能戴用，清代各帝都三令五申，既不能僭越本分乱戴，又不能随意不戴，如有违反就严行惩处。一般降职或革职留任的官员，仍可按本任品级穿朝服，而被罚拔去花翎则是非同一般的严重处罚。

花翎又分一眼，二眼，三眼，其中三眼最为尊贵。所谓"眼"指的是孔雀翎上的眼状的圆，一个圆圈就算做一眼。蓝翎是与花翎性质相同的一种冠饰，又称为"染蓝翎"，以染成蓝色的鹖鸟羽毛所作，无眼。赐予六品以下、在皇宫和王府当差的侍卫官员配戴，也可以赏赐建有军功的低级军官。在清朝初期，皇室成员中爵位低于亲王、郡王、贝勒的贝子和固伦额附，有资格配戴三眼花翎；清朝宗室和藩部中被封为镇国公或辅国公的亲贵、和硕额附，有资格配戴二眼花翎；五品以上的内大臣、前锋营和护军营的各统领、参领有资格配戴单眼花翎，而外任文臣无赐花翎者。由此可知花翎是清朝居高位的王公贵族特有的冠饰，而即使在藩内部，花翎也不得逾分滥用；有资格配戴花翎的亲贵们要在十岁时，经过必要的骑、射两项考试，合格后才能戴用。但后来花翎赏赐渐多，就不一定经过考试了。

扇子是怎么来的？

有关扇子的起源，可谓是众说纷纭。根据流传下来的相关传说，扇子最早可追溯到上古时期的伏羲和女娲时代。

其中有一种传说是在宇宙初开时，天下没有百姓，女娲和伏羲遂结为夫妇，因此被后世尊为人类的祖先，结草为扇就是他们成婚故事的一部分。

尧帝时期，尧德化天下，百姓无不敬服。上天也因此降下祥瑞，其中一种就是在厨房中生出了瑞草蓂荚，它的叶子摇动生风，使食物"寒而不臭"，还可以驱除虫子。这种可起到扇子功用的瑞草蓂荚，不免让人联想到夏天人们用的蒲扇。古汉语中蓂荚与扇子同义，大概就是由此而来。

尧之后的舜帝为了广开视听求贤自辅，曾制作"五明扇"。"五明"，意即广达圣明，"五"代表东、西、南、北、中五个方向。舜帝在巡幸各方时，招纳贤人来辅佐自己，所用就是障扇，称作"五明扇"。后来演变成为王侯公卿使用的一种仪仗扇。秦朝、汉朝时期的公卿、士大夫都可以使用，但到了魏晋时期，则只有乘舆之人才能使用。根据扇子的发展历史，扇子基本分为二大类：一是平扇如团扇、葵扇、麦草扇、玉版扇等，不能折叠；二是折扇，可自如敞开收叠。如今，承载着中华文明历

史的扇子除了纳凉的功能之外，其雅致精巧的构造以及精美的扇面书画艺术仍为知识分子所喜爱。

古代的香料有什么用途？

早在炎黄时期，中国的香料就开始出现，一直延续到现在。当时人类对植物挥发出的香气很重视，闻到百花盛开的芳香时，同时感受到美感和香气快感；将花、果实、树脂等芳香物质奉献给神，芬芳四溢而达到完美的宗教境界。因此，上古时代就把这些有香物质作为敬神明、祭祀、清净身心和丧葬之用，后来逐渐用于饮食、装饰和美容上。在夏商周三代，对香粉胭脂就有记载，春秋以后，宫粉胭脂在民间妇女中也开始使用。阿房宫赋中描写宫女们消耗化妆品用量之巨，令人叹为观止。《齐民要术》记有胭脂，面粉，兰膏与磨膏的配制方法。

雨伞是怎么来的？

在古代，当下雨或者炎热的时候，人们不得不躲避到小亭子的下面而不能外出。有这样一个传说，鲁班围绕着他的四邻建造了许多小亭子供大家使用，但仍然不能让人们在狂风暴雨的季节自由外出活动。鲁班的妻子这时照着她丈夫所建亭子的样式，制成了一个重量轻的竹亭子且带油纸——这当然就是雨伞。他的妻子对鲁班说："你建造的房子不能搬起移动。我的伞，能到处走动并可以在各种季节里提供防护。"

胭脂是怎么来的？

胭脂就是一种红色颜料。原产于中国西北匈奴地区的焉支山，匈奴贵族妇女常以"阏氏"（胭脂）妆饰脸面。在公元前139年，汉武帝为了加强汉朝与西域各国的联系，派张骞出使西域。张骞此行，带回大量的异国文化，包括西域各族的生活方式和民族风物。胭脂的引进，也在这个时候。

胭脂是用一种名叫"红蓝"的花朵制成，它的花瓣中含有红、黄两种色素，花开之时被整朵摘下，然后放在石钵中反复杵槌，淘去黄汁后，即成鲜艳的红色染料。妇人化妆脸面的胭脂有两种：一种是以丝绵蘸红蓝花汁制成，名为"绵燕支"；另一种是加工成小而薄的花片，名叫"金花燕支"。这两种燕支，都可经过阴干处理，成为一种稠密润滑的脂膏。由此，燕支被写成"胭脂"，"（月燕）脂"。"脂"字有了真正的意义。除红蓝外，制作胭脂的原料，还有重绛，石榴、山花及苏方木等。

汉朝的化妆品有什么发展？

汉代结束了先秦的百家争鸣，是汉民族形成、汉文化精神确立的朝代，使多元一统的审美观念形成。汉初的休养生息与随后汉武帝的杰出统治，不仅使汉代社会政治安定，各类产品相对丰富，而且在军事上，打败了北边的匈奴，平定了南方的南越，不仅打通陆上的丝绸之路，而且还开辟了南方的海上交通，大大扩展了汉朝的对外贸易往来，这都为化妆品的制作创造了良好的客观条件。铅粉、胭脂、合成香料等化妆用品都是在这时普及的。汉初采取了宽松的思想政策，在提倡推崇儒家思想的同时，也不排斥其他各家思想，并开始整理、研究文化典籍。同时，汉文化还吸取了大量楚文化，给北方文化注入了新鲜元素。楚文化中的原始巫术、神话中的浪漫主义精神，与汉文化中的深沉的理性精神结合在一起，产生了生气勃勃，恢宏唯美的汉文化。这种恢宏的汉文化，对汉代的妆容审美观念也无疑产生了重要影响，并推动了化妆各个方面的长期发展。使得汉代在中国古代化妆史上成为一个重要的转折时代，为后世中国化妆史的灿烂辉煌打下了坚实的基础。

古代妇女的发式有哪些？

身体发肤受之父母，在古代，古人对于头发很是重视，因此也很重视头发的修饰。早在新石器时代就有类似现在"童花头"的发式，并且梳理得非常整齐，不知在五千多年前，究竟用什么工具或方法才能作这样的修剪。《妆台记》中描述周文王的发髻很高，并在髻上加放珠翠翘花等装饰物。周朝的统治阶级制定了整套的贵族礼仪服饰和头饰来确定等级，不同的等级，其发式及头饰的佩戴是不同的，而且还允许使用假发。后汉时梁冀的妻子孙寿独创的偏堕马髻非常著名。从长沙马王堆出土的汉代刘靖之妻的发式上可以看出，那时头发的梳理和盘结非常细致、精美，而且还用假发盘制发髻。汉以后女子的发式越来越细腻精美，种类也越来越丰富。与此同时，装饰发型的饰品也得到了相应的发展，如玉簪、白花、步摇、耳塞等，其种类繁多，造型精美。

发式是妇女头部的重要装饰，不仅能增加女子仪容的俊美，又能体现出女子的年龄与身份特点。古代妇女发式造型的变化，极为富丽多姿，历代相承，不断变化，从简至繁，又从繁复简，往返交替，有关记载甚多，仅就段成式《髻鬟品》记载就不下百余种。这些发名皆是由发型与首饰寓意而命名，如髻似螺，叫螺髻，如髻饰似凤，叫凤髻等，绰号虽多，按其编法与发式可概括为结鬟式、拧旋式、盘叠式、结椎式、反绾式、双挂式等几种基本类型。

为什么穿耳会成为一种风气？

在古代，穿耳戴环，恰恰是"卑贱者"的标志。那么穿耳本身怎么会与人们社会地位的尊卑有关系呢？这就要说说穿耳的起因。

穿耳的最初意义，并不如同现在一样用于装饰，而是为了起到警戒的作用。它本来是少数民族的一种风俗，因为有些妇女过于活跃，不甘居守，有人便想出在女子的耳上扎上一孔，并悬挂上耳珠，以提醒她们生活检点，行动谨慎。后来传到中原，也为汉族人所接受，逐渐变成了汉族人的礼俗。不过那个时候的女子，对穿耳之举，并不像今天妇女那么热衷，而完全是处于被迫的地位。女孩子在10岁以前，往往要经过这么一关，到时候由其母亲或其他长辈来专门做这件事，用米粒在耳垂上反复辗磨，使之麻木，然后用针尖穿透，穿一通草或丝线，时间久了，便形成小孔。做母亲的一边操作，一边还要对孩子进行教育，使她们懂得如何做一个循

规蹈矩的女人。在有些地区，女孩刚满三四岁，就要为之穿耳戴环了。历史上有人对此曾提出过异议，认为孩子无辜，让她们受这般痛苦，那是不仁不义的行为。时间一长，穿耳戴环便形成了风气。

穿耳的习俗，从考古资料来看，最迟在夏商周三代以前就已形成。进入阶级社会以后，仍然存在。但从大量传世与出土的陶俑以及名人绘画，如著名的《步辇图》、《纨扇仕女图》、《簪花仕女图》及《虢国夫人游春图》等来看，在六朝与隋唐时期，都不见妇女穿耳的实例，这可能与当时思想开放，不甘受旧礼教约束有关。而到了宋明时期，由于礼教思想的抬头，妇女穿耳之风，空前流行，不说一般的妇女，就连皇后、嫔妃也不例外。这种风习一直流传至今。

第二章 节日节气

除夕是怎么来的?

每年农历腊月最后一天的晚上被称作是除夕,它与春节(正月初一)首尾相连。"除夕"中的"除"字是"去、易、交替"的意思,除夕的意思是"月穷岁尽",人们都要除旧布新,有旧岁至此而除,来年另换新岁的意思,是农历全年最后的一个晚上。故此期间的活动都以除旧布新,消灾祈福为中心。

周、秦时期,每年将尽的时候,皇宫里要举行"大傩"的仪式,击鼓驱逐疫疠之鬼,称为"逐除",后又称除夕的前一天为小除,即小年夜;除夕为大除,即大年夜。

除夕是一年中最使人留恋的一晚。除夕之夜,最为热闹、喧阗。天一抹黑,孩子们或者半大小伙子,早已拿着香火,东一声、西一响地放起鞭炮来,胆大的放大炮仗,胆小的孩子放"二踢脚"……

春节是怎么来的?

春节,俗称"过年",是农历正月初一,又叫阴历年。春节的历史很悠久,它起源于殷商时期年头岁尾的祭神祭祖活动。这是我国民间最隆重、最热闹的一个传统节日。按照我国农历,正月初一古称元日、元辰、元正、元朔、元旦等,俗称年初一,到了民国时期,改用公历,公历的一月一日称为元旦,把农历的一月一日称春节。

千百年来,年俗庆祝活动变得异常丰富多彩,每年从农历腊月二十三日起到年三十,民间把这段时间叫做"迎春日",也叫"扫尘日",在春节前扫尘搞卫生,是我国人民素有的传统习惯。

春节有什么样的讲究?

在过去的传说中,年是一种为人们带来坏运气的动物。年一来。树木凋零,百草不生;年一过,万物生长,鲜花遍地。年如何才能过去呢?需用鞭炮轰,于是有了燃鞭炮的习俗,这其实也是烘托热闹场面的一种方式。春节是亲人团聚的日子,离家在外的孩子在过春节时都要回家欢聚。过年的前一夜,就是旧年的腊月三十夜,也叫除夕,又叫团圆夜,在这新旧交替的时候,守岁是最重要的年俗活动之一,除夕晚上,全家老小都一起熬年守岁,欢聚酣饮,共享天伦之乐,北方地区在除夕有吃饺子的习俗,饺子的作法是先和面,和字就是合;饺子的饺和交谐音,合和交有相聚之意,又取更岁交子之意。在南方有过年吃年糕的习惯,甜甜的黏黏的年糕,象征新一年生活甜蜜蜜,步步高。

为什么鞭炮被称为"爆竹"?

春节放爆竹这个习俗在我国已有2000多年的历史。有文字记载,正月初

一，鸡叫头一遍时，大家就纷纷起床，在自家院子里放爆竹，来逐退瘟神恶鬼。当时没有火药，没有纸张，人们便用火烧竹子，使之爆裂发声，以驱逐瘟神，这当然是迷信，但却反映了古代劳动人民渴求安泰的美好愿望。

到了唐朝，鞭炮又被人们称为"爆竿"，大概是将一支较长的竹竿逐节燃烧，连续发出爆破之声。后来，炼丹家经过不断的化学试验，发现硝石、硫黄和木炭合在一起能引起燃烧和爆炸，于是发明了火药。有人将火药装在竹筒里燃放，声音更大，使得火烧竹子这一古老习俗发生了根本变化。北宋时，民间已经出现了用卷纸裹着火药的燃放物，还有单响和双响的区别，改名"爆仗"，后又改为"鞭炮"。

过年为什么要放鞭炮？

相传年兽源自盘古开天时期，为盘古所拥有的坐骑，听说它巨大如马、独角长尾、血盆大口、行走如飞，但从盘古逝去之后，这些奇兽竟也莫名其妙地消失匿迹。有人说它们是一群非常可怕的怪兽，会发出震耳欲聋的叫声，拥有凶猛无比的攻击力；也有人说，它们是一群非常忠心的宠物，跟随着盘古的死去而相继灭亡……许多人为寻找这些奇兽，一去无回，各种神奇传说，也就跟着纷飞四起。而根据老一辈人的说法，这些奇兽，长眠于深邃的海底，每隔二十年的春节时就会为寻找食物出现在陆上，许多人将此兽命名为"年兽"。它们各自拥有自然生态的四种不同属性，相生相克，不仅存活寿命长，还同时拥有凶猛的外表，过人的力量，行动非常敏捷，从来没有人可以驯服它们。虽然它们凶猛无比，但听说它们害怕"砰砰啪啪"的爆竹声，因此后人才发明了鞭炮，不过这些都只是一些民间流传而已，没有人可以真正证实这些。

除夕吃团圆饭的习俗是怎么来的？

大年三十这天，要吃一顿"团圆饭"。这"团圆饭"就是把天上的、地上的、水里的东西放在一起做着吃。

相传很久以前，有一个老员外，他的独生子被抓去当了兵，眼看要过年了，老员外两口想起儿子一年都没给家里来个信儿，也不知道是死是活，就成天板着脸，没一点要过年的意思。他家的老厨师看在眼里，心里为老俩口伤心，可他也没什么别的办法，只想把饭做的好点儿，也叫老俩口高兴点儿。三十儿这天，老厨师一早儿到街上买了些鸽、鸡、鱼、青菜，在厨房里做好了，正想端去，老员外的独生子回来了，老员外可高兴了，拉住儿子问这儿问那。这一下可又难坏了老厨师，菜只做两盘，是给老员外两口准备的，可这下成了三个人，端上去两盘菜多扫兴，若再做一盘吧，菜又不够，这可怎么办？想了一会儿，老厨师有办法了，他把做好的菜和剩下没做的菜堆在一块炒了一个大盘端了上去。老员外吃一口大盘菜，觉的味道不错，就问："这叫啥菜？味道真好。"老厨师也不知道啊！他想：您家今天团圆了，我是为了您团圆才做出这样的饭。就随口说："团圆饭"。从此，这种饭便留传下来了，每年三十这一天，人们就做一次"团圆饭"，表示全家团圆。

春节为什么要吃年糕？

春节吃年糕，在中国有两千多年的历史，驰誉南洋、欧美，这里面还有一个典故。春秋时期，吴王阖闾命伍子胥筑"阖闾大城"，建成后，大宴众将群臣庆功。只有伍子胥闷闷不乐，他想吴王骄奢不防备越王勾践和范蠡，国家迟早要亡。回营后他密嘱身边随从说："我死后，如国家遭难，民饥无食，可去相门城下掘地三尺得食。"果如所料，伍子胥后来遭诬陷身亡，吴国被越军横扫而灭。这时都城断粮，饿殍遍野。随从们带领百姓前往相门拆城掘地，这才发现原来相门的城砖不是泥土做的，而是用糯米磨成粉做成的。从此，人们为了纪念并铭记伍子胥的功绩与忠烈，就在春节这一天，家家吃年糕。

春联是怎么来的？

春联作为一种独特的文学形式，在我国有着悠久的历史。它从五代十国时出现，至明清两代尤为兴盛，发展到今天已经有一千多年的历史了。

秦汉以前，我国民间过年，便已有在大门左右悬挂桃符的习俗。桃符就是用桃木做的两块大板，上面分别书写上传说中的降鬼大神"神荼"和"郁垒"的名字，用以驱鬼压邪。这种习俗延续了一千多年。到了五代，人们才开始在桃木板上用对联代替了降鬼大神的名字。据历史记载，后蜀之主孟昶在公元964年除夕题于卧室门上的对联"新年纳余庆，佳节号长春"是我国最早的一副春联。

宋代以后，在民间新年悬挂春联的习俗已经相当普遍了。由于春联的出现和桃符有着密切关系，所以古人又称春联为"桃符"。

到了明代，明太祖朱元璋大力提倡对联。在金陵定都以后，命令大臣、官员和一般老百姓家除夕前都必须书写一副对联贴在门上，他亲自穿便装出巡，挨门挨户观赏取乐。当时的文人也把题联作对当成文雅的乐事，写春联便成为一时的社会风气。入清以后，乾隆、嘉庆、道光三朝，对联犹如盛唐的律诗一样兴盛，出现了不少脍炙人口的名联佳对。

随着各国文化交流的发展，对联传入越南、朝鲜、日本、新加坡等国。这些国家至今还保留着贴对联的风俗。

"福"字有什么说法？

贴"福"字无论是现在还是过去，都寄托了人们对幸福的向往和追求。民间为了更充分地体现这种向往和追求，许多地方干脆将"福"字倒过来贴，借"福"字倒了的谐音表示"福气到了"的寓意。这一风俗最早不会早于明朝初年。关于倒贴"福"字的来历有三种有趣的传说。第一种说法是源自清朝咸丰年间的恭亲王府，第二种说法是和慈禧太后有关，第三种说法是和朱元璋有关。

压岁钱是怎么来的？

民间习俗，过年之时用红纸包钱给晚辈，这钱就被称作压岁钱。旧时的压岁钱是用红线串上百枚铜钱，取其长命百岁之意，串成鲫鱼形、如意形或龙形等吉祥形，取"钱龙"、"钱余"之意。

传说很早以前，有种叫"祟"的小妖怪，喜欢除夕深夜出来，用手摸睡很香的孩子的头，孩子往往被吓得哭起

来。到了第二天,不是头疼发高烧,就是变成呆子,弄得民间有小孩的人家不敢睡觉,灯点到天亮,叫做"守祟"。有户人家夫妇俩,五十多岁才生了一个宝贝儿子,八仙路过此地,算到这家孩子有难。八仙于是变成八枚铜钱,守在小孩身边。孩子入睡后,夫妇俩用红纸把铜钱一包,放在孩子枕头旁边,并吹灭灯上了床。半夜,"祟"出来,刚伸手去摸孩子的头,枕头边就发出一道道闪闪金光,吓得"祟"慌忙逃命而去。次日老夫妻把用红纸包铜钱的事,告诉了左邻右舍。以后家家效仿,逐渐就演变为"压岁钱"。

元宵节的起源是什么?

农历正月十五夜,是我国民间传统的元宵节,又称上元节,灯节。正月十五闹元宵,将从除夕开始延续的庆祝活动推向另一个高潮。

元宵节的来历,据说与汉文帝有关。汉高祖刘邦死后,吕后独揽朝政把刘氏天下变成了吕氏天下。吕后病死后,诸吕惶惶不安,害怕遭到伤害和排挤。于是,去将军吕禄家中秘密集合,共谋作乱之事,以便彻底夺取刘氏江山。此事传至刘氏宗室齐王刘襄耳中,刘襄为保刘氏江山,决定起兵讨伐诸吕。随后,刘襄与开国老臣周勃、陈平等,一起设计解除了吕禄,"诸吕之乱"在正月十五被彻底平定。平乱之后,众臣拥立刘邦的第二个儿子刘恒登基,称汉文帝。汉文帝深感太平盛世来之不易,为纪念平息"诸吕之乱",每年正月十五夜,他都要出宫游玩,与民同乐。"夜"在古语中,又叫"宵",正月

又叫元月,汉文帝就将正月十五定为元宵节。从此,正月十五便成了一个普天同庆的民间节日——"闹元宵"。

清明节的起源是什么?

清明是中国的二十四节气之一。清明节的起源,据传始于古代帝王将相"墓祭"之礼,后来民间亦相仿效,于此日祭祖扫墓,经历代沿袭成为中华民族一种固定的风俗。本来,寒食节与清明节是两个不同的节日,到了唐朝,将祭拜扫墓的日子定为寒食节。寒食节正确的日子是在冬至后一百零五天,约在清明前后,因两者日子相近,所以便将清明与寒食合并为一日。

清明节有什么习俗?

清明作为节日,与纯粹的节气又有所不同。节气是我国物候变化、时令顺序的标志,而节日则包含着一定的风俗活动和某种纪念意义。

清明节是我国传统节日,也是最重要的祭祀节日,是祭祖和扫墓的日子。扫墓俗称上坟,祭祀死者的一种活动。汉族和一些少数民族大多都是在清明节扫墓。清明节,又叫踏青节,按阳历来说,它是在每年的4月4日至6日之间,正是春光明媚草木吐绿的时节,也正是人们春游的好时候,所以古人有清明踏青,并开展一系列体育活动的习俗。直到今天,清明节祭拜祖先,悼念已逝亲人的习俗仍很盛行。

端午节为什么要插艾挂蒲?

艾,又名家艾、艾蒿,是一种菊科多年生草本药用植物。它的茎叶都含有挥发

性芳香油。它所产生的奇特芳香，可驱蚊蝇、虫蚁，净化空气。因此，我国民间常用艾叶挂在门窗上驱虫杀菌。中医学上以艾入药，有理气血、暖子宫、祛寒湿的功能，主治月经不调、胎漏下血等症。古人端午插艾是有一定防病作用的。

菖蒲是水生草本植物，它狭长的叶片也含有挥发性芳香油，是提神开窍、健骨消滞、杀虫灭菌的药物。菖蒲形状似剑，人们将其悬挂在门上，借以杀菌防病。所以民间有"端午佳节，菖蒲作剑，悬以辟邪"之说。

因此，端午节时，不论农村和城市，家家户户悬挂艾叶和菖蒲在门前，成为代代相传的一大习俗，并一直流传至今。

端午节为什么要赛龙舟？

赛龙舟，是端午节的主要活动之一。相传起源于古时楚国人因舍不得贤臣屈原投江死去，许多人划船追赶拯救。他们争先恐后，追至洞庭湖时不见踪迹。之后每年五月五日划龙舟以纪念之。借划龙舟驱散江中之鱼，以免鱼吃掉屈原的身体。竞渡之习，盛行于吴、越、楚。

其实"龙舟竞渡"早在战国时代就有了。在急鼓声中，划刻成龙形的独木舟，做竞渡游戏，以娱神与乐人，是祭仪中半宗教性、半娱乐性的节目。后来，赛龙舟除纪念屈原之外，在不同地方人们还赋予了不同的寓意。

龙船竞渡前，先要请龙、祭神。如广东龙舟，在端午前要从水下起出，祭过在南海神庙中的南海神后，安上龙头、龙尾，再准备竞渡。并且买一对纸制小公鸡放龙船上，认为可保佑船平

安。闽、台则往妈祖庙祭拜。有的直接在河边祭龙头，杀鸡滴血于龙头之上，如四川、贵州等个别地区。

端午节的起源是什么？

端午节的起源众说纷纭，大致有以下几种说法：

第一种说法是纪念屈原，此说最早出自南朝梁代吴均《续齐谐记》和北周宗懔《荆楚岁时记》的记载。

第二种说法是纪念孝女曹娥，此说出自东汉《曹娥碑》。曹娥是东汉上虞人，父亲溺于江中，数日不见尸体，当时孝女曹娥年仅十四岁，昼夜沿江号哭。过了十七天，在五月五日也投江，三日后抱出父尸。

第三种说法是迎涛神，春秋时吴国忠臣伍子胥含冤而死之后，化为涛神，世人哀而祭之，故有端午节。

第四种说法是龙的节日，这种说法来自闻一多的《端午考》和《端午的历史教育》。

第五种说法是恶日，在先秦时代，普遍认为五月是个毒月，五日是恶日，相传这天邪佞当道，五毒并出。并且人们还避"端五"忌讳，称之为"端午"。

赛龙舟为了纪念伍子胥的传说是什么？

关于伍子胥的传说，在江浙一带流传很广。伍子胥名员，楚国人，父兄均为楚王所杀，后来子胥投奔吴国，助吴伐楚，五战而入楚都郢城。当时楚平王已死，子胥掘墓鞭尸三百，以报杀父兄之仇。吴王阖闾死后，其子夫差继位，吴军士气高

昂，百战百胜，越国大败，越王勾践请和，夫差许之。子胥建议，应彻底消灭越国，夫差不听，吴国太宰，受越国贿赂，谗言陷害子胥，夫差信之，赐子胥宝剑，子胥以此死。子胥本为忠良，视死如归，在死前对邻舍人说："我死后，将我眼睛挖出悬挂在吴京之东门上，以看越国军队入城灭吴"，便自刎而死，夫差闻言大怒，令取子胥之尸体装在皮革里于五月五日投入大江，因此相传端午节是为纪念伍子胥之日。

端午节为什么要吃粽子？

每年农历五月初五端午节，我国各地都有吃粽子和赛龙舟的习俗。人们都知道，这种世代相传的古俗是为了纪念屈原的。可为什么要用这种方式纪念屈原呢？

原来在屈原故乡流传着这么一个故事。屈原投汨罗江之后，有天夜里，屈原故乡的人忽然都梦见屈原回来了。他峨冠博带，一如生前，只见面容略带几分忧戚与憔悴。乡亲们高兴极了，纷纷拥上前去，向他行礼致敬。屈原一边还礼，一边微笑着说："谢谢你们的一片盛情，楚国人民这样爱憎分明，不忘记我，我是死而无憾了。"话别谈旧间，众人发现屈原的身体已大不如过去，就关切地问道："屈大夫，我们给你送去的米饭，你吃到了没有？""谢谢"，屈原先是感激，接着又叹气说："遗憾哪。你们送给我的米饭，都给鱼虾龟蚌这般水族吃了。"乡亲们听后都很焦急："要怎样才能不让鱼虾们吃掉呢？"屈原想了想说："如果用箬叶包饭，做成有尖角的角黍，水族见了，以为是菱角，就不敢去吃了。"

第二年端午节，乡亲们便用箬叶包成许多角黍，投入江中。可是端午节过后，屈原又托梦说："你们送来的角黍，我吃了不少，可是还有不少给水族抢去了。"大家又问他："那还有什么好法子呢？"屈原说："有办法，你们在投放角黍的舟上，加上龙的标记就行了。因为水族都归龙王管，到时候，鼓角齐鸣，桨桡翻动，它们以为是龙王送来的，就再也不敢去抢了。"角黍，就是现在的粽子。

从此端午节包粽子、划龙舟的习俗，就由屈原的故乡传向全国，由古代传到今天。

乞巧节是怎么来的？

农历七月初七，民间称为"乞巧节"。少女和年轻媳妇们在这天晚上，向织女星乞求智巧。有些地方的姑娘们还举行"结彩楼，穿七孔针"活动，用以向织女乞求巧手巧艺；旧时，还有的人捉一蜘蛛，放进小盆里，第二天看蜘蛛结的什么网，来预卜自己有没有巧运。

传说这一天是牛郎织女一年一度相会的日子。牛郎是民间一个善良穷苦的后生，织女是天宫下凡的一个美丽无比的仙女。他俩本是一对幸福的夫妻，后来被狠心的王母娘娘分开了。王母娘娘在他们中间划了一条银河。今天我们看到银河边的两颗星星，一颗在河东，一颗在河西，据说是牛郎、织女两人变的。牛郎星旁边还有两颗小星星，这便是牛郎挑着的他们的两个孩子。平时牛郎织女不能相见。人们都同情这对情人的不幸遭遇，连世间的禽鸟都为他俩抱

不平。凤凰这个鸟王，率领百鸟飞到银河边上，一个鸟一个鸟地连起来，从河东边到河西边，搭了一座鹊桥，让牛郎织女过桥相会。可这桥不是容易搭的呀，一年只能搭起一次，时间在七月七日晚上。牛郎和织女，每年就在这天会一次面。织女是天宫有名的巧女，妇女们都在这天晚上，趁她离开天宫与牛郎见面的时候，向她乞求智巧，所以人们把七月七称做"乞巧节"，把这天晚上叫做"乞巧"。

中元节有什么习俗？

中元节是农历七月十五日。主要是祭祀祖先，所以又叫鬼节。供品中西瓜必不可少，因而又称瓜节。佛教传说，目连的母亲坠入饿鬼道中，食物入口化为烈火，目连求救于佛，佛为他念《盂兰盆经》，嘱咐他七月十五做盂兰盆以祭其母。近代供瓜果、陈禾麻以祭先祖，固然有尝新的含义，也是盆祭的遗风。旧时，中元节为目连救母做盂兰盆会，后来逐渐演变为放河灯，祭祀无主孤魂和意外死亡者。德州的中元河灯场面十分壮观。人们用瓜皮、面碗、纸张制成灯具，并以街巷为单位，制作特大纸船，纸扎目连站在船上，手持九环禅杖。中元之夜，人们把灯具和纸船放入河内，顺流而下，河上顿时灯火通明，摇曳摆动，如同天上点点繁星。胶东沿海地区，由道士乘小船在海中放灯，并演奏丝竹乐。德州运河两岸的百姓，纷纷拥到河堤观灯。滕州也有放河灯的习俗，形式与德州大体相同，不同的是，放河灯前，摆香案，念佛经，佛师一边念经，一边朝台下撒小馍馍，小孩子蜂拥而上，一抢而光，据说吃了能消灾。

中秋节有什么习俗？

农历八月十五日是中秋节的习俗，是我国传统的中秋节，也称仲秋节、团圆节、八月节等，是我国仅次于春节的第二大传统节日。我国农历秋季的七、八、九三个月中，八月十五恰在秋季的中间，所以称作中秋。我国古历法把处在秋季中间的八月，称谓"仲秋"，所以中秋节又叫"仲秋节"。

中秋节，不仅是我国汉族和大部分少数民族的传统节日，也流行于朝鲜、日本和越南等邻国。中秋节起源于我国古代秋祀、拜月之俗。两汉时已具雏形，唐时，中秋赏月之俗开始盛行，并定为中秋节。中秋赏月，最盛是宋代。明清以来，民间更重视中秋节。中秋赏月的风俗在唐代极盛，许多诗人的名篇中都有咏月的诗句，古往今来，人们常用"月圆"、"月缺"来形容"悲欢离合"。客居他乡的游子，更是以月来寄托深情。宋代、明代、清代宫廷和民间的拜月赏月活动更具规模。我国各地至今仍遗存着许多"拜月坛"、"拜月亭"、"望月楼"的古迹。

吃月饼是节日的另一习俗。月饼象征着团圆，像葡萄、西瓜等象征着团圆的水果也被人们摆上餐桌。

中秋节是怎么来的？

中秋节是我国的传统佳节，每到这天，人们都要赏月、吃月饼，祝福团圆。中秋一词最早出现于《周礼》，但它不是指中秋节，而是秋季的第二个月；汉代有秋节，时间定在立秋的那一天，也不是八月十五。唐朝初年，中秋节才成为固定

的节日。中秋节的盛行始于宋朝，至明清时，成为我国的主要节日之一。这也是我国仅次于春节的第二大传统节日。

中秋节的由来有以下两种说法。一是起源于古代帝王的祭祀活动。早在春秋时代，帝王就已开始祭月、拜月了。后来贵族官吏和文人学士也相继仿效，逐步传到民间。二是与农业生产有关。"秋"字的解释是：庄稼成熟称秋。八月是秋季中间的一个月，称为"仲秋"。此时，各种农作物相继成熟，为了庆祝丰收，表达喜悦的心情，便以八月十五这天作为节日。八月十五又在"仲秋"之中，所以称"中秋节"。

重阳节是怎么来的?

重阳节又被称作是登高节。每年的这一天，人们都登高望远，思念亲人。古人把九叫做"阳数"，农历九月九日，两九相重，所以称为"重阳"，这就是重阳节名称的由来。关于重阳节的起源，相传与一次降妖除魔有关。

东汉时期汝河两岸害起了瘟疫，一个叫桓景的小伙子，父母在这场瘟疫中病死了。桓景听人说，这场瘟疫是汝河里的一个瘟魔作恶引起的。于是，桓景决定为民除害。当时，东南山中住着一位名叫费长房的大仙，桓景便来到此处拜师学艺。学艺时，桓景不分昼夜地苦练。一年后，桓景正在练剑，费长房走到跟前说："今年九月九，汝河瘟魔又要出来。你赶紧回乡为民除害。我给你茱萸叶子一包，菊花酒一瓶，让你家乡父老登高避祸。"然后，让桓景跨上仙鹤向汝南飞去。桓景回到家乡，在九月九日那天，他带着父老乡

亲登上了附近的一座高山。每人分一片茱萸叶，用以驱瘟魔；随后，又倒出菊花酒，每人呷了一口，用以防瘟疫之疾。把乡亲们安排好后，桓景就带着降妖青龙剑回到家中，独坐屋内，只等与瘟魔交战。不久，瘟魔出水走上岸来。它见人们都在高山上欢聚，便窜到山下。此时，酒气刺鼻，茱萸冲肺，瘟魔不敢登山，便转身来到村里。当瘟魔看见一人在屋中端坐，便向前扑去。桓景急忙迎战，瘟魔战他不过，拔腿就跑。桓景将降妖青龙剑抛出，把瘟魔扎死在地。桓景除掉瘟魔后，汝河两岸的百姓欢天喜地。从那时起，人们便有了重阳登高的风俗。

重阳节有什么习俗?

重阳最重要的节日活动之一就是登高。故重阳节又叫"登高节"。登高所到之处，没有统一的规定，一般是登高山、登高塔。

重阳节有佩茱萸的风俗，因此又被称为"茱萸节"。茱萸是重阳节的重要标志。重阳节时人们还喜欢佩戴菊花。茱萸雅号"辟邪翁"，菊花又名"延寿客"。

重阳佳节，我国还有饮菊花酒的传统习俗。菊花酒，在古代被看做是重阳必饮、祛灾祈福的"吉祥酒"。

重阳的饮食之风，除了上面所说的饮茱萸、菊花酒，吃菊花食品之外，还有好些，其中最有名的就是吃糕。在北方，吃重阳糕之风兴盛。

元旦是怎么来的?

元旦，古称"元日"，"元正"，"元辰"，"元春"，"元朔"等。我国

历代元旦的月日其实并不一致。夏代在正月初一，商代在十二月初一，周代在十一月初一，秦始皇统一六国后，又以十月初一为元旦，自此历代相沿未改。汉武帝太初元年时，司马迁创立了"太初历"，这才又以正月初一为元旦，和夏代规定的一样，所以又称"夏历"，一直沿用到辛亥革命。中华民国建立，孙中山为了"行夏正，所以顺农时；从西历，所以便统计"，定正月初一（元旦）为春节，而以西历（公历）1月1日为新年。

在当代，元旦指公元纪年的岁首第2天。自西历传入我国以后，元旦一词便专用于新年，传统的旧历年则称春节。公元1911年，孙中山领导的辛亥革命，推翻了满清统治，建立了中华民国。各省都督代表在南京开会，决定使用公历，把农历的正月初一叫做"春节"，把公历的1月1日叫做"元旦"。不过当时并未正式公布和命名。

今天所说的元旦是新中国成立前夕的公元1949年9月27日，中国人民政治协商会议第一届全体会议决议："中华人民共和国纪年采用公元纪年法"，即是我们所说的阳历，为了区别农历和阳历两个新年，又鉴于农历二十四节气中的"立春"恰在农历新年的前后，因此便把农历正月初一改称为"春节"，阳历一月一日定为"元旦"，至此，元旦才成为全国人民的欢乐节日。

腊八节是怎么来的？

农历十二月初八，是我国汉族传统的腊八节。腊八节又称腊日祭、腊八祭、王侯腊或佛成道日，原来古代欢庆丰收、感谢祖先和神灵（包括门神、户神、宅神、灶神、井神）的祭祀仪式，除祭祖敬神的活动外，人们还要逐疫。这项活动来源于古代的傩（古代驱鬼避疫的仪式），史前时代的医疗方法之一即驱鬼治疾。作为巫术活动的腊月击鼓驱疫之俗，在今湖南新化等地区仍有留存。后演化成纪念佛祖释伽牟尼成道的宗教节日。夏代称腊日为"嘉平"，商代为"清祀"，周代为"大蜡"；因在十二月举行，故称该月为腊月，称腊祭这一天为腊日。先秦的腊日在冬至后的第三个戌日，南北朝时期才开始固定在腊月初八。

腊八节都有哪些习俗？

腊八节饮食习俗：一、吃冰：腊八前一天，人们一般用钢盆舀水结冰，等到腊八节就把冰给取出来并把冰敲成碎块。据说这天的冰很神奇，吃了它在以后的一年里都不会肚子疼。二、腊八粥：腊八粥也叫"七宝五味粥"。我国喝腊八粥的历史，已有一千多年。最早开始于宋代，每逢腊八这一天，不论是朝廷、官府、寺院还是黎民百姓家都要做腊八粥。三、腊八蒜：老北京人家，一到腊月初八，过年的气氛一天赛过一天，华北大部分地区在腊月初八这天有醋泡蒜的习俗，叫"腊八蒜"。

什么叫三伏？

"三伏"就是初伏、中伏和末伏的统称，是一年中最热的时节。每年出现在阳历7月中旬到8月中旬。其气候特点是气温高、气压低、湿度大、风速小。"伏"表示阴气受阳气所迫藏伏地下。按我国农

历气候规律，前人早有规定：夏至后第三个庚日称为头伏（初伏），第四个庚日为中伏（二伏），立秋后第一个庚日为末伏（三伏），每伏十天共三十天。有的年份"中伏"为二十天，则共有四十天。

冬至节为什么要吃馄饨？

过去老北京有"冬至馄饨夏至面"的说法。相传汉朝时，北方匈奴经常骚扰边疆，百姓不得安宁。当时匈奴部落中有浑氏和屯氏两个首领，十分凶残。百姓对其恨之入骨，于是用肉馅包成角儿，取"浑"与"屯"之音，称名为"馄饨"。恨不得吃掉他们，并求平息战乱，能过上太平日子。因最初制成馄饨是在冬至这一天，所以在冬至这天家家户户都吃馄饨。

冬至吃赤豆糯米饭的习俗是怎么来的？

在江南水乡，有冬至之夜全家欢聚一堂共吃赤豆糯米饭的习俗。相传，共工氏有不才子，作恶多端，死于冬至这一天，死后变成疫鬼，继续残害百姓。但是，这个疫鬼最怕赤豆，于是，人们就在冬至这一天煮赤豆为饭吃，用以驱避疫鬼，防灾祛病。

立春有什么风俗？

立春举行纪念活动已经有三千年的历史。当时，祭祀的句芒也称芒神，是主管农事的春神。据文献记载，周朝迎接"立春"的仪式，大致如下：立春前三日，天子开始斋戒，到了立春日，亲率三公九卿诸侯大夫，到东方八里之郊迎春，祈求丰收。那么，为什么要到东郊去迎春呢？这是因为迎春活动祭拜的句芒神，居住在东方。后来，迎春活动的地点就不止是在东郊了。

到了清代，迎春仪式便演变为社会瞩目、全民参与的重要民俗活动。清人所著的《清嘉录》则指出，立春祀神祭祖的典仪，虽然比不上正月初一的岁朝，但要高于冬至的规模。农历二十四节气中的立春，俗称"打春"。立春，有时在农历十二月，有时在农历正月。一过立春，就意味着冬季结束，进入了春天。

二十四节气是如何命名的？

远在春秋时代，就定出仲春、仲夏、仲秋和仲冬等四个节气。以后不断地改进与完善，到秦汉年间，二十四节气已完全确立。公元前104年，由邓平等制定的《太初历》，正式把二十四节气订于历法，明确了二十四节气的天文位置。

太阳从黄经零度起，沿黄经每运行15度所经历的时日称为"一个节气"。每年运行360度，共经历24个节气，每月2个。其中，每月第一个节气为"节气"，即：立春、惊蛰、清明、立夏、芒种、小暑、立秋、白露、寒露、立冬、大雪和小寒等12个节气；每月的第二个节气为"中气"，即：雨水、春分、谷雨、小满、夏至、大暑、处暑、秋分、霜降、小雪、冬至和大寒等12个节气。"节气"和"中气"交替出现，各历时15天，现在人们已经把"节气"和"中气"统称为"节气"。

第三章 民俗礼仪

什么是封禅大典？

封禅，封是祭天，禅是祭地。封禅是一种帝王受命于天下的典礼。这种仪式起源于春秋战国时期，当时齐、鲁的儒士认为泰山是天下最高的山，人间的最高帝王应当到这座最高的山上去祭祀至高无上的神灵，而泰山是齐、鲁分界。后来在齐、鲁祭祀泰山的仪式扩大为统一帝国的望祭，并定名为"封禅"。封禅之礼，最初见于《管子·封禅篇》，但此篇今已佚。据《史记·封禅书》记载管仲的论封禅：古代封泰山、禅梁父的帝王有72代，而管仲本人记得有十二个。从无怀氏到周成王，都受命后举行封禅典礼。帝王受命要有十五种不召而来的祥瑞体现，这样才能举行这种典礼。《管子》一书出自战国齐稷下学派手笔，或许代表了这批阴阳家们对封禅的看法。

秦汉时期有哪些皇帝举行了封禅大典？

第一位真正举行封禅大典的是秦始皇。始皇三年，巡狩郡县，与鲁儒士讨论封禅典礼。儒士们议论纷纷，但提不出一个具体的仪礼程式。秦始皇就开始借用原来秦国祭祀雍上帝的仪典，先到泰山行封礼，然后到梁父行禅礼。汉初，经济萧条，汉文帝13年（前167年）

虽讨论过封禅，但没有经济条件去做。武帝后经济好转，于是命令儒赵绾、王臧等人"草巡狩、封禅、改历、服色事"，但因窦太后极力反对而作罢。元封元年（前110年），武帝才行封禅。然而这次封禅，不但具体仪式主要由方士草订，而且其行事神秘，史官也不知到详细原因。封于泰山，而禅于肃然山（泰山东北），并改元封。此后每隔五年修封一次。前后共举行过5次。东汉建武30年，张纯等大臣奏请汉光武帝封禅，但他以自己无德而不许。两年后，他认为"赤刘之九，会命岱宗"的谶文，命梁松等求九世封禅的制典，于是东巡，封于泰山，禅于梁阴，并改元为中元元年。

磕头是怎么出现的？

磕头（古时的跪拜礼）相传汉代以前就有了。因为汉以前，没有凳子椅子，只有席子，大家席地而坐。在接待宾客中，每当"坐"着向客人致谢时，为了表示尊敬，往往伸直上半身，也就是"引身而起"，使坐变成了跪，然后俯身向下，就这样，逐渐形成了日常生活中的跪拜礼。

什么是跪拜礼？

我国在东汉以前，还没有现在的桌椅，人们在吃饭、议事、看书时，是

在地上铺上席子后，席地而坐。通常是，坐时要两膝着地，再将臀部坐于后脚跟上，脚掌向后向外。就其形式而言，古人的"坐"实际上就是我们现在的"跪"。在接待宾客中，每当"坐"着向客人致谢时，为表示尊敬，往往要伸直上半身，即古书上所说的"引身而坐"，使"坐"变成真正意义上的"跪"。然后俯身向下，有时要前额触地。就这样，逐渐成了日常生活中的跪拜礼。汉代以后，渐渐有高座，凳椅逐渐用于生活中，人们不再"席地而坐"。因而使原来生活中的"跪坐"起了很大变化。跪拜礼虽然存在，却成为了等级差别的标志，主要广泛应用于官场之中。在民间，如祭祀、祝寿等风俗中，也经常使用跪拜礼。后来，又增加打千、作揖、鞠躬等礼节。

男左女右的习俗是怎么来的？

在我们日常生活中，男左女右，好像约定俗成地渗透到我们社会生活的各个方面。照结婚照，夫妻二人出席某些礼仪场合等等，男的往往在左边，女的往往在右边。

人的性格，男子性暴刚强属于阳于左，女子性温柔和属于阴于右。"男左女右"在中医应用上也有实际的科学意义，"男左女右"在医学上是表示男女生理上的差异。中医诊脉，男子取气分脉于左手，女子取血分脉于右手，即使小儿患病观察手纹也取"男左女右"的习惯。这就是"男左女右"的由来。这一沿袭至今的习俗，早在二千多年前战国时期就已经有了。当然至于"男左女右"是否真能表示男女生理上的差异，则是另一个问题了。

"缠足"的习俗是怎么来的？

裹脚也叫缠足，就是用长布条把女孩子的脚紧紧地缠住，为使脚纤小，而造成脚骨畸形。

为什么中国会流行裹脚呢？大致有两个原因，一是统治者的意志对天下百姓的影响，另外就是文化人欣赏和赞美。据说裹脚是起源于那位吟唱"春花秋月何时了"的南唐后主李煜，他的嫔妃们用布把脚缠成新月形，在用黄金做成的莲花上跳舞，李后主认为这样甚美，于是后宫中就开始缠足，后来又流传到民间。只要皇帝喜欢什么，民间就一定会流行什么，唐代的皇帝喜好道教文化，唐玄宗甚至号称自己是道教皇帝，所以，道教在唐朝达到了发展的巅峰，乾隆皇帝酷爱书法，所以推动了书法的发展，李后主喜欢小脚女人，所以就流行了裹脚。

关于裹脚的起源，还有几个说法，有的说是起于南朝齐废除帝妃潘玉为奴，有说是起于唐末，有说是起与隋炀帝等等，但是都无一例外地与统治者们发生了关系，这也说明了这个原因。

额头点红的习俗是怎么来的？

逢年过节有些做妈妈的爱用红颜料给小孩眉间的上方涂个红点。要问她们为啥，她们会说："好看呗！"不错，在孩子白皙的额头上抹上个鲜艳的红点是十分好看的。实际上这也是一种习俗的演变。孩子眉宇上的红点名为"吉祥点"，据说，印度教里妇女额头的"吉祥点"是表明妇女婚姻状况的，当新娘进入洞房时，新郎就要将祭献用的牲畜血给新娘额头上涂个"吉祥点"，以便避邪。还说，如果不涂个"吉祥点"，间或就有什么妖怪会把新娘的魂魄攫取，而这些妖怪又最忌讳畜血，闻见畜血味儿，他们就恶心得连新娘的边儿都不敢沾了。

后来，时间一长，涂"吉祥点"渐渐成了印度妇女装扮修饰自己必不可少的一项内容，并且也不一定非用畜血来点了，有时就用红胭脂来代替。随着丝绸之路的开辟，印度的这种习俗也开始影响到我国内地。既然涂个"吉祥点"可以避妖除邪，又何乐而不为？加上当时中国有一种说法，七岁以下的儿童有魂而不全，能亲见目睹妖魔的怪样。因此大人们为使孩子们顺利成长，就特别注意给孩子抹"吉祥点"。久而久之，就形成这种习俗。但现在的人可不信过去那一套了，只是真正为了好看而已。

"抱拳礼"的行礼方法是怎样的？

行礼的方法是：并步站立，左手四指并拢伸直成掌，拇指屈拢，右手成拳，左掌心掩贴右拳面（左指根线与右拳棱相齐），左指尖与下颏平齐，右掌眼（虎口）斜对胸窝，置于胸前屈臂成圆，肘尖稍微下垂，拳掌与胸相距20~30厘米，头正、身直，目视受礼者，面容举止自然大方。

舞龙的习俗是怎么来的？

舞龙最初是作为祭祀祖先、祈求甘雨的一种仪式，起源于汉代。后来逐渐成为一种文娱活动。到了唐宋时代，舞龙已是逢年过节时常见的表现形式。关于舞龙的来历有一个故事：某天，龙王腰痛难忍，龙宫中的所有药物都吃了，但仍不见效果，只好变成老头来到人间求医。大夫给龙王号脉后觉得奇怪，便问道："你不是人吧？"龙王为了治病只好说出实情。于是大夫让他变回原形，从腰间的鳞甲中捉出一条蜈蚣，经过拔毒、敷药，龙王完全康复了。龙王为了答谢治疗之恩，便向大夫许诺，只要照龙王的样子扎龙舞耍，就能风调雨顺，五谷丰登。此后，人们每逢干旱便舞龙祈雨，并有春舞青龙、夏舞赤龙、秋舞白龙、冬舞黑龙的规矩了。

舞龙有哪些讲究？

舞龙的历史较久远，现在新年有"闹龙灯"的习俗。闹龙灯就是"掉龙灯"，因龙灯长巨且重，锣鼓声中昂首摆尾，蜿蜒游走，没有数十个壮汉，举竿来回奔走，根本没办法操纵。舞龙的"龙"，通常都安置在当地的龙王庙中，舞龙之日，以旌旗、锣鼓、号角为前导，将龙身从庙中请出来，接上龙头龙尾，举行点睛仪式。龙身用竹扎成圆龙状，节节相连，外面覆罩画有龙鳞的巨幅红布，每隔五六尺有一人掌竿，首尾相距约莫有十数来丈长。龙前由一人持竿领前，竿顶竖一巨球，作为引导。舞时，巨球前后左右四周摇摆，龙首作抢球状，引起龙身游走飞动。

中国传统文化中的"狮子"有什么特殊之处？

现在动物园的狮子多种多样，有非洲

狮、美洲狮等等。但中国人喜欢的狮子却不在此列。细心观察，中国古来的狮子形象与我们在动物园看到的不同，它来源于已经灭绝了的狮子——西域狮。

在中国古代的西域，也就是现在的中亚地区有一种野生比较温顺、受人喜欢的狮子，后人称之为西域狮。大概从汉朝起，西域一些小国把西域狮作为礼品或者贡品送给汉皇室，后来官府、商贾与西域交换了一些，拴在门前，即可观赏，又可护院，逐渐成为古代显示身份地位的时尚，狮文化也开始出现。史载，汉朝已经流行狮子舞，可以作为鉴证。而得不到西域狮的官商，就依照西域狮的模样用石头雕刻立在门前。再后来，可能由于大量捕获，野生狮子的数量逐渐减少，而异地又不好饲养和繁殖，战乱频繁又进不来。从而，西域狮在中国灭绝了。于是，西域狮就被雕塑、铸造的狮子取代了，并演化出多种艺术形象。

狮子舞在唐朝以前就由波斯传入龟兹，然后又由龟兹传入我国内地。狮子在波斯被当作王权的象征，波斯王在举行朝会时是坐在金狮座上。输入中原的狮子，从色泽上可分为"金狮"、"黑狮"，外形上又分为"坐狮"、"棒狮"，狮子并非仅供观赏，西域人民将狮子筋做成琴弦，对于歌舞之乡，真可谓得天独厚。

庆生的习俗是怎么来的？

生日是人来到世上的纪念日，对本人具有特别的纪念意义，因此庆贺生日的习俗颇为流行。而向别人祝寿，则成为社交活动中的一项内容。在我国为别人祝寿，即"上寿"的风气开始的很早。金文中就有多种写法的寿字出现，说明商周时期已有了祝寿的活动。但当时祝并不是固定在出生纪念日。普通平民何时把祝寿与生日联系起来，因缺乏记载已难确考。不过据清代钱大昕《十驾斋养新录》卷十九考证，封建帝王确定在生日举行大型祝寿活动最初始于唐代。唐开元十七年（公元729年）八月，唐玄宗置酒宴招待群臣，庆祝自己的生日。宴会后，尚书左丞相源乾曜、右丞相张说率文武百官上表，请以玄宗生日八月五日定天为"千秋节"。此后唐朝皇帝不但在生日祝寿，而且除德宗外，都为生日取了专用的名称。如肃宗生日叫"天成地平节"，武宗生日叫"庆阳节"，宣宗生日叫"寿昌节"，昭宗生日叫"嘉会节"等。唐代自玄宗始，每逢皇帝生日全国都休假三日举行庆祝活动，"朝野同欢"。在京城，群臣向皇帝祝寿，献上甘露、醇醪和"万岁寿酒"。各道节度使为博得皇帝欢心，则献上大量珍物宝玩。说城以外的官吏百姓也要"做寿酒宴"，庆贺皇帝的生日。宫廷与民间的风气互相影响的，源乾曜等人不会是突发奇想而上表；"千秋节"确定后民间也不会不受感染。因此，可以说，至少在唐代祝贺生日之风已经兴起。

祝寿一般是在生日当天，家属及宗族、戚友都要行拜礼并颂念祝贺言词，故又称为"拜寿"。也有在前一天晚上就去贺寿的，称为"预祝"。如有人在生日的第二天前往贺寿，则叫做"补祝"。

生日为什么要送寿桃？

祝寿所用的桃，一般用面粉做成，也有用鲜桃的。神话中，西王母娘娘做寿，设蟠桃会款待群仙，所以一般习俗用桃来做庆寿的物品。

为什么用桃祝寿，称为寿桃，这首先得从桃本身来说起，桃作为水果，甜、鲜、纤维素含量高，含有维生素E，这是抗氧化抗衰老的，果糖有滋补强身的作用，特别是纤维素对老人的常见病如动脉硬化，便秘都有好处。民间早有"桃养人"和"宁吃鲜桃一口，不吃烂杏一筐"的谚语。

麒麟送子有什么来源？

麒麟送子是我国古代一种求子的方法。麒麟是仁兽，是吉祥的象征，能为人们带来子嗣。

古时有这样一个传说：在孔子的故乡曲阜，有一条阙里街，孔子的故居就在这街上。孔子的父亲孔纥与母亲颜徵就有孔孟皮一个男孩，但患有足疾，不能担当祀事。夫妇俩觉得太遗憾，就一起在尼山祈祷，盼望再有个儿子。一天夜里，忽有一头麒麟踱进阙里。麒麟举止优雅，不慌不忙地从嘴里吐出一方帛，上面还写着文字："水精之子孙，衰周而素王，徵在贤明"。第二天，麒麟不见了，孔纥家传出一阵响亮的婴儿啼哭声。

通行的《麒麟送子》图，实际上是民间麒麟送子风俗的写照，方式是由不育妇女扶着载有小孩的纸扎麒麟在庭院或堂屋里转一圈。也有学阙里人样，系彩于麟角的。还有据此传说绘成的《麒麟吐书》图，多用于文庙、学宫装饰，意思为祥瑞降监、圣贤诞生。

民间有"麒麟儿"、"麟儿"的美称。南北朝时，对聪颖可爱的男孩，人们常呼为"吾家麒麟"。此后"麒麟送子图"，上刻对联"天上麒麟儿，地上状元郎"，以把这个当成佳兆。民间普遍认为，求拜麒麟可以生育得子。

什么是门当户对？

"门当"，原指大宅门前的一对石鼓，有的抱鼓石坐落于门砒上；因鼓声宏阔威严，厉如雷霆，百姓信其能避邪，故民间广泛用石鼓代"门当"。

"户对"，就是置于门楣上或门楣双侧的砖雕、木雕。形状有圆形与方形之分，圆形为文官，方形为武官，"户对"大小与官品大小成正比。"户对"1到5品可以为六个，6到7品可以为四个，以下只能为两个，普通大户人家也可以有两个。典型的有圆形短柱，短柱长一尺左右，与地面平行，与门楣垂直，它位于门户之上，且取双数，有的两个一对，有的四个两对，故名"户对"。"户对"用短圆柱形是因为它代表了人们生殖崇拜中重男丁的观念，意在祈求人气旺盛、香火永续。

结婚的时候为什么要喝交杯酒？

喝交杯酒是我国婚礼程序中的一个传统仪式，在古代又称为"合卺酒"，卺的意思本来是一个瓠分成两个瓢。在唐代即有交杯酒这一名称，到了宋代，在礼仪上，盛行用彩丝将两只酒杯相连，并绾成同心结之类的彩结，夫妻互饮一盏，或夫妻传饮。这种风俗在我国

非常普遍，如在绍兴地区喝交杯酒时，由男方亲属中儿女双全、福气好的中年妇女主持，喝交杯酒前，先要给坐在床上的新郎新娘喂几颗小汤圆，然后，斟上两盅花雕酒，分别给新婚夫妇各饮一口，再把这两盅酒混合，又分为两盅，取"我中有你，你中有我"之意，让新郎新娘喝完后，并向门外撒大把的喜糖，让外面围观的人群争抢。婚礼上的交杯酒：为表示夫妻相爱，在婚礼上夫妻各执一杯酒，手臂相交各饮一口。

娶新娘乘花轿的习俗是怎么来的？

封建社会早期，封建士大夫家庭娶亲的礼仪很讲究。有"纳采"、"问名"、"纳吉"、"纳征"、"请期"和"亲迎"六项规定。每项规定中，又有极为细致的要求。譬如，男子到女家"亲迎"，要穿黑色衣服，要在黑夜里用黑漆车子，打着火把前去。新媳妇是坐在车子里的，车上有盖，里面有帷幕，以免被人看见。黑夜里"亲迎"，是因为当时的人们认为妇女代表阴气，迎阴气入室，最好在晚上进行。

从唐朝开始，轿子开始盛行起来，南宋孝宗曾为皇后制造一种"龙肩舆"。上面装饰着四条走龙，用朱红漆的藤子编成坐椅、踏子和门窗。内有红罗茵褥、软屏夹幔，外有围幛和门帘、窗帘。可以说，这是最早的"采舆"（即花轿）。这以后，历代帝王都为后妃制造采舆，而且越来越华丽。

用轿子娶亲这个仪式出现在宋代，后来才渐渐成为民俗。这个变化是和"亲迎"仪式中的其他变化同时出现的。例如这时迎亲已改在早晨进行，新郎要披红插花，所以新娘坐的轿子也改成鲜艳的花轿。

什么冥婚？

冥婚就是指为死了的人找个配偶。有的少男少女在订婚后，未等迎娶过门就因故双亡。那时，老人们认为，如果不替他（她）们完婚，他（她）们的鬼魂就会作怪，使家宅不安。因此，一定要为他（她）们举行一个阴婚仪式，最后将他（她）们埋在一起，成为夫妻，并骨合葬。也免得男、女两家的茔地里出现孤坟。还有的少男、少女还没订婚就夭折了。老人们出于疼爱、想念儿女的心情，认为生前没能为他（她）们择偶，死后也要为他（她）们完婚，尽到做父母的责任。其实，这是人的感情寄托所至。另外，旧时人们普遍迷信于所谓坟地"风水"，以为出现一座孤坟，会影响家宅后代的昌盛。当时有些"风水家"为了多挣几个钱，也多竭力怂恿搞这种阴婚。阴婚多出现在贵族或富户，贫寒之家决不搞这种活动。

冥婚的习俗是怎么来的？

冥婚在汉朝以前就有了。由于阴婚耗费社会上的人力、物力，毫无意义，曾予禁止，但此风气始终没有杜绝，甚至有的直接表现在统治者身上。例如：曹操最喜爱的儿子曹冲十三岁就死了，曹操便下聘已死的甄小姐作为曹冲的妻子，把他（她）们合葬在一起。

宋代，冥婚最为盛行。清代，这种妇女殉葬冥合的习俗，随着贞节观的加强，仍很盛行。直至晚清封建礼教受到西方精神文明的冲击才逐渐消失。

新娘盖"红盖头"的习俗是怎么来的？

南北朝时，齐代就已经出现盖头，当时是妇女避风御寒使用的，仅仅只盖住头顶。到唐朝初期，便演变成一种从头披到肩的帷帽，用以遮羞。据传，说唐朝开元天宝年间，唐明皇李隆基为了标新立异，有意突破旧习，指令宫女以"透额罗"罩头，也就是妇女在唐初的帷帽上再盖一块薄纱遮住面额，作为一种装饰物。从后晋到元朝，盖头在民间流行不废，并成为新娘不可缺少的喜庆装饰。为了表示喜庆，新娘的盖头都选用红色的。

什么是树葬？

树葬也被称为"露天葬"，是旧时汉族和部分少数民族的丧葬方式。树葬是彝族古老的一种葬俗。云南彝区流传着一则关于"树葬"的传说："在汉代，诸葛亮在世的那个年代，彝族先祖孟获大将军的妾死了。孟获让属下用帛缎裹尸，葬之在青松树丫上。人们围在树下唱歌、跳舞，悼念这位美丽的妾"。当地人们还传说，树葬之后，骨头从树上掉下来，不好处理，于是用桶把裹着帛缎的骨头装起业，或放在树洞，有说放之于灵房，称为"鬼桶"。

什么是悬棺葬？

悬棺葬是中国古代葬式的一种。就是人死后，亲属殓遗体入棺，将木棺悬置于插入悬崖绝壁的木桩上，或置于崖洞中、崖缝内，或半悬于崖外。往往陡峭高危，下临深溪，无从攀登。其俗流行于南方少数民族地区，悬置越高，表示对死者越是尊敬。依据文献及实地考察，在四川、云南、贵州、广西、福建、台湾、湖北、湖南、江西等省区，均有此种葬俗。江西贵溪仙岩、福建武夷山、四川忠县卧马函、四川奉节县夔峡、风箱峡、四川珙县麻塘坝螃蟹溪山崖等地，曾发现大批战国至秦、汉时期的古代悬棺葬遗物。

什么是墓志铭？

墓志铭是中国古代一种悼念性的文体。埋葬死者时，刻在石上，埋于坟前。一般由志和铭两部分组成。志多用散文撰写，叙述死者的姓名、籍贯、生平事略；铭则用韵文概括全篇，赞扬死者的功业成就，表示悼念和安慰。但也有只有志或只有铭的。可以是自己生前写的，也可以是别人写的。主要是对死者一生的评价。

墓志铭的写作有什么要求？

墓志铭在写作上的要求是叙事概要，语言温和，文字简约。撰写墓志铭，有两大特点不可忽视，一是概括性，二是独创性。墓志铭因受墓碑空间的限制，篇幅不能冗长，再说简洁明了的文字，也便于读者阅读与记忆。因此，不论用什么文章样式来撰写墓志铭，均要求作者有很强的概括力。

墓志铭为在坟墓中或坟墓上，以死者生平事迹所写的一份简介，尤其对于伟大或值得纪念的人，其墓经常有墓

志铭，在中国和西方都有这种习俗的存在，但是近代中国已不流行写墓志铭。墓志铭是给过世的人写的，在古代，墓志主要是把死者的简要生平刻在石碑上，放进墓穴里。中国人讲究立德、立言、立行，死后这些都是要写进墓志铭，以求得人死留名。

在现代，主要是记述一生的重要事件，然后对人做一个综合的评价。

一般而言，墓志铭使用韵文写作，中西方皆然，但也有例外，如韩愈的《柳子厚墓志铭》为无韵散文。

什么是"人殉制"？

人殉是古代葬礼中以活人陪葬的陋俗。人殉制度到了殷商时期最为鼎盛。从考古发掘的商代贵族墓中，发现了大批殉葬者的尸骨，这些墓葬中少则殉一二人，多则二三百人。根据统计，已发掘的商代墓中，共殉近四千余人。周代人殉之风依旧盛行，人殉已经相当的制度化。史载"春秋五霸"之一秦穆公死时，殉葬人数多达177人，良臣之子奄息、仲行、针虎也在其列，秦国百姓为之哀恸，作《黄鸟》之诗。

至战国末年，由于铁器工具的发现，农耕技术的改进，生产力逐渐发展，于是作为劳动者的"人"的价值开始受到重视，同时由于人本思想萌芽，人殉逐渐受到非议，开始多以陶俑、木俑来代替。公元前384年，秦献公下令废止人殉。但这一禁令即使其子孙也没有遵守，秦始皇死后，二世将先帝后宫没子嗣的全部处死，死者甚众。

西汉初年，制度性的人殉正式被废除。汉宣帝时，赵缪王刘元因逼迫奴婢16人殉葬，遭到了撤消封国的处罚。唐太宗李世民去世后，跟随太宗多年的两个少数民族将领阿史那杜尔和契苾何力感于太宗的知遇之恩而自请殉葬，被刚继位的高宗皇帝李治所禁止。

五礼分别是什么？

五礼就是古代的五种礼制：吉礼、凶礼、军礼、宾礼、嘉礼。

吉礼：吉礼是五礼之冠，主要是对天神、地祇、人鬼的祭祀典礼。主要内容有：一、祀天神：昊天上帝；祀日月星辰；祀司中、司命、雨师。二、祭地祇：祭社稷、五帝、五岳；祭山林川泽；祭四方百物，即诸小神。三、祭人鬼：祭先王、先祖；禘祭先王、先祖；春祠、秋尝、享祭先王、先祖。

凶礼：凶礼是哀悯吊唁忧患之礼。凶礼的内容有：以丧礼哀死亡；以荒礼哀凶札；以吊礼哀祸灾；以桧礼哀围败；以恤礼哀寇乱。

军礼：军礼是师旅操演、征伐之礼。

宾礼：宾礼是接待宾客之礼。

嘉礼：嘉礼是和合人际关系、沟通、联络感情的礼仪。嘉礼主要内容有：饮食之礼；婚冠之礼；宾射之礼；飨燕之礼；脤膰之礼；贺庆之礼。

清代宫俗有什么特点？

宫俗，只是相对民俗而言，正式文献中并无此说法。然而实际上清宫有很多习俗，在研究宫廷史或古都史时不能不加以注意，不能不看到宫俗与宫廷所在地京城民俗的联系。但习俗又是一定阶级、一定民族、一定时代、一定地区意识形态的一部分，因此，在同一时代、同一地区又会存在阶级、民族间的差异。清宫习俗很多，与中原古称有关，具有明显的继承性。满洲贵族入关以前，风俗是简单的，入关以后，多年来与汉族共同生活在历史悠久、文化发达的中原封建社会中，不能不潜移默化地受到汉文化、风俗的影响，实现各民族文化的相互融合，这对中华民族的团结、国家的巩固是有益的。

清宫十二月初一有什么样的习俗？

新年之际，百般庆贺，以祈来岁之福。宫廷年节活动的高潮在除夕、元旦两日，但自十二月初，迎新年的准备已经开始，如宫中每年十二月初一，内廷词臣即撰拟椒屏吉语题、岁轴吉语联开单呈览，钦定后，交内务府绘士按题作画，然后题字，以便新年时张挂。

十二月初一，皇帝开笔书写"福"字，贴于宫殿及园囿各处，或赐予王公大臣等。据记载，这种习俗始于康熙帝，但不一定从腊朔开始，至乾隆二年才确定于十二月初一，在漱芳斋开笔书福，以后岁以为常。皇帝书福之余，有时也写对联或"宜入新年"，"一年康泰"等吉语春条，贴于内宫寝殿。

清宫十二月十七有什么习俗？

十二月十七日开始，宫中可放爆竹，打破平时的寂静。而且自十二月二十四日起，皇帝在宫中行动，每过一门必放爆竹一声。

每至十二月中下旬，清宫中要择

吉祭宝（即印玺），加以洗拭后即行封宝，暂时不使用，意味着宫廷放假，至来年正月再择吉行开宝礼。此事要颁示天下，各级衙门均照例封印，官员皆欢聚畅饮，以酬一岁之劳。

清宫十二月二十三有什么习俗？

十二月二十三日，清宫规定每年坤宁宫祭灶，要设供案、安精牌、备香烛等。供品共32种，并须由南苑猎取黄羊一只，由奉天内务府进贡麦芽糖作为贡品。届时皇帝、皇后先后到坤宁宫佛前、神前、灶前拈香行礼，颇为重视。祭社这天晚上，亲王、郡王、贝勒等大员在内廷有值宿任务的，都给假回家祭灶，以级别较低的散秩大臣代替。灶神之说，先秦已有。汉武帝初年，大臣以祀灶可化丹砂为黄金，以黄金为器皿可益寿，益寿可见蓬莱仙者，皇帝才开始亲自祀灶。清帝或取此意，亦亲祀之。北京一直称麦芽糖为关东糖，由于宫中用奉天的贡糖祭灶之故。

清宫上元节有什么习俗？

除夕和元旦，是年节的高潮，宫中习俗很烦琐，帝、后等要分别到宫内外各处拈香礼佛，设供祭祖，祈求神灵保佑，这些习俗一直保持到清末。

作为新年的延长，正月十五日的上元节也包括在内。正月十五日及前后两天，宫内悬灯相庆。这种习俗汉代即有，以后历代沿袭。清明时期依然传承，宫中不仅张挂各式华贵的宫灯，而且已有冰灯的制作。

上元节亦称元宵节，由于有吃浮圆

37

子的习俗，后将浮圆子称为"元宵"。宫中这几天晚膳中，亦各有元宵一品。在圆明园被英法侵略者焚毁以前，多于园中大放烟火，以使新年活动在高潮中结束。

什么是冠礼？

冠礼是男子的成年礼，就是在男子十五到二十岁之间举行的为他束发簪缨、加冠服的仪式，以此宣告他获得了成人的资格。同时，庄重的仪式，冠服的三加也向冠者展示了华夏的形象，从而树立了他对华夏的理解与对华夏的归属感。我们认为，人所以为人者，礼义也。而礼义对于孩子是由外达内的过程，从而，由加冠而服备，由衣冠整而容体正，由容体正而颜色齐、辞令顺，然后才能礼仪备，君臣正，父子亲，长幼和……这便是自小而大的修为过程。综合礼记，冠礼之后，乃开始学礼，可以衣裘帛，可以与人行礼，可以与人交往，接见乡党，直至继承宗庙，拜见国君……从这点上说，冠礼意味着学礼行礼的开始，意味着冠者从此进入了人生的礼仪。

什么是笄礼？

笄礼作为女孩子的成人礼，和男子的冠礼一样，也是表示成人的一种仪式。笄礼的古义是建立在男尊女卑的基础上，所以其中有一些明显的时代烙印，笄礼的古义，是女子订婚以后出嫁之前所行的礼。

不同朝代的婚龄有什么不同？

西周时期，通行的是男三十而娶，女二十而嫁的婚龄。古人认为：男三十筋骨坚强，可以做父亲，女二十发育成熟，可以做母亲。

此后，历代王朝关于婚龄的规定逐渐降低。春秋时期，齐桓公规定：男子三十成家，女子十五出嫁。越王勾践规定：男子二十不婚，女子十六不嫁，罪及父母。这是诸侯间为了争夺霸权，而采取加快人口繁殖、增加劳动力和兵源的早婚政策。

汉代曾规定：女子十五以上不出嫁者交五倍的赋税，强迫人民早婚，以至许多父母不懂得怎样抚养教育儿女，造成婴儿死亡率增高。

西晋规定：女子年十七，父母不为其出嫁，由地方官吏择配。北齐时甚至把杂户中子女年二十以下、十四以上未婚嫁者全部征集服役。北周时男十五、女十三以上都要婚嫁。

唐初为缓和社会矛盾采取休养生息政策，对婚龄有所放宽，规定：男二十娶，女十五嫁。唐中叶时降低为男十五以上、女十三以上皆听婚嫁，否则官府干预。此后，由宋至清，法定的婚龄都在男十六、女十四左右。

进入近代后，法定婚龄逐步提高。民国民法规定男未满十八岁，女未满十六岁，不得结婚。解放初期，我国婚姻法规定男二十岁，女十八岁，始得结婚。现在新婚姻法规定：男不得早于二十二岁，女不得早于二十岁。

陪嫁的含义是什么？

陪嫁，究其原义，还是为了体现婚姻乃"合二姓之好"的宗旨。女子出嫁时，即使是无须弥补社会地位落差的"门当户对"的婚姻，女方父母出于骨肉亲情、家庭体面以及确保女儿嫁到男方后的地位等各种因素，大都会在力所能及的前提下为女儿备办一份丰厚齐全的嫁妆。

什么是掠夺婚？

掠夺婚就是以未得到女子及其亲属同意，用掠夺的方法强娶女子为妻的婚姻形式。又称劫夺婚、抢婚。掠夺婚产生于原始社会末期和奴隶制社会初期。结婚要在夜间进行，正是古代掠夺婚的真实写照，劫掠妇女选择在昏暗之时最合适，婚礼即由此而得。随着时代的发展，掠夺婚逐渐失去了本来意义，仅作为一种婚俗而流传下来。

掠夺婚可以分为几种？

从掠夺婚的形式来看，大致可分为以下几种：

1.通过战争手段掠夺妻妾。奴隶社会和封建社会有过"师婚"记载，即是利用战争手段掠夺妻妾。

2.仗势夺人妻女。就是以统治制度赋予的权势，夺取他人的妻女。

3.仰仗财力夺人妻女。虽与买卖婚有相似之处，但又有本质区别，它以自身财力为基础，比通常的买卖婚具有更大的强制性、掠夺性和损人利己的特色，手段更为狡诈。

4.个人野蛮婚姻行为的劫婚。一些普通人因贪图他人妻女美色，因门第阻隔或纳不起聘礼时，乘机或被迫实施野蛮的劫婚。

5.作为婚仪的掠夺。实际上是一种婚仪，是恋爱成婚的一种形式。

什么是赐婚？

"赐婚"之俗与我国封建统治者妻妾成群分不开。古代天子立六宫、三夫人、九嫔、二十七世妇、八十一御妻，过着荒淫无耻的生活。据历史记载，晋武帝时，后宫宫人多至万人以上，而唐玄宗的宫内更达4万之多。所以皇帝只要高兴，就可以将宫中不是地位很高的妃子或宫女赠给臣下。上赠下就称之为"赐"。

什么是童养婚？

童养婚是指中国旧时带有剥削和强制性质的婚姻形式，俗称等郎婚。通常是在自己有了子嗣之后，买进或抱养别人家的幼女作为养女，等长大成人与自己的儿子成婚。也有的人家，膝下暂时无子，买进或抱养别人家的女孩做养女，准备将来生子后，使养女和其完婚。这样就可避免儿子成年后聘妻的高额彩礼，同时为自家尽早增添无偿劳力。还有的人自己早已成年，甚至已婚，但仍抱养幼女，待其长大与自己结婚。如在拉丁美洲实行一夫多妻制的尼亚瓦人中，即有此俗。中国童养婚俗历史长久，特别是在旧时的汉族地区较为流行抱养未来的儿媳，新中国成立后基本绝迹。

什么是指腹为婚？

指腹为婚就是指古代双方家长，在孩子尚未出生之时，即约定为婚姻。又有怕男女长成后，互不相认，或一方不守

信诺,将衣襟裁为两幅,各执一幅为凭证者,称"指腹裁襟"或"指腹割衿"。

婚姻中的"六礼"是什么?

西周时期周公制礼中,制定了六礼作为婚姻成立的条件。六礼的内容包括了六个方面,其实就是婚姻成立的六个程序:一是纳采,即男方向女方送彩礼求婚。二是问名,即男方的媒人问女方的名字、生辰,然后到宗庙里占卜吉凶,结果为吉的才能进行下一步,凶的则到此为止。三是纳吉,就是占卜得到吉兆后定下婚姻。四是纳征,男方派人送聘礼到女方家。五是请期,即请女方确定结婚日期。六是亲迎,婚礼之日,男方必须亲自去女方家迎接,然后男方先回,在门外迎候。

在六礼的每一个程序中,男方都要送去一只大雁,因为大雁是候鸟,守时讲信用,而且大雁忠贞不二,丧偶的都独身。原来公卿送羊羔,大夫送大雁,士送雉,后来都统一为大雁,如果想多送钱物,可以在纳征时多送,其他程序中送大雁。

六礼的婚姻程序很复杂,一般百姓没时间也没有财力承担,所以只有官员贵族才这样严格遵守。但民间风俗也以此为参考,把一些程序合并,如第一和第二就可以一次完成,第三、第四也可以合并,现在民间的婚俗,还可以看到西周时期六礼的影响。

什么是媒妁婚?

媒妁婚就是指由父母之命、媒人之言而决定婚姻的聘娶婚制。从西周开始兴起。古代有"月老系红绳"之说,"月老"是司婚姻之神,也成了对媒人的美称。"媒人"就是男女婚姻的介绍人、牵线人。人类走出血缘婚,从氏族内群婚过渡到氏族外群婚时,出现了最早的"媒人"。在封建社会,媒妁婚成为社会婚姻的主流,媒婆成为一种社会职业,当与封建社会买卖婚姻串通一气时,媒妁婚带来的问题也是显而易见的。

什么是聘娶婚?

聘娶婚是中国婚姻形式中最广泛、最持久、最正宗的婚配。最初,这种婚态表现为男方送一定的礼物、金钱给女方家里,女方若是接受了男方送的礼物,婚约就算成立。传说这种聘娶婚起始于伏羲氏,当时以雌雄一对鹿皮作为婚姻的聘礼。此后,聘娶婚的内容和程序逐渐增多,除预备聘礼外,还有接待应酬媒妁,听从父母意旨,祭告祖先等形式。

结发夫妻是什么意思?

中国古时候结婚时,要举行成合鬓的仪式,即夫妻并坐,将两人一缕头发束在一起,"结发夫妻"一词由此而来。

我们常听到"结发妻"这个词,古时候,不论男女都要蓄留长发的,等他们长到一定的年龄,要为他们举行一次"成人礼"的仪式。男行冠礼,就是把头发盘成发髻,谓之"结发",然后再戴上帽子。

相传,中国有位皇帝在登基的前一夜,为自己的胡子太短而发愁,因为在当时,人们习惯以男人胡须的长短来衡量学识。他身边的娘娘察觉到丈夫的心事,就剪下自己的头发,仔细地接在皇帝的胡须上。第二天,皇帝登基时,手捋长髯,欣然接受大臣们的朝拜。大臣们看到皇帝的胡须一夜之间长长了许多，都暗暗惊讶，认为皇帝真是"真龙天子"。

根据这个传说，我国浙南地区还形成了"结发夫妻"的习俗。即原配夫妻在完婚之前，男方要送庚帖，女方回庚帖时，要附上用红头绳扎上的一束头发，以示结发同心、百年好合之意。

此后，人们就将成年之后第一次结婚的夫妻称为结发夫妻。如果再婚，就不是结发夫妻了，这时，男方称为续弦，女方则称为再醮。

什么是闹洞房？

隆重的礼仪和豪华的场面是我国富有特色的结婚仪式，通常要经过提婚、订婚、迎娶出嫁、闹洞房等程序，其中以新婚当夜众亲友在洞房嬉闹新娘和新郎后，新人双双携手归寝为高潮。旧时，此中滋生出一些乖情悖理的举动，因多发生在洞房里，故称为闹房、闹洞房、闹新房。由于这一习俗以新娘为主要的逗趣对象，故又称闹新娘、耍新娘，旧时还称为戏妇。

闹洞房习俗是怎么来的？

关于闹房习俗的来历，我国民间有这样的说法：这种说法源于驱邪避灾。相传，很早以前紫微星下凡，在路上遇到一个披麻戴孝的女子，尾随在一伙迎亲队伍之后，他看出这是魔鬼在伺机作恶，于是就跟踪到新郎家，只见那女人已经先到了，并且躲进洞房。当新郎、新娘拜完天地要进入洞房时，紫微星守着门不让进，说里面藏着魔鬼。众人请他指点除魔办法，他建议道："魔鬼最怕人多，人多势

众，魔鬼就不敢行凶作恶了。"于是，新郎请客人们在洞房里嬉戏说笑，用笑声驱走邪鬼。果然，到了五更时分，魔鬼终于逃走了。可见，闹洞房一开始即被蒙上了驱邪避灾的色彩。

入赘婚是什么意思？

封建社会时期，男尊女卑，女到男家成亲，这是天经地义的事。但是也有男到女家成亲落户的。这种婚姻多是女家无兄无弟，为了传宗接代招女婿上门。但旧社会有一种偏见，男到女家成亲落户要随女家的姓氏。常常被人耻笑为"倒扎门"，"小子无能更姓改名"等等。所以，旧社会入赘的不多，新中国成立后，为了改变男尊女卑的传统观念，大力提倡男女平等，鼓励男到女家成婚落户，并享有平等的权利。

男子和女子成亲并成为女方家庭成员的婚姻形式，俗称招婿。原为母系家族婚制，是从妻居、服役婚等古婚遗俗的发展。入赘得以延续的原因，或是女方需要劳动力，需要养老接代；或是男子家贫而无力娶妻，只能以身为质到女家完婚。秦汉时，入赘形式具有"赘婿服役"的性质。宋代以后，入赘变为"赘婿补代"、"赘婿养老"性质，女家没有男性子嗣，招婿上门接续宗祧，补充劳力，并赡养女家老人。赘婚有改为妻姓与不改姓两种形式。现代社会男女平等，男到女家落户者，大多出于日常生活、住房、养老等需要。

洞房窗户为什么要糊红纸？

在古代娶新娘时，洞房的窗户是

用红纸糊好的。婚礼的那天晚上，新人休息之前，找个男童用红筷子把窗纸戳破。这一般是闹新娘最后一个高潮。有的地方是由新郎的姐夫或妹夫来充任，拿着红筷子，戳窗户纸，先戳四角，再戳中间，边戳边说喜话："戳中间，养一双，戳四角，养一桌"，"手拿红漆筷，窗纸戳起来。戳得快，养得快，来年生个双胞胎。"等。

什么是招魂？

传说客死在他乡的魂魄，是找不到归途的。这个魂魄就会像他的尸体一样停留在异乡，受着无穷无尽的凄苦。他也不能享受香烟的奉祀、食物的供养和经文的超度。这个孤魂就会成为一个最悲惨的饿鬼，永远轮回于异地，长久地漂泊，没有投胎转生的希望。除非他的家人替他"招魂"，使他听到那企望着他的声音，他才能够循着声音归来。

招魂仪式有什么讲究？

招魂的仪式起源非常早，周代的一些文献中就说，死者亲属要从前方升屋去招魂，手拿死者的衣服面北呼叫，如果死者是男的，就呼名呼字，连呼三声，以期望死者的魂魄返回于衣，然后从屋的后面下来，把衣服敷在死者的身上，这件衣服又叫做"腹衣服"。这件"衣服"被人所穿着，染上了人的肌肤香泽，有着"肉体"和"气息"的双重联系；魂魄也许会被它所吸引，依着熟悉的味道或形状而归附回来。据说过去的傣族，几乎家家都准备着叫魂的"魂箩"，招魂的时候，就把死者生前的衣服装在竹箩里，放上白米和白

线，表示要把灵魂提回来。

相传人死后灵魂就要离开肉体。但是茫茫的阴间，从哪里走呢？于是就需要由活着的人来给他"指路"。"指路"就是为鬼魂指引升天的道路。

红色为什么表示吉祥？

在中国人心目中，红色意味着吉祥。过节过年，要张贴大红对联；嫁女娶妇要披红挂彩；生了孩子要送红喜蛋；送贺礼要有红纸包裹；开张奠基，要剪红绸缎。总之，一切表示喜庆、吉祥的，都离不开红色。其实，中国并不是从一开始就用红色表示吉庆的。

早在远古时代，我们的祖先曾用过黄色代表吉庆，也曾用过黑色和白色代表吉庆。到了汉朝，汉高祖称自己是"赤帝之子"。赤，就是红色。从那时起，红色就成了人民崇尚的颜色。汉朝以后，我国各地崇尚红色的风俗习惯已基本趋向一致，并一直沿袭了下来。

古代婆媳之礼是什么？

儿媳嫁到婆家之后，要恭恭敬敬，按既定的仪式和程序，向公公婆婆请安问好。此礼标志了婆媳之间互动的开始，同时也意味着媳妇旧角色的转换以及新角色规范的开始。这一礼仪，就是要求或提醒媳妇这一家庭成员，必须适应环境，遵守本家庭或家族的规矩。

为表征贤惠，要求媳妇应勤劳，对公婆应体贴周到。媳妇侍奉公婆要像侍奉自己的父母一样。一早就要向公婆问安，公婆或行或坐，都要前后跟着，恭敬服侍。公婆没有让儿媳回到自己房间

时，不能退下。

传统的丧葬礼仪是什么？

尸体送至。天葬师首先焚香供神，鹫见烟火而聚集在天葬场周围。天葬师随即将尸体衣服剥去，按一定程序肢解尸体，肉骨剥离。骨头用石头捣碎，并拌以糌粑，肉切成小块放置一旁。最后用哨声呼来鹫，按骨、肉顺序分别喂食，直到吞食净尽。

天葬的习俗是怎么形成的？

天葬是藏地古老而独特的风俗习惯，也是大部分西藏人采用的丧葬方法。藏族的丧葬形式是经历了历史变化的。据藏文史籍记载，在远古的"七天墀"之时，诸王死时是"握天绳升天"，"如虹散失，无有尸骸"。这种情况同藏族当时的认识有关，当时藏族认为其祖先来自天上，死后归天。

天葬习俗始于何时，并没有具体而确切的记载，佛教传入西藏后，对于西藏丧葬习俗的影响很大，在佛教中，"布施"是信众奉行的准则，布施有多种，舍身也是一种布施，据敦煌发现的《要行舍身经》中载，即劝人于死后分割血肉，布施尸陀林（葬尸场）中。在汉地隋以前已有此风俗。这种风俗对于共同信奉佛教的藏族或许是殊途同归。在佛教故事中也有"尸毗王以身施鸽"及"摩诃萨埵投身饲虎"的佛经故事，宣扬"菩萨布施，不惜生命"等。

坟墓周围为什么要种植柏树？

在墓地周围，人们常常能看到一簇簇绿绒似的柏树，民间俗称坟柏。坟周围种柏树起源于三国时期著名的军事家诸葛亮。当年诸葛亮率兵伐魏，在五丈原与司马懿隔渭水对峙，病死军中。诸葛亮以身殉职后，遗体葬在定军山。刘禅亲自下诏，在墓地种了54株柏树，象征诸葛亮终年54岁，以表彰他的赫赫功绩。那些坟柏在这里生长了1700多年，至今仍有22株尚存后世。后人仿效此法，于是坟柏相继在民间流传开来。

古代的请安礼节有哪几种？

在古代礼节中，拜和揖是不同的。"拜"就是跪的意思，跪是用以行拜礼的，因为古人席地而坐，直起身来作"长跪"姿态，才能行拜礼。"揖"是拱手礼，在古代它是不必跪的。拜比揖的礼节为重，它们各用于不同场合。因此，"再拜"不应当有作揖的解释。

古代跪拜礼中的"空首"礼，是下跪后两手拱合，俯头至手与心平。因为头不至地而至手，所以称为"空首"，也称为"拜手"，简称为"拜"。它是当时一种通常的礼节，平时行一次空首礼，也称作"拜"。"拜"是一次空首礼，有时为了表示更加尊敬而行两次空首礼，就称为"再拜"。"再拜"不仅是两次跪拜礼的泛称，也是两次空首礼的特称。

长跪也叫"跽"、"长跽"，是直身而跪。古人席地而坐，坐时膝着地，臀部坐在足跟上。跪则上身挺直，以示庄重，所以叫"长跪"。"长跽"即表庄重之意。旧时拱手高举，自上而下的相见礼，叫"长揖"。

古时行礼一般称长跪、弯腰、垂手

直至地为"拜",拜时头低垂至地,并略停留,叫"稽首"或"叩首",俗称"磕头"。古时常礼是两拜,有时也变常礼为三拜稽首,于是就出现了再拜,以表示礼节的隆重。

"五服"制指的是什么?

"五服"制度是中国礼治中为死去的亲属服丧的制度。它规定,血缘关系亲疏不同的亲属间,服丧的服制不同,据此把亲属分为五等,由亲至疏依次是:斩衰、齐衰、大功、小功、缌麻。

斩衰。"衰"(读做"催")"衰"就是指不缝缉的意思。凡诸侯为天子、臣为君、男子及未嫁女为父母、媳对公婆、承重孙对祖父母、妻对夫,都要穿衰裳,是最重的孝服。

齐衰,是用本色粗生麻布制成的。自此制以下的孝衣,凡剪断处均可以收边;下摆贴边都在砸边际。孙子、孙女为其祖父、祖母穿孝服;重子、重女为其曾祖父、曾祖母穿孝服;为高祖父、高祖母穿孝服均遵"齐衰"的礼制。

大功,是用熟麻布制作的,质料比"齐衰"用料稍细。为伯叔父母、为堂兄弟、未嫁的堂姐妹、已嫁的姑、姐妹,以及已嫁女为母亲、伯叔父、兄弟服丧都要穿这种"大功"丧服。

小功,是轻于"大功"的丧服,是用较细的熟麻布制作的。这种丧服是为从祖父母、堂伯叔父母、未嫁祖姑、堂姑、已嫁堂姐妹、兄弟之妻、从堂兄弟、未嫁从堂姐妹,和为外祖父母、母舅、母姨等服丧而穿的。

缌麻,是用稍细的熟布做成的。现在大多用漂白的布做成。称为"漂孝"。凡为曾祖父母、族伯父母、族兄弟姐妹、未嫁族姐妹,和外姓中为表兄弟、岳父母穿孝都用这个档次。

火葬是怎么来的?

火葬,佛教称荼毗。是在汉朝佛教传入中国之后开始出现的丧葬现象,寺院的焚尸炉又称为化身窑。教徒流行把尸体摆成打坐的姿势后火葬。《高僧传》记载了许多中外僧徒焚身之事,有的以自焚圆寂,有的死后焚化火葬。建隆三年(962年),宋太祖赵匡胤曾下诏禁止火葬。"荼毗火葬法"在宋代大为流行,例如《水浒》第25回中武大郎和51回中沧州知府的小儿子死后均在棺材内火葬。南宋朝廷仍禁民间火葬,绍兴二十七年(1157年)监登闻鼓院范同上奏,建议朝廷拨地令贫民葬亲。理学兴盛之后,火葬逐渐衰落。元朝规定土著汉人一律土葬。

明清之际中国仍禁止火葬,但仍无法完全根除火葬的习俗,吴县通济寺设焚化亭,供民间火葬。清初允许火葬,满人入关前也是实行火葬,例如努尔哈赤去世后为火化,称为"宝宫"的骨灰坛葬在福陵,入关后的初期,顺治帝、其爱妃董鄂氏以及孝康章皇后也是火葬,但此后开始限制火葬而鼓励土葬。顺治五年(1648年)四月,清朝颁布丧葬条例。清朝的佛教僧尼,一部分信徒,以及寺庙收葬的流浪死者仍然在寺庙里火葬。另外,瘟疫流行、或者客死异乡者,在不便运灵柩回乡的情况下,火葬也是权宜之策。

第四章 称谓文化

"华夏"二字是怎么来的？

最早提及"华夏"一词的文字记载是周朝《尚书·周书·武成》一书，"华夏蛮貊罔不率俾"。记录的是武王伐纣的这一重大历史事件的经过，可见古时华夏作为族群是周族人的自称。

夏也称"华夏"，"诸夏"，是古代居住在中原地区的汉民族的自称。夏是中国之人，所谓的"中国"即是指古代的中原地区，这是与周围的夷狄地区相对而言的。"夏"字篆文写作受，像舞蹈者"手之舞之，足之蹈之"的形状。因此"夏"又指古代的音乐和舞蹈。

从约公元前5000年起，人类进入新石器时期，当今汉族的主体华夏族在黄河流域起源并开始逐渐发展，先后经历了母系和父系氏族公社阶段。公元前2700年，活动于陕西中部地区的一个姬姓部落，首领是黄帝，其南面还有一个以炎帝为首的姜姓部落，双方经常发生摩擦。两大部落终于爆发了阪泉之战，黄帝打败了炎帝，之后两个部落结为联盟，并攻占了周边各个部落，华夏族的前身由此产生。

为什么中华民族自称"炎黄子孙"？

"炎黄"分别指的是中国原始社会中两位不同部落的首领。炎帝姓姜，是炎帝族的首领。黄帝姓公孙，号轩辕氏，是黄帝族的首领。传说在四千多年以前，中国长江流域和黄河流域，居住着许多氏族部落，其中最著名的是黄帝部落、炎帝部落和蚩尤部落。黄帝部落居住在中国西北部现今陕西省的地方，后来向东迁徙，最后定居在今河北涿鹿一带的山湾里，过着游牧生活。炎帝部落在今陕西省渭河流域至黄河中游一带活动。蚩尤部落又称为"九黎族"，居住在中国东部今山东、河南一带。炎帝部落自西方游牧进入中原，与以蚩尤为首领的九黎族发生长期的部落间冲突。最后被迫逃避到涿鹿，得到黄帝族援助，联合打败了蚩尤部落。后来炎黄两族在今北京延庆县境内的阪泉一带发生了三次大冲突，史称"炎黄阪泉之战"。最后黄帝族打败了炎帝族，由西北进入了中原地区。

两个部落在黄河流域一起繁衍下来，他们相互融合，彼此取长补短，共同创造了我国古代的灿烂文化。在这个过程中，黄帝成了这个联盟的首领，势力扩大到整个中原地区。黄帝族与炎帝族，又与居住在东方的夷族、南方的黎族、苗族的一部分逐渐融合，形成了春秋时期的华族，汉以后称为汉族。在当时中原地区的民族和部落中，黄帝族的力量较强，文化也较高，因而黄帝族就成为中原文化的代表。炎黄二帝就成为

汉族的始祖，也被人们称为中华民族的始祖。因而，人们往往称中华民族是"炎黄子孙"或黄帝子孙。炎黄的子孙就成了中华民族的代名词。

关于平民的"黎民百姓"的说法是怎么回事？

在战国以前的时代，"百姓"是指有姓之人。"姓"这个字，分开来就是"女"、"生"，什么样的女人生的（或者在一个什么地方生的）儿子，就得了一个相应的姓。相传黄帝的母亲是住在姬水边上的，所以黄帝就姓姬；舜的母亲是住在姚虚的地方，所以舜就姓姚了。那时候，子并不跟着父亲姓，比如黄帝，就给他的后代分别赐了12个不同的姓。所以那时候有姓的就都是王公贵族，"百姓"也就是"百官"。一般的平民，不知道他的老祖宗的妈妈在哪里住的，老祖宗又无权无势，够不上称"百姓"，只能说是"黎民"，或者被称为"庶民"。到战国时代以后，在贵族和奴隶之间出现了一个既不是贵族也不是奴隶的一个阶级，他们的人数慢慢地比贵族和奴隶还多了起来。所以"百姓"和"黎民"或"庶民"就变成一回事了，书上就有了"黎民百姓"的词语。

为什么中国人被称为"龙的传人"

龙的传人，这来源于古代的图腾和传说。相传，黄帝统一全国后为了部族的统一与稳定，定图腾为"龙"，具体就是将熊和蛇图腾接到一起。"龙"的图腾是黄帝父族和母族图腾的形象结合。龙这一奇特形象的形成，反映着中华民族发展的历史和各民族融合的过程。而且也反映出当时人们的心态。后来在各个朝代中，帝王们便纷纷使用这一图案，象征着自己的地位，并求江山牢靠。"龙"成了中华民族始祖的图腾，中华民族也就和"龙"联系在一起了。于是，围绕"龙"产生了"感天而生"的传说，就是将尧舜二者神话，使之与天神产生联系，所以说中华民族的始祖是上天"龙"的传身，那么，中华民族的子孙当然就都是龙的传人了。

"海外赤子"一词是怎么来的？

"赤子"一词本指婴儿，后来将"赤子"一词引申为子民百姓。

唐贞观年间，唐太宗殿试射箭比赛，太宗对大臣说："王者视四海为一家，封域之内，皆朕赤子……"据此，后来便从中引出"海内赤子"一语。而"海外赤子"则是从"海内赤子"转换而来的。后来"海外赤子"被海外侨胞用以表达他们热爱祖国、向往祖国的赤诚之心。

"海外赤子"即我们的海外华人、侨胞，他们都是炎黄子孙，他们的根都在华夏。把他们称为"赤子"正是对祖国母亲而言。

"赤子"一词被重新广泛运用，说明国人的爱国热情最大限度地被激发出来。

姓氏是怎么出现的？

姓氏的起源可以追溯到人类原始社会的母系氏族制度时期，所以中国的许多古姓都是以女字为偏旁部首。姓是作为区分氏族的特定标志符号，如部落的名称或部落首领的名字。传说黄帝住姬水之滨，以姬为姓；炎帝居姜水之旁，以姜为姓。皇天以大禹治水有功，赐姓为姒。此外，部落首领之子亦可得姓。黄帝有二十五子，得姓者十四人，为姬、酉、祁、己、滕、任、荀、葳、僖、姞、儇、依十二姓，其中有四人分属二姓。祝融之后，为己、董、彭、秃、妘、曹、斟、芈等八姓，史称祝融八姓。随着社会生产力的发展，母系氏族制度过渡到父系氏族制度，氏族制度逐渐被阶级社会制度所替代，赐土以命氏的治理国家的方法、手段便产生了。氏的出现是人类历史的脚步在迈进阶级社会，姓和氏，是人类进步的两个阶段，是文明的产物。夏、商时期，贵族皆有姓氏。姓的分支为氏，意思相当于家或族。夏王室为姒姓，另有霸主昆吾为己姓，己姓中有苏、顾、温、董、豢龙等氏。商王室为子姓，另有霸主大彭、豕韦为彭姓。商代还有条氏、徐氏、萧氏等十三个氏。周代是中国姓氏大发展的一个重要时期，姓氏制度见于记载者较多。周王为姬姓，周王所封的各诸侯国之君和卿大夫有同姓和异姓的区别。到东周春秋时，可考的有姬、姒、子、风、嬴、己、任、祁、芈、曹、董、姜、偃、归、曼、熊、隗、漆、允等二十二姓。虽然周代贵族有姓，但只有女子才称姓，未婚女子如齐姜、宋子，齐、宋为国名，姜、子为姓。已出嫁女子，如江芈、栾祁，江、栾为夫家国、氏名，芈、祁为女子本人的姓。当时有同姓不婚的习俗，故称贵族女子的姓以示与夫家之姓有所区别。

周代实行宗法制，有大、小宗之别。一个氏的建立表示一个小宗从大宗（氏）分裂出来，另立门户。建立侯国要经周王认可，卿大夫立新家要得到君主允许，称之为"胙之土而命之氏"。

我国最早的姓是什么？

传说在伏羲氏时期已经确立了姓氏的定义，姓的本义是表示血统，但传递方式明确为父系，由男子继承。文献中第一个姓是风姓，而不是带女字边的姓，姬、姜等姓均晚于风姓。在伏羲氏时期之前，没有发现一个能表明母系传递姓的任何记载和传说。可以这样认为，至目前所看到的古文献证明，我们所知道的全部中国人姓氏都是父系传递的，中国人姓氏历史至少有五千年之久。至于有关中国姓氏起源于母系社会的说法，目前仅仅停留在理论推理上，还缺乏明证实据。

名、字、别号有什么区别？

我们每个人都有一个"名字"，通常只是指人名。可在古代，人们不仅有"名"，而且有"字"，有的人还有别号。所谓"名"，是社会上个人的特称。古代贵族取名，都有一定的礼仪，要符合规矩，而底层的百姓起名一般都很随意，如阿狗、阿毛等，据说这样孩子容易长大。后来，随着语言文学和文化观点的发展，人名也越来越复杂，也越来越被重视。"字"往往是"名"的解释和补充，所以古人的字多与名含义相近或相辅。如诸葛亮，字孔明，"亮"与"孔明"的义相近；岳飞，字鹏举，"飞"与"鹏举"义近等等。

一般来说，"字"是男女成年后才加取的，表示他们已经开始受到人们的尊重。不过这是指上层阶级，下层人往往没这么多的讲究。"号"是指称号，即人的别称。别号则是使用者本人起的，并不受家族、行辈的制约，可以更自由地寄托或标榜自己的某种情操。一般文人往往有自己的别号，如唐代李白号青莲居士、陆游号放翁、王安石号半山等等。号有自号，也有为他人所取，一般的自号多表示为一种寄托，可以通过某人一生别号的更改，看到其思想在各时期的变化情况。而他人所取的号往往表示对此人的评价，如宋江号及时雨、吴用号智多星等都属此类。笼统的讲，名、字、号其实都是人的名称，但在用法上都很讲究。在人际交往中，名一般用于谦称、卑称，或上对下、长对少的称呼。在尊称、下对上称呼时则称字、号。上流社会在交际应酬中爱以别号相称以表示尊重，直呼其名，是很不礼貌的，有时还要因此受到一些惩罚。

古代人的小名有什么含义？

所谓"小名"，指人在小时候为方便称呼所起用的名字。据载，我国秦汉时期就有了"小名"的类称。至于国人为何喜欢为孩子取"小名"，而且至今不废的问题，在民俗学上的解释是：一、借用身边周围的金石、花鸟、鱼虫，甚至是禽兽之名，随口叫成，容易琅琅上口，好记好叫。如顾恺之小名"虎头"，陶渊明小名"溪狗"，王安石小名"獾郎"，郭沫若小名"文豹"，赵丹小名"锁儿"等；二、缘排行而命名或出于迷信特意取用的，像阿三阿四、阿猫阿狗、铁蛋柱子之类，既有亲昵怜爱，又有卑贱、易"养活"的意思。三、讨个吉利口彩，如家宝、来福、喜儿等，直言不讳地表达了起名者的美好愿望。

"小名"虽然一般只在家庭和亲朋好友之间使用，但"小名"却是我们"尊姓大名"的前身。因为，自秦汉以后，我国士族阶层便开始"讳小名"，认为不雅，有贻笑大方的嫌疑。故另立了"正名"，以供社交场合使用。

据我所知，历史上最有影响的"小名"，当属孔子的小名"丘"。而最有趣的"小名"，则莫过于晋成公的小名"黑臀"了。晋成公的屁股之所以很"黑"，传说是由于"其母梦神规其臀以墨"的缘故。

古人的自称有哪些？

鄙人：本意指居于郊野之人。后古人用来谦称自己，表示地位不高，见识浅陋。

臣：古人对自己的谦称，表示自谦，多有君臣关系在内。后也完全表示谦称。

仆：旧时男子自称谦词。仆即奴仆，下对上，幼对长自称奴仆，借以表示对对方的敬重。

小可：宋元间人自称谦词。

小生：旧时晚辈对尊长称自己的谦词。

小子：旧时子弟晚辈对父兄尊长自称的谦词。

晚生：旧时对前辈称己的谦词。

不肖：旧时男子自谦词。不肖原指子不似其父那样贤能，故男子在其父母死后多借以自称，表示谦恭。

不才：旧时男子自谦词。不才即没有才能，故借以自称，以示谦恭。

不妄：旧时男子对自己的谦称。不妄意为无才能的意思。

不敏：古人称自己不聪明，不敏捷，故自谦"不敏"。和后学、晚侍一样，都是，年轻人在年长者面前的谦称。

在下：自称的谦词。古时坐席，尊长在上座，所以自称在下。

妾：旧时妇女自称的谦词。妾是旧时正妻之外的小妻、侧室、偏房，在家庭中地位极低，故妇女借以自称，表示对对方的敬重。

奴、奴家：旧时妇女自称的谦词。奴即表示不自由，从人役使的仆役，故借以自称，表示对对方的敬重。有时男子亦以之为谦称。

未亡人：寡妇的自称。

三皇五帝分别指哪些人？

古代对于三皇五帝的说法很多，大致包括以下几个版本：

版本一：三皇五帝——中国古书上，把伏羲、女娲、神农称为"三皇"，把太昊、炎帝、黄帝、少昊、颛顼称为"五帝"。其实"三皇五帝"都是象征性的人物，是想象中的氏族部落或部落联盟的领袖。

版本二：三皇五帝——中国最早的古史系统。有很多种说法。《尚书大传》：燧人、伏羲、神农。《五帝德》：黄帝、颛顼、帝喾、尧、舜五人。三皇所指诸人，是中国处于史前各个不同文化阶段的象征，燧人、伏羲分别代表蒙昧时期的中高阶段，神农代表野蛮时代的阶段；五帝所指主要是父系家长制的联盟时期及其解体时所实行军事民主制时期的一些部落酋长或军事首长。

版本三：三皇五帝——是古代传说中的帝王，也是中国最早的古史系统。汉代伪《尚书序》以伏羲、神农、黄帝为三皇，少昊、颛顼、帝喾、尧、舜为五帝，被奉为古代的信使。由此也可见神话版本不一。由于黄帝是炎帝后代，黄帝出世时，炎帝一族已经到了末世，所以关于黄帝的说法更多一点。

中国历史上的朝代的名称是怎么来的？

历史上我国主要朝代的名称由来大致源于三个方面：一是沿袭地名；二是使用官职封号；三是取意于书本或者民间传说。

夏：是我国最早的奴隶制国家。原居中原的夏部落首领禹，因治水有功，舜就让位给他。禹死后，其子启继位便定居为"夏"。

商：契（人名）的部落原居商（今河南商丘），所以部落就叫商部落。到契的14代，部落首领就是汤。当时，夏桀残暴，百姓痛恨，汤就起兵灭夏，自立为天子，国号"商"。又过了18代，就是盘庚。盘庚迁国都于殷（今河南安阳），所以后来人民叫商朝为"殷商"。

周：后稷（人名）的部落到14代，定居周原（今陕西岐山），所以这个部落建立的国家叫"周"。周武王于公

元前1027年灭殷商，建都镐京（今陕西西安）。公元前771年，镐京被大戎攻破，次年周平王迁都洛邑（今河南洛阳），史称平王前为"西周"。（镐京偏西），而称平王及其以后为"东周"（洛邑仪偏东）。

秦：西周孝王时，有个叫非子的人奉命养马，成绩卓著，被孝王封到秦地（今甘肃天水）为君。周平王东迁，又封秦君襄公为诸侯，所以立国就叫"秦"，至始皇嬴政才统一全国。

汉：开国皇帝刘邦（亮祖）原被西楚霸王项羽封为汉王。公元前202年击败项羽后称帝，定国号为"汉"。

晋：司马昭在魏国曾被封为晋公，5年后又进爵晋王。公元265年，他的儿子司马炎逼魏帝曹奂退位，自称皇帝，国号"晋"建都洛阳，史称"西晋"。公元316年，西晋被匈奴所灭，次年司马睿在南方重建政权，建都建康（今南京），史称"东晋"

隋：开国皇帝杨坚（文帝），原是北周的隋王。公元581年灭北周称帝，"国号隋"。

唐：李渊的祖父李虎，西魏时被封为唐国公，所以李渊称帝后国号为"唐"。

宋：赵匡胤"太祖"在后周时被封为宋州节度使，公元960年后称帝，国号"宋"。当时定都开封，史称"北宋"。公元1126年金兵攻入开封，次年赵构在南方称帝，后定都临安（今浙江杭州）史称"南宋"。

元：南宋末年时期，成吉思汗建立了全蒙政权，但没有国号，仍称蒙古。

公元1271年，忽必烈取《易经》中"大哉干元"之意，定国号为"元"。

明：元末农民起义时，民间就有"明王出世"的传说。公元1368年朱元璋推翻了元朝统治，自立皇帝，定国号为"明"。

清：努尔哈赤建立的政权号"大金"。20年后，他的儿子皇太极继位，为避免汉族对历史上金人的仇恨，就改"金"的近音字"清"为国号。还传说"明珠有火"，若使明朝灭亡就得用水，所以用"清"灭明，国号"清"。

不同朝代的人名有什么特点？

商、周两代人好用天干、地支作为人名。历代商王名字中就有外丙、仲壬、太甲、沃丁、太庚、小甲等等。

春秋战国人，姓名中间常加一个"不"字，如任不齐、韩不信、申不害、陈不古、吕不韦、萧不疑等，这个习惯一直延续到东汉，那时更有直不疑、高不识、等。这里的"不"只是发声词，并没有实在意义。春秋时还有个习惯，有姓名之间加"之"，如介之推、烛之武、孟之反。

汉代人名非常重视排行字，名或字中常有"孟"、"伯"、"仲"、"季"、"叔"、"元"、"长"、"次"等字。汉代人的字中还多用"子"，如，司马迁字子长，苏武字子卿，赵云字子龙，韩安国字子长。

魏晋南北朝时佛教在我国兴盛起来，人名也受到佛教的影响。《南北史表》载，当时，"僧"字在命名上的流行，仅次于"之"字。这时候，字常是名加一个字组成的，如，谢安字安石，杨秉字秉节，范宣字宣子，颜延之字延年，侯景字万景。名中带"之"也是这个时期的特点，如，王羲之、王献之、祖冲之、裴松之、顾恺之、刘牢之。魏晋南北朝还是民族文化大融合的一个重要历史时期。北方十六国绝大多数为少数民族所建。北魏时，鲜卑族的孝文帝拓跋曾下令鲜卑人改汉姓，并首先将自己的姓"拓跋"改为"元"。

唐代人名更多地承接了南北朝的习惯用法，自身的突出特点是喜欢用排行称呼，在唐诗标题中就能见到：元二、卫八处士、张十八员外、刘十九、丘二十二员外，公孙大娘、黄四娘。

唐人和宋人不但喜爱用排行称呼，民间取名也常用数字。从宋代开始，双字超过了单字名，以后双字名越来越多。

辽、金、元是少数民族政权，这是我国命名史上的一段特殊时期。一是，名中多用"哥"、"奴"等字；二是许多人有两种语言的名，如，辽太祖，一名阿骨打，又有汉名；金代的兀术，又名宗弼。同时，也有一些汉族人取了少数民族名。

什么是六亲？

对于六亲的说法历代各有不一，大致有以下几种：

一、指父子、兄弟、从父兄弟、从祖兄弟、从曾祖兄弟、同族兄弟。

二、指父子、兄弟、姑姊、甥舅、婚媾、姻娅。

三、指父母、兄弟、妻子。"

四、指父子、兄弟、夫妇。

五、指外祖父母、父母、姊、妹、妻兄弟之子、从母之子、女之子。

岳父为什么被称为"泰山"？

唐玄宗李隆基于开元十四年（公元726年）到泰山封禅，丞相张说担任封禅使，顺便把他的女婿郑镒也带去了。按照旧例，随皇帝参加封禅后，丞相以下的官吏可以升一级。郑镒本是九品官，张说利用职权，一下子为他提升了四级，成了五品官。当时八、九品官穿浅青色或青色官服，五品官穿浅绯色官服。唐玄宗在宴会上看到郑镒的官服突然换为绯色，觉得奇怪，过去问他，郑镒支支吾吾不好回答。这时玄宗身边的宫廷艺人黄幡绰一语双关地代他回答："此泰山之力也！"唐玄宗心照不宣，便蒙混过去了。后人因此称妻父为"泰山"。因为泰山是"五岳之长"，又转将妻父称作"岳父"、"岳翁"、"岳丈"，连带着称妻母为"岳母"或"泰水"。

"丈人"、"丈母"的由来是什么？

自古至今，人们对妻父、妻母称为有"岳父"、"岳母"，"丈人"、"丈母"或"泰山"、"泰水"。

"丈人"原来泛指男性老人。自唐代开始，"泰山"、"岳父"便成了妻父的专称，"丈人"也由原来泛指老人的含意而演变为"岳父"，沿袭至今。

"丈母"则有两个含义：一为尊称父辈的妻子。"丈母"是指"丈人"的妻子，即女性老人。二是称妻子的母亲，俗称"丈母娘"。

"妻子"称呼是怎么来的?

"妻子"一词的来历最早见于《易经系辞》:"人于其官,不见其妻。"但在古代,妻子一词并不是男子配偶的通称。后来,随着社会的发展,"妻子"才渐渐成为所有男人配偶的通称。自古以来,"妻子"的别称很多,如皇上之妻称皇后,诸侯之妻称"小君"、"细君",王公大臣之妻称夫人,唐、宋、明、清四朝,朝廷还对地位较高命官的妻子或母亲加封,称为"诰命夫人"。

而民间已婚男子则对别人称自己的妻子为"内子"、"拙内"、"贱内"、"糟糠"等。妻子还有被称为"内助"的,意为帮助丈夫处理家庭内部事务的女人。故长期以来,"贤内助"的称呼就成了好妻子的代名词和美誉了。

"丈夫"称呼是怎么来的?

上古时期,我国许多部落都有抢婚的习俗。因此,女子选择夫婿,主要看该男子身材是否有高度,是否伟岸,一般以身高一丈为标准。当时,一丈约等于七尺,所谓七尺男儿即由此而来。据说,只有达到这个身高的男子,才有可能抵御他人抢婚。所以,当时的已婚女子都习惯地称自己的男人为"丈夫"。

另一种说法是,男子到了婚配期,要嫁到女方的村子,与女方一起住在事先安排好的"洞房"里。为防止抢婚,需将他们关在一起磨合一段时间,以培养夫妻感情。在此期间,男子要承担女子要干的家务及该女子在村子里应尽的义务。同时,村落里还规定,已婚男子

无论手头在做什么,都必须与妻子保持最多不能超过"一丈"远的距离,以便随时保护妻子,不致被他人抢走。

"老公"、"老婆"的称呼是怎么来的?

唐朝时,有一位名叫麦爱新的读书人,他考中功名后,觉得自己的妻子年老色衰,便产生了嫌弃老妻、再纳新欢的想法。于是,写了一副上联放在案头:"荷败莲残,落叶归根成老藕。"恰巧,对联被他的妻子看到了。妻子从联意中觉察到丈夫有了弃老纳新的念头,便提笔续写了下联:"禾黄稻熟,吹糠见米现新粮。"以"禾稻"对"荷莲",以"新粮"对"老藕",不仅对得十分工整贴切,新颖通俗,而且,"新粮"与"新娘"谐音,饶有风趣。麦爱新读了妻子的下联,被妻子的才思敏捷和拳拳爱心所打动,便放弃了弃旧纳新的念头。妻子见丈夫回心转意,不忘旧情,乃挥笔写道:"老公十分公道。"麦爱新也挥笔续写了下联:"老婆一片婆心。"

这个带有教育意义的故事很快流传开来,世代传为佳话,从此,汉语中就有了"老公"和"老婆"这两个词,民间也有了夫妻间互称"老公"和"老婆"的习俗。

"连襟"一词是怎么来的?

"连襟"这个称谓最早见于唐代。大诗人杜甫晚年寓居川东,与一位当地的李姓老翁很合得来,经常相邀小聚,几碟小菜,数杯浊酒,谈天说地,煞有

趣味。如果几天未见面，还要互致书信，以慰思念之情。后来细一叙论，两家还是拐弯抹角的亲戚呢，自然更添几分亲切。过了一个时期，杜甫要出峡东下湖湘，临别之时，诗人忆起两人在一起度过的岁月和笃厚的友情，许多感慨涌上笔端，写了一首《送李十五丈别》的诗，有几句是："孤陋忝未亲，等级敢比肩。人生意气合，相与襟袂连。"襟是衣襟，袂是衣袖。用以形容彼此关系像衣服的襟与袖一样密切。把"连襟"一词移用姐妹丈夫间的称谓的人，是北宋末年的洪迈，当时，洪迈有个堂兄在泉州做幕宾，不很得意，其妻的姐夫在江淮一带做节度使，得知此事后，便写了一封荐书，荐洪迈的堂兄去京城供职。事成之后，洪迈的堂兄甚为感激，托洪迈替写了一份谢启，寄予妻子的姐夫，里边有这样几句："襟袂相连，凤愧末亲之孤陋；云泥悬望，分无通贵之哀怜。"这里的"襟袂相连"，就是用来形容姐妹的丈夫之间的密切关系了。后来，人们又将"襟袂相连"简化为"连襟"，成为姐妹的丈夫间专用称谓了。

"拙荆"的称呼是怎么来的？

古人对外人提及或介绍自己的妻子时，总会谦称为内子、内人、拙荆等。那么，为什么古人谦称自己的妻子叫"拙荆"呢？

荆，原为植物名，枝条柔韧，可用来编织篮筐，有牡荆、黄荆、紫荆等种类。荆木制成的荆条，古代用来作为刑杖。战国时，赵国大将廉颇与上卿蔺相如不和，蔺相如为了社稷着想，每每退让。后来，廉颇知道了，深感自己无知，就袒衣露肉，背负荆条，跟随宾客到蔺相如居所谢罪，这就是成语"负荆请罪"的由来。

在古代妇女还会将荆枝制成髻钗，称为"荆钗"，是贫家妇女常用的发钗。

"拙荆"一词的由来，出自《太平御览·卷七一八·钗》引《烈女传》："梁鸿妻孟光，荆钗布裙。"意思是说，梁鸿的妻子孟光，以荆枝作钗，粗布为裙，生活俭朴之意。而"拙"原意是愚笨，此指谦称"自己的"。因此，"拙荆"就被用来谦称自己的妻子，又可称为"拙妻"、"拙内"。

古人对妻子的称呼有哪些？

荆妻：旧时对人谦称自己的妻子，又谦称荆人、荆室、荆妇、拙荆、山荆。贱荆，有表示贫寒之意。

娘子：古人对自己妻子的通称。

糟糠：形容贫穷时共患难的妻子。

内人：过去对他人称自己的妻子。书面语也称内人、内助。尊称别人妻称贤内助。

内掌柜的：旧时称生意人的妻子为"内掌柜"，也有称"内当家"的。

太太：旧社会一般称官吏的妻子，或有权有势的富人对人称自己的妻子为"太太"。

妻子：指的是妻子和儿女。早期有"妻子"、"妻室"，也单称妻，有的人为了表示亲爱，在书信中常称贤妻、爱妻。

老伴儿：指年老夫妻的一方，一般

指女方。

娘儿们、婆娘、婆姨：有些地方称妻子为娘儿们，或婆娘，或婆姨。

堂客：江南一些地方俗称妻子为堂客。

媳妇儿：在河南农村普遍叫妻子作媳妇儿。

老婆：北方城乡的俗称，多用于口头语言。

老爱：因称老婆太俗，称爱人拗口，所以取折中的办法叫老爱。

继室续弦：妻死后又另娶的。

家里屋里人、做饭的，都是方言对妻子的称谓。

女人：一些农村称妻子为女人，或孩子他娘。

爱人：男女互称。

什么是"月老"？

月老就是月下老人，月老在中国民间是一个家喻户晓的人物，他主管着世间男女婚姻，在冥冥之中以红绳系男女之足，以定姻缘。

月下老人以赤绳相系，确定男女姻缘，反映了唐人姻缘前定的观念，是唐人命定观的表现之一。唐人以为，人的命运，不是自己可以确定和改变的。

唐人的这种前定观念，当然也表现在婚恋方面。月老形象的出现，正是这种命定观在婚恋领域的艺术化、形象化。在唐代，婚姻前定、主于地府冥司是流行和普遍的观念。世间男女之所以能成为夫妻，是由于地府冥吏以绳相系，是冥冥之中的命运安排。

不过月老于月下结绳以定婚姻的形象，更具诗意，因而流传更广，遂成为故事，月下老人也因此成为民间家喻户晓的婚姻之神。

什么是红娘？

红娘这个人物"成名"于元代王实甫的《西厢记》。《西厢记》的故事，原出于唐人元稹的《莺莺传》。北宋以后，这个故事广泛流传。北宋著名的文学家秦观、毛滂曾用《调笑转踏》，赵令畤曾用《商调蝶恋花鼓子词》歌咏这一故事。到了南宋被民间艺人改编为话本《莺莺传》和官本杂剧《莺莺六幺》。金代董解元进一步把这个故事改编为《西厢记诸宫调》（俗称《董西厢》）。王实甫的《西厢记》就是在历史上流传的崔、张故事，特别是在《董西厢》的基础上的再创造。红娘这个人物在崔、张故事中以一个婢女的身份出现，在元稹的《莺莺传》中虽有其名，但并不十分重要，是一个平凡的女婢，从唐到宋的流传过程中她的地位也一直如此，自《董西厢》起，才对这个形象进行了成功的创造，使之成为一个有血有肉的艺术形象。然使其真正的大放光彩，成为不朽的艺术形象，进入许多中国人的心中，却是始于王实甫的《西厢记》。

"青梅竹马"是怎么来的？

青梅竹马一词出自李白《长干行》诗："郎骑竹马来，绕床弄青梅。同居长干里，两小无嫌猜。"竹马，把竹竿当马骑。青梅，青色的梅子。后来，用"青梅竹马"和"两小无猜"来表明天真、纯洁的感情长远深厚，也可以把"青梅竹马、两小无猜"放在一起使用，意思不变。

"老佛爷"的称呼是怎么来的？

清代皇帝的"特称"叫"老佛爷"。在有些历史小说、电影、戏曲中，把慈禧太后称作"老佛爷"。实际上，"老佛爷"的称呼不是慈禧专用的，清朝各代皇帝的特称都叫"老佛爷"。

清朝帝王之所以用"老佛爷"这个称呼，是因为满族的祖先，女真族首领最早称为"满柱"。"满柱"是佛号"曼殊"的转音，意为"佛爷"、"吉祥"。后来，有的显赫家族，世袭首领，起名就叫"满柱"。满清建国后，将"满柱"汉译为"佛爷"，并把它作为皇帝的特称。

"东道主"的称呼的来历是什么？

鲁僖公三十年（公元前630年）九月十三日，晋文公和秦穆公的联军包围了郑国国都。郑文公在走投无路的情况下，只得向老臣烛之武请教，设法解围。当夜，烛之武乘着天黑叫人用粗绳子把他从城头上吊下去，私下会见秦穆公。晋国和秦国是两个大国，他们之间本不和谐，经常明争暗斗。烛之武巧妙地利用他们的矛盾，对秦穆公说："秦晋联军攻打郑国，郑国怕是保不住了。但郑国灭亡了，对贵国也许并无一点好处。因为从地理位置上讲，秦国和咱郑国之间隔着一个晋国，贵国要越过晋国来控制郑国，恐怕是难于做到的吧？到头来得到好处的还是晋国。晋国的实力增加一分，就是秦国的实力相应的削弱一分啊！"秦穆公觉得烛之武说得有

理，烛之武于是进一步说："要是你能把郑国留下，让他作为你们东方道路的主人。你们使者来往经过郑国，万一缺少点什么，郑国一定供给，做好充分的安排，这有什么不好？"

秦穆公终于被说服了，他单方面跟郑国签订了和约，晋文公无奈，也只得退兵了。秦国在西，郑国在东，所以郑国对秦国来说自称"东道主"。后来，它泛指招待迎接客人的主人。

历史上出现过哪些朋党？

有关朋党的争辩和奸党的死罪，实际上从来没有能够禁绝官场上朋党现象。像欧阳修所说的那样"物以类聚，人以群分"的结成朋党现象，在历史上确实是曾经有过，确实有过"君子朋党"与"小人朋党"。也有的朋党是由政治见解、学术见解的不同而结成的，这在历史上称之为"君子党争"。然而更多的朋党是官场上不同利益集团的表现，为了各自的既得利益，官员们拉帮结派，党同伐异。另外，科举考试中的"同年"，座主(主考官)与门生，也会结成朋党。官场上的老上级、老部下、老同僚，也可形成朋党；尤其是保举的荐主与被荐人之间，更是形成特殊的人际关系。官场上的同乡、同学也是结党的一大动力。朝廷的朝官、京官有朋党，各地方大员的府署中、各级地方官中也有朋党。个别的朋党人员总是在各党之间转来转去，寻找机会，而整个朋党集团常常门户很深，彼此视同水火。

与房玄龄有关的吃醋故事是什么？

唐太宗为了笼络人心，要为当朝宰相房玄龄纳妾，房玄龄之妻出于嫉妒，

横加干涉，就是不让。太宗无奈，只得令大臣之妻在喝毒酒和纳小妾之中选择其一。没想到房夫人确有几分刚烈，宁愿一死也不在皇帝面前低头。于是端起那杯"毒酒"一饮而尽。当房夫人含泪喝完后，才发现杯中不是毒酒，而是带有甜酸香味的浓醋。从此便把"嫉妒"和"吃醋"融合起来，"吃醋"便成了嫉妒的比喻语。

"买办"是怎么来的？

鸦片战争以后，外国资本主义打开了中国紧闭的大门，外国在华洋行雇用中国人做他们的代理人，这些人被称为"买办"。实际上，他们是专门帮助外国资本家剥削本国劳动人民，而自己从中发财的"国蠹"。

"买办"一词始于明代。当时是指专司宫廷供应的商人。后来，凡为官府从事采购的人员，都称为"买办"。至清代，官宦家族的采购人员也都称为买办，后来还把买办一词当作招待外国商馆中办事人员的通称。

鸦片战争后，外国侵略者从雇用买办来进行侵略活动中，得到了好处，便逐步使其制度化——买办制度。从此，外国侵略者与中国人打交道都照例物色代理人，认为这是打开国家财源大门的"灵巧的钥匙"。而买办在取得外商的信任后，利用外国资本主义的特权和影响，自己也经营工商业，取得直接剥削中国劳动人民的利润收入。如叶澄衷、孔祥熙等都是由推销美孚煤油而集资巨万的买办商人。买办和买办商人，第一次鸦片战争后开始孕育、产生，第二次

鸦片战争后迅速发展，到19世纪末，已经逐渐形成为一个阶级。

三姑六婆都指的哪些人？

三姑六婆原本指的是古代中国民间女性的几种职业。现代汉语中的"三姑六婆"常指社会上各式市井女性。关于"三姑六婆"的来历，最早可追溯到明代。明代有名叫陶宗仪的学者，在他的笔记中便记载了三姑六婆的身份。清代李汝珍在他的小说《镜花缘》中也曾写过："吾闻贵地有三姑六婆，一经招引入门，妇女无知，往往为其所害，或哄骗银钱，或拐带衣物。"这就是三姑六婆的原意。

不同身份的死亡的说法有什么不同？

死的同义词很多，常见的有去世，过世，逝世，故去等。在古代，死的别称不但众多，而且从中能够窥见等级观念，心理活动以及情感色彩。天子之死叫崩，驾崩，意思是皇帝的车驾崩坏了。诸侯或相当于诸侯的封国国君，封爵王侯，以及贵妃，公卿大臣之死称薨。大夫之死叫卒，这从西周一直到唐宋以前都是如此。唐宋以后，普通百姓死，才敢称卒。古时只有平民之死，才直言不讳地通称死。受佛教轮回观念的影响，死的别称上，出现了诸如"归天"，"厌世"，"下世"，"上仙"，"归净土"，"入冥"，甚至直说"下地狱"，"见阎王"，"上西天"等。对于革命志士，人们用"殉（殉）国"，"殉难"，"殉节"，"殉命"，"殉身"，"捐躯"等来称誉他们。对

于那些死于非命的奸臣，祸孽，恶人，盗匪贼寇等，往往称其死为"毙命"，"毙"，"绝"，"灰灭"等。

大众化的贬词还有："一命呜呼"，"蹬腿了"，"断气了"，"完蛋了"，"见阎王去了"，"下地狱了"等等。关于"死"的别称，数量最多的还是如下这些大众化的中性别称，诸如："亡"，"殁"，"没"，"丧"，"终"，"故"，"逝"，"殒"，"不起"，"绝命"，"弃手足"，"弃堂帐"，"捐馆"，"捐馆舍"，"物故"，"溘逝"，"弃养"，"亡躯"，"作古"，"谢世"，"弃世"等。

西方人习惯于说死是"见上帝去了"，而有些共产党人习惯把最后的归宿喻为"去见马克思"。古代人未及15岁而死，称"夭"，未成年而死，称"殇"，此外还有"短折"，"夭折"等别称。死的别称（讳称）古代帝王：驾崩、大薨、山陵崩、大行、登遐、晏驾、千秋、百岁。未成年而亡：夭折、夭逝、殇。父母之死：见背、孤露、弃养等。高龄而死：登仙、寿终正寝。尼姑、道士、和尚之死：圆寂、坐化、示寂、示灭、涅槃、羽化、登仙。

陛下、殿下有什么来历？

陛下是臣下对君主的尊称，秦朝以后只用以称皇帝。陛为宫殿台阶。据东汉蔡邕《独断》，说群臣与天子言，因距离远，先呼立陛侧近臣与之言，由彼上达。陛下之称，即由此而来。

殿下和陛下是一个意思。原来也是对天子的敬称。但称谓对象随着历史

的发展而有所变化。汉代以后，演变为对太子、亲王的尊称。按，梁武帝弟萧宏，封临川郡王。一说魏晋南北朝天子亦称"殿下"。唐代以后，唯太子、皇太后、皇后称"殿下"。三国时已称皇太后为殿下。

阁下的称呼是怎么来的？

阁下是对别人的尊称，多用于书信中。这个用法在中国古代也时常用到，和"殿下"、"陛下"具有同类的引申意，但不像这二者一样所指对象是称定的人物（王子、国王）。它也是一种尊称，原本是用于称呼有地位的男士的，因为只有达官贵族才有"殿"、有"陛"（王座前楼梯旁的栏杆）、有"阁"，而且其所在位置总是高高在上使人仰视的，因此"阁下"可解释为"我在您的'阁楼（亭台）'之下"。作为引申意，"阁下"这个词后被广泛用作对有一定地位者的尊称，中国武侠小说中亦可常见这个称呼。但是今天若在现实中这样称呼他人会有讽刺或诙谐的意味。在外国文学作品或影视中对男士这样称呼一般也是在十九世纪以前尤其是中世纪，那时人们的等级观念还较强，稍有经济和社会地位的人都对自己的社会角色有较强的自尊心。这种用法不知是哪个翻译家率先使用的，后来就成了习惯。现在一般很少用这个词，只有时对少数政府高官用到，如"（尊敬的）总统阁下"、"总理阁下"等等。

"天子"一词是怎么来的？

天子，顾名思义，就是天之嫡长

子。对封建社会最高统治者的称呼。他们为了巩固自己的地位和政权，自称其权力出于神授，是秉承天意治理天下，故称天子。他们还宣扬自己生下来就有许多瑞征，还有所谓"天子气"。人们还把他们比作龙，称为"真龙天子"。封建阶级宣扬天子"受命于天"，是上天委任于人间的代理人，受天命约束。

天子就是天之元子的意思，天是人格化的自然界，被认为是宇宙最高的主宰，世间万物都是天地孕育的后代，天为父，所以号"皇天"，地为母，所以叫"后土"。因此，凡人皆为天之子。按照宗法制度来说，只有嫡长子才有权力继承父的遗产，因此天子就是天的嫡传子孙。

"万岁"有什么含义？

"万岁"本意有永远存在的意思，本为臣下对君主的祝贺之辞。现在也用为祝颂词，表达极其赞赏的感情用语口号。如：中华人民共和国万岁！

在中国封建社会里，"万岁"一词是最高统治者的代名词。臣子口中的"万岁爷"就是皇帝，除了皇帝，谁也不敢将自己与"万岁"联系起来，就连明朝权倾朝野的大宦官魏忠贤，虽然从不把皇帝放在眼中，也只敢以"九千岁"自居。但是，"万岁"一词最早不是用于称呼皇帝的。而皇帝被称为"万岁"，是始于汉武帝时的。汉武帝独尊儒术，"万岁"也被儒家定于皇帝一人。稽诸史籍，《汉书·武帝纪》载，元封元年春正月，武帝行幸缑氏。诏曰："朕用事华山，至于中岳，……翌日亲登嵩高，御史乘属，在庙旁吏卒咸闻呼万岁者三，登礼罔不答。"呼万岁者三，是谁呼的？荀悦注曰："万岁，山神称之也。"十五年后，即大始三年二月，汉武帝又称自己"幸琅邪，礼日成山。登之罘，浮大海。山称万岁"。自此，"万岁"成为皇帝的专用称呼。除皇帝外，任何人都不得自称"万岁"。

"太上皇"一词是怎么来的？

"太上皇"这个名称在我国已有两千多年的历史，是皇帝对父亲的尊称。秦王嬴政统一中国自封为始皇帝后，为表示对先王的尊重，就追封自己的父亲秦庄襄王为"太上皇"。这是太上皇称呼的最早应用，但并未形成制度。

汉高祖刘邦打下江山，做了皇帝，便衣锦还乡，以示乡里。当他去拜见自己的父亲太公，太公挟着扫帚站在门口，倒退着将刘邦迎入家门。刘邦见到此情此景，心里非常不快，急问因何事竟至如此？太公说："您贵为天子，谁敢不敬？我虽是您父亲，也不过是一个平头百姓。平头百姓不敬皇帝，可是要杀头的啊！"刘邦好说歹说，太公只是不听。事后，有人讲到秦始皇曾封死去的父亲为"太上皇"，建议封太公为"太上皇"。刘邦听了极为满意，马上举行大典，将太公扶上"太上皇"之位。

称"太上皇"，而不称太上皇帝，是因为这只是对活着的父辈的尊重，而且父辈并不参与治理国政。自此以后，"太上皇"这一称呼就成了一种制度，历代诸帝都沿用这种做法。有些皇帝在活着的时候，就将皇位传给了后人，后人做了皇帝后，退了位的皇帝也被尊为

"太上皇"。例如唐睿宗退位后，就被唐玄宗封为太上皇。

皇帝的称呼是怎么来的?

在封建社会时期，历代王朝的最高统治者都被称为皇帝，这到底是怎么回事呢?

皇、帝本不连用，意指我国史前传说时期的上帝天神或原始氏族部落首领，而不是世间君主，例如三皇五帝。但是到了战国，由于生产力水平的提高，地方经济大大发展，中央政权逐趋削弱，一些强大的诸侯为了显示自己的势力，兼并若干小国家，夺取更多的土地和人口，纷纷称帝，于是秦有西帝，赵有中帝，燕有北帝之称。这样，皇帝的意义便发生了转化。

公元前二二一年，秦王嬴政灭掉六国后，命令丞相王绾、御史大夫冯劫、廷尉李斯等议制国家最高统治者的称号。王绾等人经过讨论以后禀告嬴政：古有天皇，有地皇，有泰皇，泰皇最贵。臣等昧死上尊号，王为"泰皇"。秦王嬴政经过考虑，认为自己的功业超过了三皇五帝，决定兼采三皇五帝之号，自称皇帝，以象征自己的强大和尊贵。

从此，历代封建王朝的最高统治者都自称皇帝，用以表示自己权力的至高无上。

古代关于年龄的称谓有哪些?

不满周岁称作襁褓；2~3岁为孩提；女孩7岁为髫年；男孩8岁为龆年；幼年泛称为总角；10岁以下为黄口；13~15岁为舞勺之年；15~20岁为舞象之年；12岁（女）为金钗之年；13岁（女）为豆蔻年华；15岁（女）为及笄之年；16岁（女）为破瓜年华、碧玉年华；20岁（女）为桃李年华；24岁（女）为花信年华；20岁（男）为弱冠；30岁（男）为而立之年；40岁（男）为不惑之年、强壮之年；50岁为年逾半百、知非之年、知命之年、艾服之年、大衍之年；60岁为花甲、平头甲子、耳顺之年、杖乡之年；70岁为古稀、杖国之年、致事之年、致政之年；80岁为杖朝之年；80~90岁为耄(mào)耋(dié)之年；90岁为鲐背之年；100岁为期颐。

满族人为什么又叫"旗人"?

旗制是清代兵民合一的社会组织制度，由清太祖努尔哈赤在女真人牛录制基础上建立。明朝万历二十九年（1501）始建四旗，后增四旗。定300人为一牛录，五牛录为一甲喇，五甲喇为一固山（固山即"旗"）满族人按八旗制分隶各旗，平时生产，战时从征。初建时，不仅在军事上发挥重要作用，而且具有行政和生产职能。满人入关后，仍习惯称旗人。清朝的八旗分别为正黄，镶黄，正红，镶红，正白，镶白，正蓝，镶蓝。八旗制度并不仅仅存在满族中，在蒙古族和汉族中也存在蒙八旗和汉八旗，用以加强清政府的统治力量。

尚书是如何出现的?

尚书省开始叫尚书台，后称尚书省，是中国魏晋至宋的中央最高政府机构之一。是由汉代皇帝的秘书机关尚书发展起来的。秦及汉初，尚书是少府的属官，是在皇帝身边任事的小臣，与尚

冠、尚衣、尚食、尚浴、尚席合称六尚，因其在殿中主管收发文书并保管图籍，故称尚书。

三国时期的尚书台的职责是什么？

三国时，尚书台已正式脱离少府，成为全国政务的总汇。因为它威权升高，引起最高统治者的疑忌，所以最高统治者又开始剥夺它的权力。曹操为魏王时，置秘书令，典尚书奏事。魏明帝时，中书监、令号为专任。于是在尚书台之外复有中书省，而原来作为皇帝侍从的侍中也逐渐成为参与机密的要职，尚书台不再有独占机枢的地位。

两晋时期的尚书的职责是什么？

东晋以后，录尚书之权渐分，有时以三四人并录尚书事。宋孝武帝孝建中，为防大臣威权过盛，遂省去录尚书之职，以后置废不常。

西晋灭亡后，在北方建立的十六国，除前凉、西凉遥奉江南正朔，不立尚书台外，其余政权均有尚书令、仆射、尚书等官职。北魏出自鲜卑族，有部落大人会议决事的制度，魏道武帝拓跋珪破后燕，皇始元年（396）始仿魏晋立尚书台，置三十六曹。东魏、北齐承袭北魏，而尚书之权较重。西魏时，宇文泰以大行台执政。大行台的组织略同于尚书省，有仆射、尚书、丞、郎等职。

隋唐时期的尚书省的职责是什么？

隋文帝杨坚代周称帝，于开皇元年（581）恢复了尚书省，并使之成为名副其实的全国最高行政机构。唐沿隋制，

也是三省（尚书、门下、中书）并置，而尚书省事无不总，是全国行政的总汇机构。唐代后期，尚书省已有名无实。北宋初，形式上还保留尚书省的组织系统，但权力既不归属，郎官又不治事，权借此以寄禄秩，别无差遣，尚书省的制度名存实亡。辽、金有尚书省，与宋制略同。元代以后，尚书省遂废除。尚书省之组织，至隋而定型，尚书皆以部为名，而郎官以司为名。有吏部、礼部、兵部、刑部、民部、工部等六部及主爵等24司。

秦汉时期的丞相的职责是什么？

早在商周时代，就已经出现了太宰、尹、太师等官职，起着辅佐天子管理国家的作用，但不具备后来宰相的权势。到了春秋战国时期，相的名称开始出现。

秦国最早设置丞相之职。由于商鞅变法非常彻底，秦国飞速发展，是战国时期第一个设立郡县制的国家。秦武王二年(公元前309年)，秦国任命樗里疾、甘茂为左右丞相。从此，在几千年的中国历史中，开始出现了丞相这一职务。秦始皇统一六国后，宰相作为官制被确定下来。

秦始皇进行大刀阔斧的改革，废除分封制，在全国推行郡县制，不再分封诸侯，而是设立官吏管理人民。如此一来，就有必要组织一套官僚机构。尽管秦始皇非常勤奋，但个人精力有限，必须依靠宰相来处理朝政。宰相，这一辅助皇帝的官职，就在这一历史条件下确定下来。汉朝承袭秦朝的制度。西汉以

相国或丞相为宰相，以御史大夫作为宰相的副手。东汉时司徒就是宰相，与司空、太尉共掌政务。东汉末年，恢复了丞相之职。

魏晋之后的朝代的丞相的职责是什么？

魏、晋时期，以中书监、中书令、侍中、尚书令、仆射以及重要的将军等执政者为宰相，无定名也无定员。南北朝期间，宋、齐、梁、陈、魏、周等朝，均设丞相或相国。隋代，废除丞相，以中书令、侍中、尚书令、仆射为宰相。

唐朝初年，尚书、中书、门下三省的职位最高的官员同为宰相。后来，皇帝又使用其他官吏参与国家事务管理，增加了"同中书门下三品"、"同中书门下平章事"等官衔，都属于宰相。

到了宋、元、明、清几个朝代，宰相的名称变化不一，但宰相的职责没有发生丝毫的变化。公元1380年，明太祖朱元璋宣布废除宰相，但明朝的内阁大学士实际上就是明朝的宰相。

清朝时期，权力集中于军机处，军机大臣实际上也就是宰相。

九卿分别指的是哪些人？

九卿是指中央朝廷的九个重要官员和官署，它们是：

奉常，汉代改称太常，掌宗庙礼仪、占卜祭祀等事，史官、博士等为其下属。

郎中令，为皇帝的侍从武官长，属官有大夫、郎、谒者等。

卫尉，掌管各宫门的守卫，属官有仆射、公车司马令等。汉代，卫尉统领的军队称南军。

太仆，掌管皇帝的舆马，及军事用马的牧养。

廷尉，掌管刑罚讼狱，是全国的最高司法官。朝廷遇有大狱，皆由廷尉审理。

典客，掌管接待少数民族、藩属国来朝事宜。汉武帝时，改称大鸿胪，掌管诸侯王、列侯及内附部族朝觐郊迎之事。

宗正，主管皇族宗室事务。

少府，宫廷事务总管。

什么是郎中令？

郎中令，为皇帝的侍从武官长，属官有大夫、郎、谒者等。郎是皇帝的侍从护卫人员，有中郎、侍郎、郎中之分。太中大夫等及议郎为非武装人员，掌议论。汉武帝时，郎中令改称光禄勋，职掌不变。又设期门郎、羽林郎，为皇帝微行出猎时的武装侍从。

什么是宗正？

宗正，主管皇族宗室事务。属官有都司空，掌管对宗室犯罪之人的处置。治粟内史掌管国家谷帛租赋。汉武帝时改称大司农。汉初，治粟内史仅掌农业及仓廪，另有"大内"一官与之并行，掌管国家财政。改大司农后，大内为其属官，称都内，主管财货，掌国家的金库。

什么是少府？

少府，掌管全国山海池泽之税，以供给皇帝私用，凡皇帝的衣食起居、医药供奉、器物制作等皆在其属下，因此

是宫廷事务的总管。武帝以后，其职权日益缩小，但是其下属尚书署作为皇帝的机要秘书处则权势不断提高，后来终于脱离少府，独立成尚书台，分曹治事（指分科办事）。

宦官与太监有什么不同？

很多人觉得，自古以来，"宦官"和"太监"就是一回事。严格来说，两者是有区别的。第一，最初的宦官不都是阉人；第二，"宦官"和"太监"并非自古以来就是同一概念。"宦官"之称，古已有之。当时，人们把在皇宫中为皇帝及皇族服务的官员，统称为宦官。东汉以前，充当宦官的有阉人，也有其他人。东汉时期，宫廷之禁愈来愈严，于是太监一职开始"悉用阉人"。"太监"一词，最早见于辽代，是辽代政府机构中的官员。辽代太府监、少府监、秘书监等机构，均设有"太监"一职。

到了明代，太监才和宦官发生较固定的关系。充当太监者必是宦官，但宦官却不尽是太监。太监是宦官中的上级官员，是具有一定品级、俸禄的高级宦官。太监成为宦官的专称是从清代开始的，因为清代将侍奉皇帝及皇族的宦官都冠以太监之称。所以，宦官便同太监混为一谈了。

知府一词是怎么来的？

"知府"这一官职，是由"知"和"府"两词结合而来。知，本来的意义是管理、主持的意思。府作为一级地方行政单位，它的演变经历了一个较长的过程。知府就是管理一府的官员。

在魏晋时期，州刺史兼任将军之职。州刺史是文职，将军是武职。州有州的衙门和幕僚，将军另外有将军的衙门和幕僚。将军的衙门，就叫做"府"。到了唐朝，中央政府在首都、陪都以及皇帝登基前任职的州设置府，例如京兆府、河南府、太原府等等。府的长官，统称府尹。宋朝时，府的设置逐渐多了起来。府隶属于路（路是介于中央与州之间的一级行政区划）。明、清两朝，省、县之间的一级行政单位被称作"府"。除了首都、陪都所在地的府长官仍然称府尹外，一般的府长官，都称作"知府"，意思是"知（即主持）某府事"。知府之下，设同知、通判等官员，辅佐知府处理公务，分掌粮税、盐税、江海防务、水利等等。在明朝，按照缴纳税粮的多少，"府"被分成三等：纳粮20万石以上为上府，20万石以下为中府，10万石以下为下府。当时，全国有150多个府。清朝时，各府因自然条件的差异、人口多寡、路程远近，相互间的差别也很大。

什么是知州？

在西汉时期，州这一名词开始出现。但当时的州，并不是行政区划。据史书记载，汉武帝为了有效地管理地方，将全国划分成13个监察区，称为"州"。每州都由中央派遣一长官，负责监察郡、县的官吏。这一长官，便被称为刺史。

到了东汉后期，州慢慢演变成为一种地方行政区。州辖郡、县，刺史又称州牧，就是州的行政长官，拥有行政军事权。隋朝时，郡的建制被取消，只保留州、县。唐朝继承隋朝的制度，将地方分成州、县两级。当时州的行政长官仍称为刺史。在宋代，开始把州的行政长官叫做"知州"，知州下属的官员有同知、通判，分别掌管财政、刑法、治安等。明清两朝，州有两个级别：直隶州和散州。直隶州直属于省，级别与府相同；散州隶属于府，级别与县相同。

外交官为什么被称为"使节"？

现在世界各地，使节是指一国派往常驻他国的外交官，或派驻他国的临时代办。在古代，使节可不是对官员的一种称谓，只是一种官职凭证。

★使节

那时的使节有两种含义：一种是国君在封授卿大夫官职时，给予他们的任职凭证，也叫符信。这种"符信"一般用铜铸成。而且，官员任职地区不同，所授予的"符信"也不同。在山区任职的授虎节；在平原任职的授人节；在湖泽地区任职的授龙节。另一种是在使臣出使他国前国君给他的出使凭证，叫符节。一般都用竹子作柄，上面点缀着牦牛尾之类的装饰物，也叫旄节。张骞、苏武在出使匈奴时，都持有这种符节。不论是"符信"还是"符节"，在古代都被称作"使节"。后来，人们把出使外邦的使臣称为使节。

欧洲的资本主义萌芽是在14世纪出现的。当时，商品经济得到重大发展，外交使节除政治、军事任务外，还要担负经济交往工作。所以，过去那种往来频繁的使节，已不适应外交联系的新形势。于是，威尼斯共和国第一个将驻外使节变成常驻代表。起初任期不得超过两年，后来延长到3年。16世纪末，在欧洲，常任驻外大使已成为一国驻他国的最高级外交代表，而且相当普遍，并逐步推广到世界各国。

不同朋友关系的称呼有什么？

贫贱而地位低下时结交的朋友叫"贫贱之交"；

情谊契合、亲如兄弟的朋友叫"金兰之交"；

同生死、共患难的朋友叫"刎颈之交"；

在遇到磨难时结成的朋友叫"患难之交"；

情投意合、友谊深厚的朋友叫"莫逆之交"；

从小一块儿长大的异性好朋友叫"竹马之交"；

以平民身份相交往的朋友叫"布衣之交"；

辈分不同、年龄相差较大的朋友叫"忘年交"；

不拘于身份、形迹的朋友叫"忘形交"；

不因贵贱的变化而改变深厚友情的朋友叫"车笠交"；

在道义上彼此支持的朋友叫"君子交"；

心意相投、相知很深的朋友叫"神交"（"神交"也指彼此慕名而未见过面的朋友）。

古代如何称呼老师？

一、师父、师傅。一日为师，终身为父。称教师为师父，不用说，是将老师看作自己的父亲一样。"师傅"则是春秋时对国君老师的尊称。

二、师保。古代贵族子弟有师有保，统称师保。这个称呼不仅赋予老师教授学生的职责，而且还赋予他们保护学生的义务。汶川地震时，老师"范跑跑"不顾学生安危而自己临阵脱逃，遭到全国舆论的谴责，便是由于他未尽到教师保护学生的职责所致。

三、师友。晋代有师和友在诸王左右陪侍辅导，故教师别称"师友"。

四、师资。先秦以后历代对老师的别称。

五、师长。老师的尊称。这里的"长"不仅指年长，还指德行高尚。

六、外傅。古代对老师的特称。

七、博士。经学教师称"博士"。至唐宋时期，各专业学校更有"律学"、"算学"、"书学"博士之分。

八、教授。原为学官称谓，自宋始于宗学、律学、医学、武学等科均设"教授"，以传授学业，后世相沿。

九、讲师。讲授武学或讲解经籍的教师谓"讲师"。

十、助教。古代学官名。西晋武帝咸宁四年初设，协助国子、博士教授生徒。

十一、教谕。宋代京师所设小学和武学中的教师称谓，至宋元明清之县学循之。

十二、教习。明朝入选翰林院的进士（即庶吉士）之师称"教习"，至清末，学堂兴起，其教师仍用此名。

十三、经师。汉代尔后历代在"校"或"学"中传授经学的教师称"经师"。

十四、训导。明清时府设教授，州设学正，县设教谕，掌教育生员，其副职皆称"训导"。

十五、先生。古时对"门馆"、"私塾"老师中年长者之尊称。

十六、山长、院长。弟子对书院中授徒讲学教师的敬称，山长或院长并总领院务。"山长"源于五代。

十七、讲席。汉时教师的称呼。

十八、老师。原为宋元时期"小学"教师的称谓。

第五章　宗教神话

道教是怎么来的？

道教是中国本土宗教，距今已有1800余年的历史。它的教义与中华本土文化紧密相连，深深扎根于中华沃土之中，具有鲜明的中国特色，并对中华文化的各个层面产生了深远影响。

道教的名称来源，一说起于古代之神道；二说起于《老子》的道论，首先在《老子想尔注》上出现。道教奉老子为教主，因为道家哲学思想的最早起源可追溯到老庄。值得注意的是：道教与道家是决然不同的两码事。道家所讲的道学不是宗教，也不主张立教。《老子》是道家思想的源流，被后世的张道陵等人奉为"经书"，并不是"太上老君"为布道而写的经书。一般学术界认为，道教的第一部正式经典是《太平经》，完成于东汉，因此将东汉时期视作道教的初创时期。道教正式有道教实体活动是在东汉末年太平道和五斗米道的出现，而《太平经》、《周易参同契》、《老子想尔注》三书是道教信仰和理论形成的标志。近年来，道家的"天人合一"的思想、宇宙观日益受到重视，并引起了西方世界的兴趣，也使得道教获得更多关注。道教教义中虽有道学成分，但远远不足以代表道学精神，远远不足以传达老庄思想，二者万万不可混同。

古代的炼丹术有什么贡献？

我国炼丹的历史，可追溯到战国时期。当时有所谓的方士（也称术士）从事炼丹活动。司马迁在《史记·孝武本纪》等篇章中，就提到过战国时期燕国方士的姓名和事迹。到了晋代，由于炼丹术基本上被道教所垄断，炼丹的方士也就被道士所取代了。

★炼丹

四大发明之一的火药，就是古代炼丹术的辉煌成就。当炼丹家把硝石、硫黄、木炭混合在一起炼药时，发现会发生猛烈的燃烧。经过反复实践，人们认识到这三种物质的混合物遇火即燃的性能，于是发明了火药。炼丹家们在企图用普通金属炼成黄金、白银等贵重金属的过程中，逐步摸索到一些冶金原理，冶炼出含锌的貌似黄金的黄铜，以及含镍的类似白银的白铜。古代的炼丹家通过实践，观察到许多物质的化学反应。在一些炼丹的著作中，对氧化、还原、金属置换、酸碱相互作用等有很多记载。如晋代葛洪所著的《抱朴子内篇·金丹篇》，总结出"丹砂烧之成水银，积变又还成丹砂"。丹砂就是硫化汞，呈红色。这种

人造的红色硫化汞，可能是人类最早通过化学方法制成的产品之一。如，从西汉的《淮南万毕术》开始，不少炼丹著作都记录了把铁放在胆矾（硫酸铜）溶液中，可以将铜置换出来。这就是世界上水法冶金的起源棗胆水炼铜法。

十大著名道士分别是谁？

一、张道陵，道教开山祖师。他弃官创教，历经千辛，其事迹扣人心弦，其传说脍炙人口；

二、葛洪，束发从师，学识渊博，他构造成仙方法，既是"长生成仙"的鼓吹者，又是尊重事实、贡献杰出的科学家；

三、寇谦之，北天师道的创建者，他丰富教理、教义，整顿道教组织，使道教从民间正式走入殿堂，还以"帝王师"的身份，影响着北魏的政治；

四、陶弘景，有着"山中宰相"之称。他整理出的神仙谱系，对道教产生了深远的影响，梁武帝朝的军国大事亦必咨询于他而后行；

五、孙思邈，道门药王。刻意修炼医术，一心济人度世，为民造福，以高尚的道德受到人们永久的崇敬；

六、吕洞宾，八仙之一。在军阀残害百姓的五代之际，仗剑行侠，除恶扬善，是道教中的神奇人物；

七、陈抟"老祖"，高卧华山、睡功绝世，玄理深妙、数被皇诏，其仙迹遍天下、传说播四方；

八、林灵素，神宵派创始人。由流浪和尚突然成为道士，凭一曲"神宵"调，任意恣横，掀起中国历史上又一次崇道狂潮，其政治势力与宋徽宗不相上下，时称"道府两家"；

九、丘处机，长春真人。云游四方、弘扬全真，西行万里、为民请命、"一言止杀"，世界征服者成吉思汗对其礼遇甚厚；

十、张三丰，"邋遢道人"，言行古怪、神秘莫测，创三丰教派。

全真教是怎么来的？

全真教创建于金初，后再与其他丹鼎小派合并而成，是中国道教后期的两大派别之一，元代以来与正一派一起延续至今。

全真道的创始人王嚞（1112～1170），原名中孚，字允卿。入教后，改名嚞，字知明，号重阳子。陕西咸阳人。金正隆四年（1159），声称于甘河镇遇仙，改儒为道。曾居终南山修道。金世宗大定七年（1167）去山东传教，先后在文登、宁海、福山、登州、莱州等地建立三教七宝会、三教金莲会、三教三光会、三教玉华会、三教平等会，传道说法。在这期间，先后收马钰、谭处端、刘处玄、丘处机、王处一、郝大通、孙不二等七人为徒，创立全真教。

什么是五斗米道？

五斗米道，创始人张陵，是早期道教派别之一。东汉顺帝时（126～144）入蜀，居鹤鸣山（现在的成都市大邑县境）学道，并造作道书（或称符书）以教百姓，倡言天人下降，授以正一盟威之道，以为人治病开始传教。他为了统率教民，设立二十四个传教点，称"二十四治"，以其中的阳平治（在现在的四川彭县）、鹿堂治（在现在的四川绵竹）、鹤鸣治（在今成都市大邑）为传教中心，因入道者需交纳信米五斗，故俗称"五斗米道"。又因创教之初，曾受巴蜀少数民族原始宗教的影响，巫术色彩浓厚，当时的人或称"米巫"。

什么是太平道？

太平道是早期道教派别之一，酝酿时间较早，如以于吉上《太平青领书》算起，则开始于东汉顺帝时（126～144），但当时尚未形成教团。直至东汉建宁、熹平（168～178）年间，张角为组织黄巾起义，始创太平道。

东汉后期政治黑暗，豪强兼并，小农破产，加以自然灾害频仍，社会矛盾极其尖锐。张角顺应时势，以善道教化天下为宗旨，开始以"跪拜首过"向神忏悔的方式布道，用"符水咒说"为下层民众治病，备受欢迎。

太平道以阴阳五行、符箓咒语为根本教法，与《太平经》所谓奉天地、顺阴阳五行而杂以巫术的思想基本吻合。

太上老君指的是谁？

在我国信仰里，由历史人物而演变成的神明，最为显明的要算这位太上老君了。单凭他的名头之大及地位之尊就可以证明：太上老君是道教最高神明之一，是三位超级神明中的一位；而它的原型老子是先秦最著名的思想家之一，老庄学派的开创人，被奉之为道教的鼻祖。自然，历史人物的老子要"普通"得多，神化了的太上老君是"神"。老子生活在先秦的春秋末期，相传，孔子曾向他请教过问题，

★太上老君

他著有五千字的《老子》，此书被视为道家的开创之作及道教的经典。汉代之前的老子大概还只是以思想家的面孔出现的，他被神圣化开始于东汉。东汉时的张陵(后来的张天师)创立了五斗米道，为了与佛教对抗，便抬出老子为祖师，并且尊称为太上老君。后来称之为"太上道德天尊"。在道与佛的抗争之中，道教徒们还创建了"老子化胡"的传说，说老子曾点化及指教过外来的佛教。且在早期道教中，老子是最高的神，之后降为正规道教中三清的第三位。

由老子演变而来的太上老君，地位虽然不及元始天尊与灵宝天尊，但是仍受到非常高的崇奉，各地都有宫观奉祀。因为号"太清太上老君"，因此主祀他的宫观庙殿称他太清宫、太清殿、老君殿或老君庙。

玉皇大帝的称呼有哪些？

玉皇大帝，也被称作"天公"，还有称"玉帝"或"昊天上帝"，或"玄穹高上玉皇大天帝"、"昊天金阙无上至尊自然妙有弥罗至真玉皇大帝"等尊称。玉皇大帝是道教中最高级的神明之一，地位仅在三清尊神之下。但在世俗

的心目中，玉皇大帝却是中国最大的神祇，是众神之王。

玉皇大帝的职责是什么？

据民间传说，"玉皇大帝"不但授命于天子，统辖人间，而且也统辖儒、道、释三教和其他诸神仙，以及天神、地祇、人鬼都归其管辖，天神就是属于天上所有自然物的神化者，包括日、月、星辰、风伯、雨师、司命、三官大帝、五显大帝等。而玉皇大帝也属天神之一，地祇就是属于地面上所有自然物的神化者，包涵土地神、社稷神、山岳、河海、五祀神，以及百物之神，人鬼就是历史上的人物死后神化的，包括先祖、先师、功臣，以及其他历史人物。

玉皇大帝除了统领天、地、人三界神灵之外，还对于天地、宇宙万物的兴隆衰败、吉凶祸福都得管，属下有管理学务的文昌帝君，管理商务的关圣帝君，管理工务的巧圣先师，管理农务的神农先帝，管理地方的有东岳大帝、青山王、城隍爷、境主公、土地公、地基主，管理阴间的有酆都大帝和十殿阎王，而玉皇大帝为神中之神，神中至尊。

在道教的理论中，将天、地、人三界分得很清楚，天有十三层，一层有三万里，天外的地方就称为无极，而天内的天就称为太极。太极的天分为五天，即东、南、西、北、中，玉皇大帝是宇宙中至高无上的神灵，而所有神灵皆须听令于玉皇大帝。

关于玉皇大帝的节日有哪些？

玉皇大帝神诞之日为正月初九日。

道教宫观要举行金箓醮仪，称"玉皇会"。参加醮仪的道士和道教信徒都要祭拜玉皇大帝，行"斋天"大礼，以祈福延寿。福建和台湾省民众称玉皇大帝为"天公"。正月初九要"拜天公"，一家老小，斋戒沐浴，上香行礼，祭拜诵经，有的地方还唱戏娱神。中国北方过去还有举行玉皇祭，抬玉皇神像游村巡街的习俗。十二月二十五日传称是玉皇大帝下巡人间的日子，旧时道观和民间都要烧香念经，迎送玉皇大帝。

白莲教是如何出现的？

白莲教渊源于佛教的净土宗。是北宋至近代流传的民间宗教。相传净土宗始祖东晋释慧远（334~416）在庐山东林寺与刘遗民等结白莲社共同念佛，后世信徒以为楷模。北宋时净土念佛结社盛行，多称白莲社或莲社，主持者既有僧侣，也有在家信徒。南宋绍兴年间（1131~1162），吴郡昆山（今江苏昆山）僧人茅子元（法名慈照）在流行的净土结社的基础上创建新教门，称白莲宗，即白莲教。元、明、清三代在民间流行，农民军往往借白莲教的名义起义。

白莲教的经卷繁多，主要有《金锁洪阳大策》、《玄娘圣母经》、《镇国定世三阳历》、《弥勒颂》和《应劫经》等。

白莲教的教徒有什么特点？

白莲教以"普化在家清信之士"为号召，形成一大批有家室的职业教徒，称白莲道人。因为他们"在家出家"，不剃发，不穿僧衣，又被称为不剃染道人或有发僧。元代由白莲道人组成的堂庵遍布南北各地，聚徒多者千百，少者数十，规模堪与佛寺道观相比。堂庵供奉阿弥陀佛、观音、大势至（合称弥陀三圣）等佛像，上为皇家祝福祈寿，下为地方主办佛事，也有一些修路筑桥之类的善举。

什么是八卦教？

八卦教是中国民间宗教之一，清康熙元年（1662）由山东单县人刘佐臣创立。刘佐臣按《八卦图》"内安九宫，外立八卦"的组织形式收徒设教。所谓八卦九宫，即认为世界被乾、坤、震、巽、坎、离、艮、兑八卦分成西北、西南、正东、东南、正北、正南、东北、正西八个方位，这八个方位又都围绕着中央方位。八卦即八宫，加上中央宫为九宫。自刘佐臣创教之日起，刘姓教首历来都位居中央宫，其他各教，则由刘姓教主委派卦长掌教，如郜姓掌离卦教、王姓掌震卦教。各卦教的力量大小不一，分布也并不严格遵守八卦所定方位。

八卦教是如何发展壮大的？

八卦教在创教时并没有明显的政治色彩，目的只在于传教敛钱。至第二代传人刘儒汉时，教主的"圣库"收入已成千累万，竟至富甲一方。而清朝统治者一直认为民间宗教是产生社会动乱的重要根源，故对其发展一贯采用严厉镇压手段，致使八卦教不能公开发展，一向处于地下秘密传布状态。某些农民起义，往往利用八卦教作为组织纽带。乾隆三十九年（1774）山东清水教起义，嘉庆十八年（1813）天理教起义，都是八卦教异名教派组织的造反行动。近代义和团运动，也与八卦教有着密切关系。

财神是谁？

财神是道教俗神，民间流传着多种不同版本的说法，月财神赵公明被奉为正财神。日春神青帝和月财神赵公明合称为"春福"，日月二神过年时常贴在门上。

相传月财神姓赵名公明，又称赵公元帅、赵玄坛，长安（现西安）周至县赵代村人士。在《真诰》中赵公明为五方诸神之一，即阴间之神。后在道教神话中成为张陵修炼仙丹的守护神，玉皇授以正一玄坛元帅之称，并成为掌赏罚诉讼、保病禳灾之神，买卖求财，使之宜利，故被民间视为财神。其像黑面浓须，头戴铁冠，手执铁鞭，身跨黑虎，故又称黑虎玄坛。是中国民间供奉的招财进宝之神。

月财神下面，分为辅佐财帛星君和辅佑范蠡，为正文财神。

灶神的职责是什么？

灶神，也称灶王、灶君、灶王爷、灶公灶母、东厨司命、灶司爷爷，中国古代神话传说中的司饮食之神，晋以后则列为督察人间善恶的司命之神。自人类脱离茹毛饮血，发明火食以后，随着社会生产的发展，灶就逐渐与人类生活密切相关。崇拜灶神也就成为诸多拜神活动中的一项重要内容了。

灶神的来历是什么？

灶神是中国民间信仰最普遍的神

祇，几乎各民族都有供奉。据记载，祭灶习俗在先秦时已经流行。但灶神究竟为何物，是一个不容易搞清楚的问题。由于可供参考的说法实在太多，大致可分以下四种：

一，上古帝王或后裔说，《事物原会》称，黄帝作灶，死为灶神。

二，鬼神或精变说，是说灶神既非火神，亦非灶的发明者，而是一位主司厨房烹调事务的女神——先炊，因为烹调须在灶上操作，所以对她的祭祀表现为祭灶。

三，人死变神说，一说，古时有个叫张单的人，是一个负情浪子，因羞见休妻而钻入灶内，成为灶神。一说，古时候有一贪官，生性最馋，每天须找美味食用，百姓不堪其扰。后一位神仙幻变的民女将他捆到锅台上，变成"灶王"，只能看人家吃美食。

四，穷蝉演变说，颛顼之子名穷蝉，蝉又是"灶有髻（蛣）"的"髻（蛣）"，而"髻（蛣）"又说是灶神，是"穷蝉"与灶神之间有了一定的"联系"。但此"蝉"并非"知了"，而是灶上常见的一种蝉状的小生物，俗称蟑螂，有的地方称为"灶马"。正是这种常见于灶上的小生物，古人以为是神物（或鬼物），祀为灶神。

妈祖的别称有哪些？

妈祖，又称天妃、天后、天上圣母、娘妈，是历代船工、海员、旅客、商人和渔民共同信奉的神祇，许多沿海地区均建有妈祖庙。相传妈祖的真名为林默，小名默娘，故又称林默娘，诞生于莆田湄洲岛在宋建隆元年（960年）农历三月二十三日。宋太宗雍熙四年（987年）九月初九逝世。

妈祖，海神，又名天后圣母，天王母后，盘古长女，夫为三清之一，继承之帝位让于第二代天帝，弟玄武大帝，有十女：观音、大世至（雅典娜）、文殊（大日）、西王母、珠娘、白娘、青娘、碧霞元君、仙女圣母及九天玄女。

道教封号：辅兜昭孝纯正灵应孚济护国庇民妙灵昭应弘仁普济天妃。

摩尼教的教义核心是什么？

明教就是历史上的摩尼教，也叫末尼教、明尊教，在公元3世纪所创立，当时大约相当于中国的魏晋时期。唐代摩尼教传入中国，以后逐渐发展起来。摩尼教教义的核心，是说在世界的一开始，就有光明和黑暗两个王国并存着，光明占据北、东、西三方，黑暗占据南方。光明王国的统治者，波斯称为察宛（意为永恒），东土称为明父、大明尊。黑暗王国到处充满烟火、闷气、飓风、污泥、毒水，由黑暗魔王统治，住着五类魔，整天沉溺在情欲和争吵之中。光明和黑暗数次大战，黑暗魔王使恶魔生下了人类的祖先。因为人类是黑暗之魔的子孙，大明尊便派遣光明使者，用光明分子来拯救人类的灵魂。

宋代明教有什么特点？

宋代的时候，摩尼教被意译为"明教"，教义被简明地归纳为"清净、光明、大力、智慧"八个字。教众中有农民、秀才、吏员、兵卒、绿林好汉、江洋大盗、武林俊彦等。教徒白衣乌帽，秘密结社，共同尊奉明使为教内尊神。当时因为处于秘密状态，教名也有了多种别称，除浙江称摩尼教、福建称明教外，据陆游《渭南文集》卷五《条对状》，淮南称二桧子，江东称四果，江西称金刚禅，福建又称揭谛斋等。

钟馗是谁？

钟馗，传说人物，道教中赐福镇宅圣君，其为陕西终南山西安户县人。另一说是由逐鬼法器"终葵"而来。"终葵"为逐鬼之物，被取为人名作辟邪之用。

钟馗形象是自上古大傩中的面具形象演变而来。《左传·定公四年》记商朝遗民七族中，有"终葵氏"，终葵即"椎"的分解音，终葵氏即以椎驱鬼之氏族也。后世遂以"终葵"为辟邪之意，逐渐演变为"钟葵"、"钟馗"。

钟馗一名最早见于《唐逸史》。话说唐明皇病中梦见小鬼偷去玉笛和杨贵妃的绣番囊，正当值怒时见一满面虬髯大鬼，挖下小鬼的眼珠吞掉。此鬼自称南山钟馗，高祖年间应考武举人，但因其貌不扬落第，羞愤撞殿前石阶而死。蒙高祖赐缘袍陪葬，钟馗化鬼后誓要为大唐斩妖除魔。唐明皇醒后，病不药而愈，遂向吴道子忆述梦中所见，并命其绘出钟馗像，颁布天下，民间亦挂其画像驱鬼避邪。

福、禄、寿三星是什么样的神？

福禄寿三星高照，人们常用"福如东海，寿比南山"祝愿长辈幸福长寿。道教创造了福、禄、寿三星形象，迎合

了人们的这一心愿，"三星高照"就成了一句吉利语。

福禄寿三星，起源于远古的星辰自然崇拜。古人按照自己的意愿，赋予他们非凡的神性和独特的人格魅力。由于他们在民间的影响力，封建政府曾借助其用于实施王道教化，道教也曾对他们大加推崇，以招徕信众，扩大自己的声势和影响。虽然他们后来失去了高高在上的神威，却也因此获得自由，走入寻常巷陌，千家万户，成为古代民间世俗生活理想的真实写照。

三星也是许多民间绘画的题材，常见福星手拿一个"福"字，禄星捧着金元宝，寿星托着寿桃、挂着拐杖。另外还有一种象征画法，画上蝙蝠、梅花鹿、寿桃，用它们的谐音来表达福、禄、寿的含义。

福星是如何出现的？

福星根据人们的善行施赐幸福。古人认为岁星（木星）照临，能降福于民，于是有了福星的称呼。但道教有另一种说法，唐代道州有侏儒，唐德宗觉得有趣，命令每年要进贡几名作宫奴，供他观赏、玩乐。道州刺史阳城认为这不合人道，便冒着犯上的危险，要唐德宗废除这项进贡。道州百姓感念阳城的恩德，奉他为本州的福星，以后又成为道教的福星了。

禄星的职责是什么？

禄星掌管人间的荣禄贵贱，他的来历不大清楚，因为禄有发财的意思，所以民间往往借了财神赵公明的形象来

描绘他：头戴铁冠，黑脸长须，手执铁鞭，骑着一头老虎。在道教的三星群像里，他却是一位白面文官。

寿星的形象是什么？

寿星又叫南极老人，古人认为南极星可以预兆国家寿命的长短，也可给人增寿，成了长寿的象征。寿星鹤发童颜，精神饱满，老而不衰，前额突出，慈祥可爱。早在东汉时候，民间就有祭祀寿星的活动，并且与敬老仪式结合在一起。祭拜时，要向七十岁上下的老人赠送拐杖。

九天玄女是谁？

九天玄女简称玄女，俗称九天娘娘、九天玄女娘娘。原为中国古代神话中的女神，后经道教增饰奉为女仙。传说她是一位法力无边的女神，因除暴安民有功，玉皇大帝才敕封她为九天玄女、九天圣母。虽然她在民俗信仰中的地位并不显赫，但她是一个正义之神，形象经常出现在古典小说之中，成为扶助英雄铲恶除暴的应命女仙，故而她在道教神仙中的地位亦常重要。

传说中的陶神是什么样的？

中国的陶神是传说中的宁封。陶神宁封，他与赤色面庞的哥哥火神祝融长得不同，他身材高大，而且脸庞黧黑，披头散发，面貌显得很是丑陋与凶狠。他常常飞翔、狂舞在他的哥哥周围，胸前抱着一个肚大口小的双耳陶器，脏乱的长发松散地拖在身后，像是一个妖魔。他从陶器中喷出滚滚浓烟，帮助哥哥行着破坏的勾当。

他是昆仑神山上高明的陶匠，能够烧制出各式各样的陶瓷器物，以供诸神在圣山与天堂间用餐、饮酒、欢宴。他也是人间所崇拜的陶神，受到从事制陶制瓷业者的恭敬的祭祀。

土地神的职责是什么？

土地神也叫"土地公公"、"土地公"、"土地爷"，是民间信仰最为普遍的众神之一，流行于汉族地区。部分受汉族文化影响的少数民族，对土地神也有信仰。土地神属于民间信仰中的地方保护神，在民国（1949年）以前，凡有汉族人群居住的地方就有供奉土地神的现象。在中国传统文化中，祭祀土地神即祭祀大地，土地神也是道教诸神中地位较低的神祇。

土地神是怎么来的？

在一般民间的信仰中，神明多半会有明确的出身，但土地神的出处很多，相关传说之多不胜枚举。

一说为：周朝一位官吏张福德，生于周武王二年二月二日，自小聪颖至孝，三十六岁时，官朝廷总税官，为官廉正，勤政爱民，至周穆王三年辞世，享年一零二岁。有一贫户以四大石围成石屋奉祀，不久，由贫转富，百姓咸信神恩保佑，乃合资建庙并塑金身膜拜，取其名而尊为"福德正神"，故生意人常祀之，以求生意发展。

另一说为：周朝上大夫的家仆张明德（或张福德），主人远赴他地就官，留下家中幼女，张明德带女寻父，途遇风雪，脱衣护主，因而冻死途中。临终时，空中出现"南天门大仙福德正神"九字，盖为忠仆之封号，上大夫念其忠诚，建庙奉祀，周武王感动之余说："似此之心可谓大夫也"，故土地公有戴宰相帽者。

明清以后民间又多以名人作为各方土地神。例如：清代翰林院及吏部所祀之土地神，传为唐代大文人韩愈。杭州太学一带，原是岳飞的故乡，于是太学就奉岳飞为土地神。现在的土地庙中常配祀有土地婆婆，其俗约起于南宋。

什么是城隍？

城隍，有的地方又称城隍爷。他是冥界的地方官，职权相当于阳界的市长。因此城隍就跟城市相关，并随城市的发展而发展。

城隍产生于古代祭祀而经道教演衍的地方守护神。城隍本指护城河祭祀城隍神的例规，形成于南北朝时，唐宋时城隍神信仰滋盛，宋代列为国家祀典，元代封之为佑圣王。明初，大封天下城隍神爵位，分为王、公、侯、伯四等，岁时祭祀，分别由国王及府州县守令主之。明太祖此举之意，"以监察民之善恶而祸福之，俾幽明举不得幸免"。城隍由护卫神变为阴界监察系统，道教因之而称城隍神职司为剪除凶逆，领治亡魂等。

城隍是如何出现的？

城隍，起源于古代的水（隍）庸（城）的祭祀，为《周宫》八神之一。"城"原指挖土筑的高墙，"隍"原指没有水的护城壕。古人造城是为了保护城内百姓的安全，所以修了高大的城墙、城楼、城门以及壕城、护城河。他们认为与人们的生活、生产安全密切相关的事物，都有神在，于是城和隍被神化为城市的保护神。道教把它纳入自己的神系，称它是剪除凶恶、保国护邦之神，并管领阴间的亡魂。

八仙都有些什么人？

八仙分别代表着男、女、老、少、富、贵、贫、贱，由于八仙均为凡人得道，所以个性与百姓较为接近，晚近为道教中相当重要的神仙代表。中国许多地方都有八仙宫，迎神赛会也都少不了八仙。俗称八仙所持的檀板、扇、拐、笛、剑、葫芦、拂尘、花篮等八物为"八宝"，代表八仙之品。文艺作品中以八仙过海、八仙献寿最为有名。现在的西安市有八仙宫（古称八仙庵），其主要殿堂八仙殿内奉八仙神像。

历史上出现过哪些八仙？

一、民间传说中道教的八个仙人：铁拐李、汉钟离、张果老、蓝采和、何仙姑、吕洞宾、韩湘子、曹国舅。

二、指容成公、李耳、董仲舒、张道陵、庄君平、李八百、范长生、尔朱先生。

三、指李白、贺知章、李适之、汝阳王、李琎、崔宗之、苏晋、张旭、焦遂。八人皆好饮酒赋诗，称为"酒中八仙人"。

四、指西汉淮南王刘安最为著名的八位门客：苏飞、吕尚、左员、田由、雷被、毛被、伍被、晋昌。相传刘安与

八人服食仙丹后，俱成仙体。故后人称此八人为"八公"或"八仙"。

无生老母是谁？

无生老母是明清时代民间宗教所创造出来的女神，宣扬她是世界上至高无上的女神。她既是造物主，又是救世主，她是人类的祖先，创造了宇宙与人类，同时又拯救沉沦于苦海中的后代，派释迦佛或弥勒佛或天真古佛等下凡，或自己亲自下凡救度众生。明清的民间宗教几乎都以无生老母作为最高神祇，"无生老母，真空家乡"成为民间宗教的"八字真言"。自从罗教提出无生老母这个神以后，许多教派也都以无生老母为自己的最高神。明清两代的几百种民间秘密宗教，绝大多数都直接或间接地奉无生老母为最高神。

厕神是怎么来的？

中国古代民间供奉的神明，可谓多种多样，连家家户户都有的茅厕，也供有神明，主管茅厕的神明叫"厕神"，而且还是位女性。

传说中的女厕神，名叫紫姑，唐代人，本姓何，名媚，字丽卿，自幼聪明好学，读书著文，长大后嫁给了一个唱戏的伶人做媳妇。

唐代武则天垂拱年间，寿阳刺史李景害死了何媚的丈夫，然后把她纳为侍妾，何媚年轻漂亮，在李景家中遭到原配妻子的嫉妒。不久，大老婆终于起了歹毒之心，于正月十五的夜间，将何媚杀死在茅厕里。何媚含冤而死，阴魂不散，李景每次上厕所，皆闻其啼哭之

声，何媚的身影还常常隐现，做出"手持兵刃、大声喝斥"的姿态。武则天闻知此事后，很同情紫姑的遭遇，便下令封何媚为"厕神"。

后来，世人按何媚的样子，做成纸人或木人，放在茅厕之中，每逢正月十五元宵节的晚上，一方面祭祀，一方面迎接厕神紫姑。

孟婆的传说是什么？

孟婆常驻在地狱的奈何桥边，她的职责，就是让所有前往投胎的鬼魂喝下孟婆汤，确保他们都不会记得自己的前世和地狱里的一切。据说，孟婆生于西汉时代，自小研读儒家书籍，长大后，开始念诵佛经。她还在世时，从不回忆过去，也绝不想未来，只是一心一意地劝人不要杀生，要吃素。一直到她八十一岁，依然是处女之身。她只知道自己姓孟，于是人称她为"孟婆老奶"。后来，孟婆老奶入山修行，直到后汉。因为当时世人有知前世因者，往往泄露天机，因此，上天特命孟婆老奶为幽冥之神，并为她造筑驱忘台。

也有传说，孟婆其实不是什么老奶奶一类的人物，而是一位绝世美女，孟婆初制孟婆汤的原因是为了忘记自己的过去，孟婆的唯一记忆是给在奈何桥上来来往往的幽魂送上一碗孟婆汤

在《阎王经》中说，鬼魂在各殿受过刑罚后，依序解送至下一殿，最后转押至第十殿，交付给转轮王。第十殿掌管鬼魂投生，凡被送到这里来准备投生的鬼魂，都会先被押到由孟婆神所掌管的驱忘台下灌饮迷汤，让鬼魂们忘却前生。

娼妓神的职责是什么？

过去妓女供奉的神明除通用神外，还有自己的专用神。最早的娼妓神，据称是春秋时的大政治家管仲。管仲是历史记载最早公开地、大规模地设倡者，所以被后世妓女奉为祖师与神明。除管仲外，古代娼妓还信奉白眉神，千百年来，娼妓对白眉神十分恭敬。

龙的形象是如何出现的？

在早期，古人对大多自然现象无法做出合理解释，于是便希望自己民族的图腾具备风雨雷电那样的力量，群山那样的雄姿，像鱼一样能在水中游弋，像鸟一样可以在天空飞翔。因此许多动物的特点都集中在龙身上，龙渐渐成了：骆头、蛇脖、鹿角、龟眼、鱼鳞、虎掌、鹰爪、牛耳的样子，这种复合结构，意味着龙是万兽之首，万能之神。

甲骨文中的龙有什么特点？

甲骨文"龙"字有形有声，既形象又高度概括。其一，兽以狰狞威猛著称，尤其长有獠牙巨齿的猛兽；层状闪电照亮云团时呈面状，与兽的面部相似，图中的兽首尤其着力刻画出牙齿，给人以苍天发怒的震撼力。其二，蛇的身体呈条形；条形闪电也呈条形。其三，蛇行走宛转曲折；条形闪电同样宛转曲折。其四，蛇隐蔽在阴暗的地方，现身突然；条形闪电隐身阴暗浓密的云层之中，现身更加突然。其五，蛇多剧毒，一击便会致人死命，非常恐怖，许多人甚至天生怕蛇；条形闪电同样极具威慑力量，闪电过后的雷声更加令人胆战心惊。人们见到猛兽或蛇时无不感到恐怖。甲骨文中用兽和蛇来形容龙，表示它是一种令人恐怖、令人敬畏的神秘力量。

凤凰的形象是什么？

凤凰，是中国神话传说中的神异动物和百鸟之王，也称为朱鸟、丹鸟、火鸟、鹍鸡等，在西方神话里又叫火鸟、不死鸟，形象一般为尾巴比较长的火烈鸟，并周身是火，估计是人们对火烈鸟加以神话加工、演化而来的。神话中说，凤凰每次死后，会周身燃起大火，然后其在烈火中获得重生，并获得较之以前更强大的生命力，称之为"凤凰涅槃"。如此周而复始，凤凰获得了永生，故有"不死鸟"的名称。凤凰和麒麟一样，是雌雄统称，雄为凤，雌为凰，其总称为凤凰，因此凤凰一词为合成词结构。凤凰齐飞，是吉祥和谐的象征。它跟龙的形象一样，愈往后愈复杂，有了鸿头、麟臀、蛇颈、鱼尾、纹、龟躯、燕子的下巴、鸡的嘴。自古以来凤凰就成了中华民族文化中的重要组成部分。凤凰在中国来说，是一种代表幸福的灵物。

什么是谶纬？

所谓的"谶纬"，其实是"谶"与"纬"的合称。"谶"是秦汉间的巫师、方士编造的预言吉凶的隐语、预言作为上天的启示，向人们昭示未来的吉凶祸福、治乱兴衰。谶有谶言、图谶等形式，如"亡秦者胡也"即为秦代的一句谶言。"纬"即纬书，是汉代儒生

假托古代圣人制造的依附于"经"的各种著作。东汉时流传的"七纬"有《易纬》、《书纬》、《诗纬》、《礼纬》、《乐纬》、《孝经纬》和《春秋纬》，皆以迷信方术、预言附会儒家经典。谶大概起源于先秦时期，《左传》中就有一些谶语的记载。纬则较为晚出，通常认为出现在西汉。后来谶、纬逐渐合流。

谶纬对政治产生了什么样的影响？

东汉初年谶纬大盛。东汉光武帝刘秀曾以符瑞图谶起兵，即位后崇信谶纬，"宣布图谶于天下"，谶纬之学遂成为东汉统治思想的重要组成部分，具有高度的神圣性。当时用人施政、各种重大问题的决策，都要依谶纬来决定；对儒家经典的解释，甚至也要向谶纬看齐。谶纬在汉代的流行，是与汉代思想界天人感应、阴阳灾异泛滥分不开的。谶纬与经学的结合，推动了汉代经学的神学化。

谶纬之学对东汉政治、社会生活与思想学术均产生过十分重大的影响，在东汉末年渐衰。

为什么谶纬会被禁止？

由于谶纬本就是人为制作的，可以被一些人利用来散布改朝换代的政治预言，统治者逐渐认识到其中的危险，魏晋以后屡加禁止。隋炀帝正式禁毁之后，谶纬之书大量散失。谶纬充斥着浓重的神学迷信色彩，注定不能与儒家经典长期并行，很快就从经学中被剥离了出去。但谶纬中并非全是荒诞的东西，

其中还含有许多天文、历数、地理等方面的古代自然科学知识。此外，像"君为臣纲，父为子纲，夫为妻纲"作为两千年中国君主专制社会的最高伦理规范，其最初的确切表达即是《白虎通义》从礼纬《含文嘉》中引来的。

狐狸在汉朝占据什么样的重要地位？

狐狸在先秦两汉的地位最为尊崇，与龙、麒麟、凤凰一起并列四大祥瑞之一。汉代石刻画像及砖画中，常有九尾狐与白兔、蟾蜍、青鸟并列于西王母座旁，以示祯祥。还有人总结说狐狸有三德：毛色柔和，符合中庸之道；身材前小后大，符合尊卑秩序；死的时候头朝自己的洞穴，是不忘根本。由此可以推论，狐狸在夏至汉两千多年的日子里，是生活得非常滋润的。

汉代以后，狐狸精作为祥瑞的地位急剧下降。先前对狐狸的好话全没了，剩下的都是些不体面的词，如狐疑、狐媚、狐臭之类，都快成为贬义词大本营了。长此以往狐狸精就成了生活作风出问题的代名词，成了著名的淫兽，至今仍未翻身。

嫦娥有什么来历？

嫦娥也叫姮娥，又有称其姓纯狐，名嫦娥。或许，嫦娥可能并没有背景，不过是普通的小家碧玉甚至村姑。她的脾气性格在各个版本的传说中是截然不同的，或贪婪或忠贞。但唯一可以认定的是，嫦娥是一个非常美丽的女子，这是大部分故事的先决条件，也是能够流

传至今的原因之一。

古代人为什么崇拜山神?

古人将山岳神化而加以崇拜。从山神的称谓上看山神崇拜极为复杂，各种鬼怪精灵皆依附于山。最终，各种鬼怪精灵的名称及差异分界都消失了，或者你中有我，我中有你而互相融合了，演变成了每一地区的主要山峰皆有人格化了的山神居住。虞舜时就有"望于山川，遍于群神"的祭制，传说舜曾巡祭泰山、衡山、华山和恒山。历代天子封禅祭天地，也要对山神进行大祭。祭山时大多用玉石和玉器埋于地下，也有用"投"和"悬"的祭法，即将祭品鸡、羊、猪或玉石投入山谷或悬在树梢。

在中国，有关山神的传说源远流长。成书于两千多年前的《山海经》，就已记载了有关山神的种种传说。《太平广记》里也收录了大禹因禁商章氏、兜庐氏等山神的故事。《五藏山经》里还对诸山神的状貌作了详尽的描述。

古代为什么对天象崇拜?

在中国古代，一般对异常天象的认识是：天文变异是因人事而致，并且预兆着新的社会变动，异常天象因而对社会生活产生了较大的影响。异常天象观的社会影响既受天文学发展的制约，又是一个时代政治、文化状况的综合反映，在不同的历史时期表现出不同的特征。

从春秋到清末，日食、月食、日月其他变异、彗星、流星、陨星、客星、五星守犯、星昼见等对农业生产没有直接影响，但被认为是不正常的天象，它们与水、旱、雹、大风、冬无雪、地震、山崩、蝗虫等直接影响农业生产造成物质损失的自然现象随着它们被观察到而相继被列入灾异的行列，对于当时的人们来说，这些事件具有相同的意义；而五星联珠、景星出现等少数不常见的天象与麟、凤、龟、龙、连理枝、嘉禾等同被视为符瑞。

什么是图腾?

图腾这个词是从外国翻译过来的，它主要是回答人类从哪里来的问题。古人并没有科学知识，用一种虚幻的想象来寻找自己最原始的祖先。于是找到了动物，找到了植物，找到了天体，各种各样。中国古代图腾崇拜多种多样，这是我们了解图腾的一个很重要的一个视角，就是不要把它单一化，各个不同的部族有不同的崇拜对象。同一个部族还可能有多种崇拜对象。第二个呢，图腾崇拜不是一成不变的，可以有最原始的图腾，然后有这个图腾依次分化出其他的一些图腾对象。摩尔根谈到古代社会，谈到北美依勒魁人，还有其他一些部落时候，都已经列举了这个现象。

中国图腾崇拜的形象有哪些?

图腾崇拜与远古时代母系社会的采集经济、渔猎经济有关。那时的人们整天与植物动物相伴，混沌相处，由此形成图腾崇拜。根据神话传说，中国东南沿海一带，诸多部落以鸟为图腾；中原一带部落，多以两栖动物或鱼类为图腾；西北高原，则多以野兽为图腾。从历史来看，图腾标记有一个从单一向综

合的演化过程。最早的图腾形象往往是蛇、鹤、熊、尧单一物，以后被神化成为一种综合性的幻想物，如龙兼有蛇、兽、鱼等多种动物的形态，凤兼有鹰、孔雀、金翅鸟等多种鸟的特征。

佛教是怎么融入中国本土文化的？

公历纪元前后，佛教开始由印度传入中国，经长期传播发展，而形成具有中国民族特色的中国佛教。由于传入的时间、途径、地区和民族文化、社会历史背影的不同，中国佛教形成三大系：汉传佛教（汉语系）、藏传佛教（藏语系）和云南地区上座部佛教（巴利语系）。

佛教的传入和发展大约在两汉之间，佛教开始传入汉地（约在公元纪元前后）。据文献记载，佛像可能与此同时传入。但在中国西部的新疆地区（古代称之为西域），佛教和佛教艺术的传人则更要早一些。印度的佛教艺术，经过中国的艺术家和民间工匠的吸收、融合和再创造，形成了更具中国特点的佛教艺术，从而更容易在中国社会流传和发展。形式多样的佛像，主要是作为佛教徒供奉和礼拜的对象，因此佛像艺术的发展和流行，基本上是伴随着中国佛教的兴衰而兴衰，两者之间的密切关系是显而易见的。

魏晋时期的佛教是如何迅速发展的？

两晋南北朝时期，中国佛教艺术开始飞跃发展。这是中国社会大动荡的时代。来自印度的佛教思想在中国迅速发展，与中国传统文化有了更大的交流。

这种交流不仅对中国思想史的发展有重大意义，而且对中国美术和雕塑艺术的发展也起了极大的促进作用。在绘画方面，顾恺之、陆探微和张僧繇等画家，一方面继承了中国传统的汉画的技艺和风格，一方面又受到了来自印度、西域的佛教绘画表现手法的影响，在绘画理论和表现手段方面，取得了划时代的成就。这一时期的绘画、雕塑等艺术作品中出现的人物形象，大多面目清瘦、褒衣博带，神采飘逸，这基本上是南朝士大夫生活理想和审美情趣的真实写照。由此而形成的"秀骨清相"的风格，成了具有明显时代特征的南朝画风的代表。

什么是佛？

"佛"是梵文"佛陀"的音译简称，也有译作"浮屠"、"浮图"、"勃驮"、"没驮"的，汉语意思是"觉者"、"知者"、"觉"。佛教徒将"佛"作为对释迦牟尼的尊称。小乘之佛，专指释迦牟尼，大乘之佛，泛指一切能"自觉"、"觉他"、"觉行圆满"者，除释迦牟尼外，如过去有七佛、燃灯佛，未来有弥勒佛，东方香积世界有阿閦佛，南方欢喜世界有宝相佛，西方安乐世界有无量寿佛，北方莲华庄严世界有微妙声佛等。

什么是菩萨？

菩萨有五智：一，通达智。能通达觉梦诸法。二，随念智。能忆持过去的事情而不忘记。三，安立智。能建立正行并修习其他。四、和合智。能观一切法道随缘和合。五，如意智。能随意之所欲而无不满足。菩萨虽然神通广大，但毕竟只具备"自觉"、"觉他'，尚缺"觉行圆满"，因此在佛界居第二等级。地藏菩萨，前身曾是一个名叫"光目"的女子，每逢其母亡日，供养一尊罗汉。后来知道母亲堕在恶趣，便发誓愿说："我自今救拔一切众生，一切尽成佛后，我方成正觉。"依此大誓愿，得以救拔母亲出苦海，而地藏自己，则因人世尚有受苦众生，地狱尚有各种磨难，自感"觉行尚未圆满"，所以至今尚未成佛。

什么是佛藏？

佛藏就是大藏经，也是汇集佛教一切经典成为一部全书的总称。古时也称作"一切经"。因为内容主要是由经，律，论三部分组成，因此又称"三藏经"，简称"藏经"。其中，经是佛为指导弟子修行所说的言教；律是佛为他的信徒制定的日常生活所应遵守的规则；论是佛弟子们解释和研究教义的著述。"藏"有容纳，收藏的意思，是印度梵语的意译。

藏传佛教的历史是什么？

公元7世纪密教传入西藏以后，加入了本地固有的宗教成分"苯教"，成为现在的藏传佛教。为了区别于一般的佛教，而被称为喇嘛教。

藏语系佛教开始于7世纪中叶，当时的藏王松赞干布迎娶尼泊尔尺尊公主和唐朝文成公主时，两位公主分别带去了释迦牟尼8岁等身像和释迦牟尼12岁等身像，以及大量佛经。松赞干布在两位公主影响下皈依佛教，建大昭寺和小昭寺。

8世纪中叶，古印度佛教后期变质过的坦特罗性力派的密教又直接从印度传入西藏地区。10世纪后半期喇嘛教正式形成，到13世纪中，开始流传于蒙古地区，此后的300多年间，形成了各具特色的教派。随着喇嘛教在西藏的发展，上层喇嘛逐步掌握地方政权，最后形成了独特的、政教合一的藏传佛教。

藏传佛教有什么含义？

藏传佛教有两层含义：一是指在藏族地区形成和经藏族地区传播并影响其他地区（如蒙古、锡金、不丹等地）的佛教；二是指用藏文、藏语传播的佛教，如蒙古、纳西、裕固、土族等民族即使有自己的语言或文字，但讲授、辩理、念诵和写作仍用藏语和藏文，故又称"藏语系佛教"。

和尚、尼姑的称呼是怎么来的？

"和尚"是男性出家佛教徒，又叫和上。东汉时期还没有这种称呼。律家用上字，其余多用尚字，本是印度的俗语，叫吾师云乌社，至于阗国等则称和社，和阇等，和尚不过是讹传罢了。

"尼姑"是女性出家佛教徒。印度用尼音，代表女性，有尊贵的意思，不限佛教的出家女性所专用。佛教的出家女性，刚出家未受比丘尼戒的叫沙弥尼，已受比丘尼戒的叫比丘尼，意思是女沙弥及女比丘。东汉时有女佛教徒，但还没有"尼姑"这个名称，直到东晋时才开始出现"尼姑"之称。

什么是罗汉？

罗汉，阿罗汉的简称，最早是从印度传入我国的。意译上有三层解释：一说可以帮人除去生活中一切烦恼；二说可以接受天地间人天供养；三说可以帮人不再受轮回之苦。就是杀贼、应供、无生，是佛陀得道弟子修正最高的果位。罗汉者皆身心六根清净，无明烦恼已断，已了脱生死，证入涅槃，堪受诸人天尊敬供养。于寿命未尽前，仍住世间梵行少欲，戒德清净，随缘教化度众。

佛教之中有哪些罗汉？

藏传佛教崇奉的罗汉有十大弟子、十六尊者和十八罗汉。十大弟子常见的主要是迦叶、阿难和舍利弗、目犍连两组，常作为释迦牟尼的胁侍出现。十六尊者是十六位受释迦牟尼佛嘱咐往世不涅的已证得阿罗汉果的佛弟子，十八罗汉是在十六尊者的基础上加上羯磨札拉和布袋和尚而构成的。

在中国寺院中常供有十六罗汉、十八罗汉和五百罗汉。十八罗汉乃世人于宋代于十六罗汉外另加降龙、伏虎二罗汉。有的则加入达摩多罗和布袋和尚，西藏地区则加入了摩耶夫人和弥勒。而五百罗汉，通常是指佛陀在世时常随教化的大比丘众五百阿罗汉，或佛陀涅槃后，结集佛教经典的五百阿罗汉。

十六罗汉分别是谁？

五代时高僧贯休大师，所绘的十六罗汉像姿态不拘，形骨奇特，胡貌梵相，曲尽其志，为罗汉画像中之名作。罗汉像因无经典仪轨依据，会随各代的艺术家来创作表现。通常是剃发出家的比丘形象，身着僧衣，简朴清净，姿态不拘，随意自在，反映现实中清修梵行，睿智安详的高僧德性。

据法住记所载，十六尊罗汉承佛敕命，永住世间守护正法，分别是：一宾头卢跋罗堕阇、二迦诺迦伐蹉、三迦诺迦跋厘堕阇、四苏频陀、五诺矩罗、六跋陀罗、七迦理迦、八伐阇罗弗多罗、九戍博迦、十半托迦、十一罗怙罗、十二那伽犀那、十三因揭陀、十四伐那婆斯、十五阿氏多、十六注荼半托迦。此外盛传于世的十八罗汉，即十六罗汉外再加绘达摩多罗尊者与布袋和尚，或降龙、伏虎二尊者。

弥勒佛的原型是什么？

弥勒形象在中国历史上有三个：第一个形象出现在十六国时期，是交脚弥勒菩萨形象。该形象依据弥勒上生经，说他本是世间的凡夫俗子，受到佛的预记，上生兜率天，成为登十地成等正觉得菩萨，演说佛法，解救众生。第二个形象出现在北魏时期，演变为禅定式或倚坐式佛装形象。该形象依据弥勒下生经，说他将由兜率天，下到人世间，接替释迦牟尼佛进行教化，由菩萨变为未来佛。第三个形象在五代开始出现，再演变为咧嘴长笑、身荷布袋、袒胸露腹、盘腿而坐的胖和尚形象。该形象依据后梁时期一个自称弥勒化身的僧人契此的模样。最后这个形象不再具有以前形象那种庄严凝重的宗教意蕴，变得随和，贴近生活。可以由人随意调侃、揶揄，这是弥勒世俗化的必然结果。

文殊菩萨是谁？

文殊菩萨，也称文殊师利或曼殊师利。意译：妙德，妙吉祥。又译：妙首，普首，濡首，敬首。曼殊是妙之意，师利是吉祥之意，简称为文殊。是中国佛教四大菩萨（文殊菩萨、普贤菩萨、观音菩萨、地藏菩萨）之一。文殊菩萨和普贤菩萨为释迦牟尼佛的左、右胁侍，他们合称为"华严三圣"。文殊菩萨智慧、辩才第一，为众菩萨之首，被称为"大智文殊菩萨"。

文殊菩萨的道场是哪里？

山西省五台山是文殊菩萨的道场。此山在五台县东北，离县城一百二十里，五峰环抱，顶无森林，如垒土之合，因名五台山。地居边境，寒冷异常，无炎暑之热，又名清凉山。古之丛林，今之佛刹，皆在中台之下，其南台离中台八十里，台高三十里，顶周二里，金莲名菊，灿发如锦，亦名锦绣峰，世传是文殊菩萨所居。文殊菩萨诞辰纪念日：农历四月初四。

文殊菩萨的形象有哪些？

文殊菩萨的形象，通常是手持慧剑，骑乘狮子，比喻以智慧利剑斩断烦恼，以狮吼威风震慑魔怨。文殊菩萨形象多变，依照其形象，可分为一字、五字、六字、八字文殊，其中最常见的是五髻文殊。五髻文殊是因头顶绑了五个髻而得名，这五髻代表的是五种智慧。一般右手握"智慧剑"，左手持的莲花上放置"般若经"。智慧之利剑表示能斩断种种愚痴，智慧犀利如剑；青莲花则代表纯洁无染，花上放有般若经，作为智慧与慈悲的象征。菩萨亦常乘坐狮子坐骑，表示智慧威猛无比；或以莲花为台座，代表清净无染；或驾乘金色孔雀，比喻飞扬自在。

佛教中的龙女是怎么来的？

龙女是"二十诸天"中第十九天婆竭罗龙王的女儿，聪明伶俐，八岁时偶听文殊菩萨在龙宫说《法华经》，豁然觉悟，通达佛法，发菩提心，遂去灵鹫山礼拜佛陀，以龙身成就佛道。

一天，智积菩萨与文殊菩萨研究女人成佛事。文殊菩萨提到龙女能八岁成就佛法，于刹那间，发菩提心，即成正果之事，智积正大惑不解时，龙女突然显法力，出现在他们的面前，并向智积稽手。

站在旁边的十大弟子之一的，号称"智慧第一"的舍利弗见如此，不平地说："你这么快能证得佛法，真的难以置信，更何况女人身体很脏，根本没有资格成佛。"龙女立刻拿出一颗价值三千大世界的宝珠，现给佛陀，佛陀笑眯眯地接了宝珠，龙女问："佛陀接宝珠快乐吗？"舍利弗回答说："快乐极了"。龙女说："成佛也是这么快。"说完龙女马上变成男相，飞往南方无垢世界去了，龙女成佛后，便在观世音菩萨身旁作了胁持。

观世音菩萨是怎么来的？

观世音菩萨也称为观自在菩萨，和阿弥陀佛、大势至菩萨合称为西方三圣，是西方极乐世界的三位主人。观世

音菩萨应该是在东汉末年传入中国，在东汉末年支曜译的《成具光明经》中已提及观世音的名号，但当时社会上尚未产生对观世音的信仰。观世音信仰的形成是佛教发展到一定历史阶段的产物。

在古印度佛教雕塑和我国早期观音造像中，其都是男性，并且嘴唇上还长着两撇漂亮的小胡子。南北朝后期，我国才出现了女性观音像，盛行刚在唐朝以后，至于观世音菩萨在此世界多现女身，其中道理在于佛教在中国社会普及后女信徒的增加，及观音菩萨宣扬的救苦救难的精神与中国儒家所谓的仁义精神有关系。

佛教的僧衣颜色有什么规定？

佛教的僧衣，在使用颜色方面很有讲究，主要有以下两项规定：一不许用上色或纯色，如纯青、黄、赤、白、黑和黄蓝、郁金、落沙、青黛等颜色；二在衣服上，尤其在新制的衣服上，必须点上一块别的颜色，称为“坏色”。

坏色衣，一般是佛陀教导弟子们用树皮煮汁，或用污泥渍污，而且在新衣之上，必定另外加旧衣的“贴净”，就是用旧衣的旧布，在新衣上加贴一块，以示坏“式”。还有一种坏色的方法，叫做“点净”，就是在新衣的任一已染的颜色之上，另外用其他颜色将纯一染色的新衣，点上一块色渍。

不同级别的僧人的袈裟有什么不同？

戒律中规定，比丘的衣服，允许有青、黑、木兰（近似熟桑葚色或咖啡

色）的三种颜色，仍非旧色，必须以本色之外的两种颜色点净之后，方始算是坏色。如果是青色衣，须以黑与木兰色点净；如果是木兰色衣，须以青与黑点净。坏色在梵文中，音译为“袈裟”，译成“不正、坏、浊、染、杂”等等，所以凡是不正的、染坏的、都可以称为袈裟。袈裟本意是一种草，引申为由这种草取汁染色而成的“赤褐色”，再进一步才引申出“不正色”。佛陀规定弟子们应该穿坏色衣，不得穿正色或者显色衣，所以僧衣名为“袈裟”。其实，袈裟不但可以称呼僧衣，也可以称呼其他东西，如食物的五味道之外的杂味或坏味，便可称为“袈裟”。可见，袈裟一词，不光是佛教的僧衣所专用。

后来，不同部派开始穿不同颜色的衣服，如《舍利弗问经》说，萨婆多部着皂色衣，摩诃僧祇僧着黄色衣，弥沙赛部着青色衣，昙无德部着赤衣，迦叶维部着木兰衣。这是通过三衣的颜色不同，来表示自己的宗派。虽然五部的衣着不同，但原来的赤色袈裟在五部中通用。

和尚剃发有什么含义？

和尚剃发有三重含义，一是按佛教的说法，头发代表着人间的无数烦恼和错误习气，削掉了头发就等于去除了烦恼和错误习气；二是削掉头发就等于去掉人间的骄傲怠慢之心；三是去除一切牵挂，一心一意修行。

和尚为什么要烧戒疤？

佛教刚刚传入中国时，其他仪式还没有发展起来，所以只要剃掉头发，

披上类似袈裟的粗布衣服就可以当和尚了。有的和尚头顶上有一些经香火烧灼而留下的疤痕，这是汉地佛教出家人的一种明显的外在标志，于是很多人都误认为凡和尚都要烧戒疤的。在一些扮演唐宋时代故事的电影或电视片里，出现在银幕或屏幕上的和尚们煞有介事地"烧"上了戒疤，凡稍有佛教历史知识的人看了，都感到十分可笑。佛教是不兴烧戒疤的，佛教的戒律中，并没有在受教人头顶上烧戒疤的规定。因此，除了汉地的和尚以外，世界各国和中国少数民族的和尚是看不到戒疤的；即使是中国汉族出家人，凡是在宋朝以前受戒的，头顶上也不会出现戒疤。

烧戒疤的习俗，据说起源于元代。元代初年，有一位志德和尚（1235-1322年）曾受到元朝皇帝世祖忽必烈的尊重。他传戒时，规定受戒者每人燃香于头顶，受沙弥戒的燃三柱香，受比丘戒的燃十二柱香，作为终身之誓。这样一个小小的发明，后来居然悄悄地流传开来，并且世代传袭下来。

这当然是一种残害身体的陋习，是汉地佛教文化的小小的土特产。从这里我们也可以看到汉地佛教文化圈的一点特色，简单地说，就是佛教发展到后期，"大众信仰"比极少数思想家（佛学家）所构成的"精英文化"拥有强大得多的能量。

四海龙王分别是谁？

《太上洞渊神咒经》中有"龙王品"，列有以方位为区分的"五帝龙王"。以海洋为区分的"四海龙王"，以天地万物为区分的54名龙王名字和62名神龙王名字。唐玄宗时，诏祠龙池，设坛官致祭，以祭雨师之仪祭龙王。宋太祖沿用唐代祭五龙之制。宋徽宗大观二年（1108年）诏天下五龙皆封王爵，封青龙神为广仁王，赤龙神为嘉泽王，黄龙神为孚应王，白龙神为义济王，黑龙神为灵泽王。清同治二年（1863年）又封运河龙神为"延庥显应分水龙王之神"，令河道总督以时致祭。在《西游记》中，龙王分别是：东海敖广、西海敖钦、南海敖润、北海敖顺，称为四海龙王。由此，龙王之职就是兴云布雨，为人消灭炎热和烦恼，龙王治水成了民间普遍的信仰。道教《太上洞渊神咒经》中就称，元始天尊乘五色云来临国土，与诸天龙王等宣扬正法，普救众生，大雨洪流，应时甘润。

龙王神诞之日，各种文献记载和各地民间传说均有差异。旧时专门供奉龙王之庙宇几乎与城隍、土地之庙宇同样普遍。每逢风雨失调，久旱不雨，或久雨不止时，民众都要到龙王庙烧香祈愿，以求龙王治水，风调雨顺。

佛教之中的"八戒"是什么？

八戒是佛教中的要求，内容包括：一戒杀生，二戒偷盗，三戒淫，四戒妄语，五戒饮酒，六戒着香华，七戒坐卧高广大床，八戒非时食。同时八戒也是经典名著《西游记》中的人物。

佛教之中的"四谛"分别是什么？

四谛就是指痛苦（苦）、痛苦的原因（集）、消灭痛苦（灭）、消灭痛苦

的方法（道）。

苦谛：是三界内的苦果，苦有三苦、八苦、无量诸苦。

集谛：是三界内的苦因，集意谓集聚，把见惑八十八使，和思惑八十一品的烦恼，统统集聚起来而成业因，随业感报，所以招感苦谛三苦，八苦，无量诸苦的苦果。见惑就是由知见方面所产生业因。见惑是以身见、边见、邪见、见取见、戒禁取见的五利使为主体。

灭谛：是出世的果，灭是寂灭，就是罗汉所证的寂灭涅槃。他们在因地之中修行三十七助道品，断除了见思烦恼之惑，灭除了分段生死之苦，所以证入不生不灭的有余依和无余依涅槃乐果，这叫做灭谛。

道谛：是出世的因，道是道品，就是三十七助道品。四念处，四正勤，四如意足，五根五力，七菩提分，八正道分。这个三十七助道品，是大乘、小乘共修法门，不但小乘阿罗汉可依此修行，就是大乘菩萨也要依此道品修行。但是修法不同，理论不同，观点不同。以四谛为例，就有生灭四谛，无生四谛，无作四谛，无量四谛，渐次增进，步步高升。

佛像根据身份可以分为哪几种？

在众多的佛像中，依其身份的不同，一般可分为四种部类：佛部、菩萨部、明王部、及诸天部。

佛部。佛像因为是以历史上的释迦牟尼为基本造像，因此大都以出家修行者的姿态来表现。除身披袈裟之外，佛像身上并无其他严身的装饰。但是，在强调佛陀是超越凡夫的观念影响下，

三十二相、八十种好的特征，就逐渐表现在佛像身上了。

菩萨部。菩萨是实践"上求菩提，下化众生"的无上菩提誓愿者。在尊像的配置上，当佛陀为主尊时则菩萨常位于佛陀的两侧，成为胁侍。但菩萨也常成为主尊，作为主要的仰敬对象。

明王部。明王又称持明王、威怒王。以激烈的愤怒形表现，是以调伏外敌为目的而成立，其服制及严身具类同菩萨，但却多以多面多臂，及髑髅蛇等为环钏而表现出愤怒相。

诸天部。天部诸神本来为异教神祇，后来被吸收成为佛教的护法神。此类尊像，大体依其神格而有各式各样的形象。

佛像根据形象可以分为哪些种？

佛像造像的形象，在大体上可分为：如来形、菩萨形、声闻形、童子形、天女形、愤怒形、神王形、天人形、鬼形及畜形。

如来形，具有三十二相、八十种好，顶部有圆形隆起的肉髻，这是佛陀特有的无见顶相。发型如同螺发，或是波状发，除了身披袈裟外，不以宝冠、环钏等庄严具来严饰其身。

菩萨形，一般是以在家相为主，大多是身着覆裙，肩披天衣，头戴宝冠，并以耳环、颈饰、璎珞、腕钏、臂钏、足钏等，严饰其身。

声闻形，剃头发，身披三衣，与佛形象似，但头上并无肉髻，所以极易与佛陀像区别。

童子形，是以顶上结发，容貌看起

来如同可爱的青少年形貌来展现。

天女形，以丰满健美的形象，来表现女性的菩萨或天女优美超绝的形象。

、愤怒形——即现起最极愤怒的形象，有时是以蛇为璎珞，或是以虎皮为裙，手持剑、轮等各种武器兵杖，以降伏诸魔。

神王形，这是身着甲胄的护法善神。

天人形，示现欢喜慈和相的诸天。

鬼形，夜叉、罗刹及诸鬼众。

畜形，佛教鸟兽的形象。

南无阿弥陀佛是什么意思？

"南无"，是梵文那谟，也被译作"南谟"等。意思是致敬、归敬、归命。是佛教信徒一心归顺于佛的用语，常用来加在佛、菩萨的名称或经典题名之前，表示对佛、法的尊敬和虔信，如南无喝罗、南无三宝等。"阿弥陀佛"，是大乘教佛名。据说阿弥陀佛原为国王，后放弃王位，出家为法藏比丘后，发了四十八个愿，而成正觉。

"南无阿弥陀佛"是佛教术语，意思是"向阿弥陀佛归命"。诵读此语即谓"念佛"。名字来源于梵语音译，"阿弥陀"在梵语中为"无量"或者"无穷大"的意思，"南无"为梵语"皈依"的意思。快要死的人念"南无阿弥陀佛"，他将带你的灵魂去极乐世界。它的意思是"无量光"、"无量寿"等等意思，等等是指阿弥陀佛的智慧、慈悲、神通无量无边，语言无法说清。

天台宗的思想是什么？

中国佛教最早的宗派是天台宗，因创始人智顗常住浙江天台山而得名。其教义主要依据《妙法莲华经》，故亦也称法华宗。天台宗学统自称是龙树、慧文、慧思、智顗、灌顶、智威、玄朗、湛然九祖相承。该宗思想，虽肇于龙树，实则启蒙于北齐慧文。他从《大智度论》卷二十七关于解释《大品》"道种智"、"一切智"和"一切种智"之文，悟解到三智"一心中得"的道理，又结合《中论·观四谛品》的三是偈，确立了一心中观空、观假、观中的"一心三观"理论。慧思继承此说，并结合《妙法莲华经》要义，又阐发"诸法实相"之说，慧思兼重定慧，实为以后天台宗止观双修的起缘。后慧思传智顗，智顗再发挥，终于形成以"一念三千"和"三谛圆融"为中心思想的独立学派。

该宗是中国佛教最早创立的一个宗派。它集合南北各家义学和禅观之说，加以整理和发展而成一家之言，当时得到朝野的支持和信奉，对隋唐以后成立的各宗派多有影响。元明以后，该宗学者往往兼倡并净土，形成"教在天台，行归净土"之风。该宗在汉族地区虽几经兴衰，但仍延续至今不绝。

天台宗有什么样的影响？

智顗传教的宗旨，一改当时南义北禅的佛教学风。著作主要有《法华玄义》、《法华文句》、《摩诃止观》，世称天台三大部。弟子灌顶得其真传，作《涅槃玄义》和《涅槃经疏》，很有发挥。灌顶以后，四传到湛然，以中兴天台宗为己任，对天台三大部都有翔实注解，发挥三谛圆融的义理。又针对华严宗、法相宗和

禅宗，写了《法华五百问论》和《止观义例》等著作，提出了无情有性的观点，虽不免门户之见，但对天台宗以后的发展有很大影响。湛然的弟子有道邃、行满等。经过会昌禁佛和五代之乱，典籍湮没殆尽，遂一蹶不振。道邃下五传弟子义寂，通过吴越王钱俶遣使到高丽、日本访求天台宗典籍，高丽派谛观送来教典等，才使该宗学说得以延续和发展。义寂的再传弟子知礼，因受同学之请，撰《释难扶宗记》，驳同门另一僧人晤恩等以《金光明经玄义》广本为伪作而引起了一场历时七年的山家、山外之争。争论的焦点是：真心观还是妄心观，色法具否三千等问题。山家主张妄心观与色心共具三千；山外相反，主张真心观，色法不具三千。山外的主张有些接近华严宗的教观，被山家斥为不纯，不久即衰。这次争论记载在《四明十义书》中。天台宗在元、明两代式微。明末有智旭自"私淑台宗"，著《法华会义》等多种，对天台教观颇有发挥。晚近有谛显著《大乘止观述记》等十余种。

专修净土法门的佛教宗派是什么？

专修净土法门的佛教宗派是净土宗。净土宗，佛教宗派之一，因专修往生阿弥陀佛极乐净土的念佛法门而得名。该法门以信愿念佛为正行，净业三福、五戒十善为辅助资粮。净土信仰是佛教的基本信仰，大乘各宗多以净土为归，但在印度早期并未成为专门的宗派。佛法东来，东晋时代，慧远大师在庐山东林寺建立莲社，提倡专修该往生净土的念佛法门，又称莲宗或"远公白莲社"。成立专修念佛的净土法门是佛教净土信仰在我国初始弘

传的结果，是佛教文化与中国文化碰撞交融的产物。唐代善导大师也是净土法门的重要倡导与推动者，被后人奉为净土宗第二代祖师。该宗历代祖师并无前后传承法统，很多还是其他宗门教下的大祖师，均为后人据其弘扬净土贡献推戴而来。按近代印光大师所撰《莲宗十二祖赞》，以慧远、善导、承远、法照、少康、延寿、省常、袾宏、智旭、行策、实贤、际醒为莲宗十二祖。其中前九祖和《莲宗九祖传略》大致相同，后印光大师也被教界尊为净土宗第十三代祖师。

宣扬"法界缘起"的佛教宗派是什么？

宗教宣扬"法界缘起"的宗教是华严宗，华严宗又称贤首宗、法界宗、圆明具德宗。为中国十三宗之一，日本八宗之一。本宗依《大方广佛华严经》立法界缘起、事事无碍的妙旨，以隋代杜顺和尚为初祖。本宗依《华严经》立名，故称华严宗。

华严宗是如何形成的？

东晋时，印僧佛陀跋陀罗在扬州道场寺译《华严经》，以及其他诸师的讲传疏解。唐杜顺和尚悟入华严法界，始倡华严宗。著有《法界观》，《五教止观》，发扬华严法门。初传智俨，作《华严经搜玄记》十卷，发明十重玄门，以六相融会之。次传至贤首大师，作《探玄记》、《游心法界记》、《一乘教义分齐章》等，总判释尊一代教化为五时八教，集华严宗之大成。武后时，实叉难陀重译《华严经》四万五千偈，世人称

为新经。当时清凉大师澄观作《华严经大疏钞》，博大精微，总括小大行相，无倚无偏，大振华严宗风。清凉法嗣宗密，原为禅宗学者，改宗华严，著有《原人论》，禅教并重。其《圆觉经疏钞》，与清凉思想一以贯之。

华严宗所依经典：一、《大方广佛华严经》六十卷晋佛陀跋陀罗译又称旧译华严。二、《大方广佛华严经》八十卷唐实叉难陀译又称新译华严。三、《大方广佛华严经》四十卷唐般若译又称后译华严。

哪个佛教宗派主张修习禅定？

主张修习禅定的宗派是禅宗，又称宗门，汉传佛教宗派之一，始于菩提达摩，盛于六祖惠能，中晚唐之后成为汉传佛教的主流，也是汉传佛教最主要的象征之一。汉传佛教宗派多来自于印度，但唯独天台宗、华严宗与禅宗，是由中国独立发展出的三个本土佛教宗派，其中又以禅宗最具独特的性格。禅宗祖师会运用各种教学方法，以求达到这种境界，这又称开悟。其核心思想为：透过自身实践，从日常生活中直接掌握真理，最后达到真正认识自我。

达赖的称号有什么含义？

达赖与班禅是藏传佛教格鲁派的两大活佛达赖与班禅的称号，其实并非藏语所固有。达赖的全称是"西天大善自在佛所领天下释教普通瓦赤喇怛喇达赖喇嘛"。这个称号是1653年清朝顺治帝册封给五世达赖的，这个封号里面融合了汉、藏，蒙，梵四种语言，"西天大善自在佛

所领天下释教"是汉语，明朝时一般用来册封西藏法王的。"普通"是汉语的佛教译语，有时也译为"圣识一切"和"一切智"，是对显宗僧侣的最高尊称。"瓦赤喇怛喇"则梵语的译音，有时也译作"多吉锵"或"朵耳只唱"，意思为"持金刚"，是对密宗僧侣的最高尊称。"达赖"是蒙古语"大海"的意思，而"喇嘛"则是藏语"上师"的意思。

达赖的称号是怎么来的？

达赖不是藏族人民封赠的而是由蒙古贵族授予的。格鲁派的创始人宗喀叭有两大弟子在他死后继承其弘教事业，一个叫克珠杰，创建稳根寺，被称为"稳根朱古"，"朱古"是藏语"活佛"的意思，藏传佛教中视他为无量光佛的化身，世世转世，他就是后来班禅的前身。此人留待后面再述。另一弟子名叫根敦珠，创建哲蚌寺，被称为"哲蚌朱古"，藏传佛教中视他为观音菩萨的化身，世世转世，他就是后来达赖的前身。根敦珠圆寂后，由根敦嘉措接任活佛，根敦嘉措圆寂后，由索南嘉措接任，这时已到了明朝中后期。

格鲁派在西藏属于新兴教派，自创派以后，发展迅猛，引起了其他各派的不满，索南嘉措时期，西藏当权者辛霞巴打压格鲁派，格鲁派处境困难。1578年，蒙古历史上著名的俺答汗信奉佛教，派人在清海恰巴恰恰地方修建"仰华寺"，并迎请索南嘉措前往讲法，索南嘉措遂远赴青海与俺答汗相会，双方相得甚欢，会上俺答汗给索南嘉措上尊号为"圣识一切瓦齐尔达赖喇嘛"，"瓦齐尔"就是清朝顺治帝册封五世达赖的"瓦赤喇怛喇"，也就

是"持金刚"的意思。此后，俺答汗又接受明朝的册封，遂又致书明庭请求册封索南嘉措，1587年明朝派人册封索南嘉措为"朵耳只唱"。这就是达赖得名之始，其后索南嘉措这一支转世系统就沿用达赖这一称号了。

班禅的称号是怎么来的？

1447年，根敦珠在后藏贵族的帮助下修建了一座大寺，成为后藏地区的格鲁派中心寺院，到明朝末年，罗桑确吉坚赞接任该寺寺主，并将寺名改为"札什伦布"，意为"须弥福寿"。后来罗桑确吉坚赞与五世达赖一起帮助顾实汗取得西藏的统治权，1645年顾实汗遂将后藏地区赠予札什伦布寺，并给寺主罗桑确吉坚赞上尊号为"班禅博克多"。"班禅"的意思是"大学者"，"班"是梵语"学者"一词的音译"班智达"的简写，"禅"是藏语"大"的音译，"博克多"则是蒙古语"智勇双全的人"的音译，此后札什伦布寺寺主专有"班禅"称号，成为与达赖同级的大活佛。罗桑确吉坚赞自称四世班禅，追认之前的三任寺主分别为一、二、三世班禅。罗桑确吉坚赞圆寂之后由罗桑益西接任，是为五世班禅。1713年，因平乱有功，清朝政府正式册封罗桑益西为"班禅额尔德尼"。"额尔德尼"是满语"大慧宝珠"的音译。此词原本为梵语，后借入蒙古语中，满语又是从蒙古语借来的。从此，班禅名号获得中央政府认可。

基督教在中国经历了什么样的发展历程？

基督教，是一个相信耶稣基督为救世主的一神论宗教。唐太宗贞观九年（635年），基督教开始传入中国，但当时传入中国的是当年一度被认为是异端的聂斯托利派（中国称景教，现称"东方亚述教会"），后来在唐朝会昌五年（845年）被禁止传播。元朝时基督教（景教和罗马公教）又再次传入中国，称为"也利可温"（蒙古语"有福缘的人"），元朝灭亡后又中断了。明朝万历十年（1582年），天主教耶稣会派来利玛窦，他被允许在广东肇庆定居并传教，曾一度成功地使天主教在中国得以立足。

清朝雍正五年（1727年），东正教开始在中国传播。1807年，新教派遣马礼逊来华传教，新教也开始在中国传播。鸦片战争以后，基督教以沿海通商口岸为基地迅速发展。1843年，洪秀全借助基督教的教义，自称是耶稣的弟弟，建立"拜上帝会"，后来建立太平天国（1851年-1864年）。

基督教、佛教、伊斯兰教是世界三大宗教，估计现在全球共有15亿至21亿的人信仰基督教，占世界总人口25%-30%。最早期的基督教只有一个教会，但在基督教的历史进程中却分化为许多派别，主要有天主教（中文也可译为公教、罗马公教）、东正教、新教（中文又常称为基督教）三大派别，以及其他一些影响较小的派别。中文的"基督教"一词有时被用于专指基督新教，这似乎是中文的特有现象。

第六章　地理名胜

我国最早的地图是什么？

据史籍记载，早在公元前一千多年以前，我国就诞生了地图。《左传》就有说，在夏朝极盛时期，远方的人把地貌、地物以及禽兽画成图，而九州的长官把图和一些金属当作礼品献给夏禹，禹收下"九牧之金"铸成鼎，并把远方人画的画铸在鼎上，以便百姓从这些图画中辨别各种事物。文中的"百物而为之备"，很明显说明是供牧人、旅行者使用的图。可惜，原物流传至两千多年前的春秋战国时，因战乱被毁而失传。据宋代思想家朱熹推断，后来的《山海经图》是从夏代九鼎图像演变而来的，也是一种原始地图。在《山海经图》的"五藏三经图"上，画着山、水、动物、植物、矿物等，而且注记着道里的方位，是较规范的地图形式。可以说，中国在夏代已经有了原始的地图。

剑门关位于哪里？

剑门关位于四川省广元市剑阁县城北30公里处。它居于大剑山中断处，两旁断崖峭壁，直入云霄，峰峦倚天似剑；绝崖断离，两壁相对，其状似门，故称"剑门"。享有"剑门天下险"之誉，俗称"天下第一关"。

被称为"关中之关"的关口是什么？

武胜关。武胜关位于河南省与湖北省交界的大别山脉的鸡公山下，它与平靖关，妨里关合称"义阳三关"，是历代兵家必争之地，有"关中之关"的美誉。

友谊关和嘉峪关位于哪里？

友谊关位于广西凭祥市西南18公里处，原名镇南关，附近是崇山峻岭，关藏山谷深处，为西南边防重镇。

嘉峪关是举世闻名的万里长城的西端的重要关隘，它位于甘肃省嘉峪市，古称其为"天下雄关"。

雁门关和紫荆关位于哪里？

雁门关位于山西省代县县城西北的雁门山腰，历朝历代都是拱卫京都，屏护中原的兵家重地。

紫荆关位于河北省易县紫荆岭上，是内长城的重要隘口之一，因位于居庸关和倒马关之间，明代时合称它们为"内三关"，是由河北平原进入太行山区的要口。

娘子关和居庸关位于哪里？

娘子关位于山西省平定县与河北省的交界处，是出入山西省的咽喉之地。唐朝初年，高祖李渊的三女儿平阳公主曾率兵镇守于此地，因而得名"娘子关"。

居庸关始建于秦代，位于北京市昌平区，是长城险要关口之一，这里有昔日著名的燕京八景之一的"居庸叠翠"。

长城第一道雄关是什么？

山海关。山海关位于河北省秦皇岛东北15公里处，这是东北与华北的咽喉要冲，是万里长城起点的第一道雄关。

哪里被称为鬼门关？

鬼门关位于广西壮族自治区之北流县城西，地处于六万大山与大容山交接之处。应为此处过多瘴疫，去得者难得生还，故此称为"鬼门关"。如今瘴疫早已绝迹，山清水秀，是人们向往的旅游胜地

什么是五岳？

五岳指泰山、华山、衡山、嵩山、恒山，三山指安徽黄山、江西庐山、浙江雁荡山。三山五岳在中国虽不是最高的山，但都高耸在平原或盆地之上，这样也就显得格外险峻。东、西、中三岳都位于黄河岸边，黄河是中华民族的摇篮，是华夏祖先最早定居的地方。

五岳的名字是怎么来的？

古代，帝王们常常喜欢到一些名山祭祀天帝，并把这些名山命名为"岳"。据考证，"五岳"的提出始于汉武帝，到汉宣帝时，确定以河南嵩山为中岳，山东泰山为东岳，安徽天柱山为南岳，陕西华山为西岳，河北恒山为北岳。其后又改湖南的衡山为南岳，隋朝以后，固定下来。明代，开始以山西浑源县的恒山为北岳，清代就在这里祭祀。直到今天，五岳的名称未再改变。

五山十刹指的是哪里？

五山与十刹之并称。又作五岳十刹、五岳十山，简称列岳。是指中国官寺制度中最高与次高的寺院。

五山包括：（一）兴圣万寿禅寺，在浙江杭县径山，（二）景福灵隐寺在浙江杭县灵隐山，（三）净慈寺，在浙江杭县南屏山，（四）景德寺，在浙江鄞县天童山，（五）广利寺，在浙江鄞县阿育王山。

十刹指：（一）中天竺山天宁万寿永祚寺，在浙江杭县，（二）道场山护圣万寿寺，在浙江吴兴，（三）蒋山太平兴国寺，又称灵谷寺，在江苏南京，（四）万寿山报恩光孝寺在江苏吴县，（五）雪窦山资圣寺在浙江鄞县，（六）江心山龙翔寺，又称江心寺，在浙江永嘉，（七）雪峰山崇圣寺，在福建闽侯，（八）云黄山宝林寺，在浙江金华，（九）虎丘山云岩寺，在江苏吴县，（十）天台山国清忠寺，在浙江临海。

天涯海角是怎么来的？

"天涯"两字为清雍正年间崖州知州程哲所题，铭刻在一块高约10米的巨石上。"海角"两字刻在"天涯"右侧一块尖石的顶中端，据说是清末文人题写。这两块巨石通称"天涯海角"。传说一对热恋的青年男女分别来自两个世仇的家族，双双发誓不管到天涯海角也要永远在一起。在其族人的追赶下，被迫双双逃到此地。跳进大海，化成两块巨石，永远相视相对。后人为纪念他们的坚贞爱情，在此石头上刻下"天涯""海角"。现在恋爱中的男女也常以"天涯海角永远相随"来表达自己的心迹。

我国著名的四大佛山是什么？

佛教四大名山是指："金色世界"五台山、"银色世界"峨眉山、"琉璃世界"普陀山、"莲花世界"九华山。那里有看不尽的自然风光，享不尽的佛教文化，解不开的神奇惊叹，观不完的民俗风情，抹不去的回味思念……在古老的东方，有一条梦幻般神奇的旅游线路，它就是中国四大佛教名山朝圣之旅、缘满之旅，山西五台山曾是文殊菩萨的道场、四川峨眉山曾是普贤菩萨的道场，浙江普陀山曾是观音菩萨的道场、安徽九华山曾是地藏菩萨的道场。这四大名山融观光游览、佛教建筑参观、休闲度假为一体。丰富的旅游资源、厚重的佛教文化、优美的自然风光、舒适的旅游环境、极富个性的世界级旅游景区，正是四大名山的魅力所在，是中华文明的结晶，是中国独一无二的充满诱惑的朝圣目的地，是海内外游客一生不可不去的旅游胜地。

相传山西五台山曾是文殊菩萨的道场，四川峨眉山曾是普贤菩萨的道场，浙江普陀山曾是观音菩萨的道场，安徽九华山曾是地藏菩萨的道场，故称之为"佛教四大名山"，明代起就有"金五台、银普陀、铜峨眉、铁九华"之说。

长江的称呼是怎么来的？

长江古称"江"。在我国上古时代，"江"是个专用名词，特指长江。有时也称"大江"，如苏东坡名句"大江东去，浪淘尽，千古风流人物"。

后来人们对长江的认识逐步加深，感到单称"江"或"大江"不能完全表达它源远流长的地理特征，所以又根据它的特点起了个名——"长江"。"长

★长江

江"之称始于东汉末年，晋朝以后，称"长江"者逐渐多了起来。如李白的诗"孤帆远影碧空尽，唯见长江天际流"。由于古代科学不发达，交通也不方便，古人很难认识长江的全貌，于是形成了很多的分段别称。

黄河的称呼是怎么来的？

据说，在很早很早以前，在黄河上游有个黄家庄，一个叫"黄河"的姑娘被恶霸给逼死了。她的家人听说她是投河自尽的，便驾船沿河而下，寻找她的尸体，一路走一路呼唤着她的名字。"黄河"之称便由此而来。

★黄河

这只是一个民间传说。事实上，在两千多年以前，黄河只是叫"河"。那时的河水还很清亮，黄河上游以及晋陕一带

森林植被还比较多。在西安有"八水绕京城"一说，可见那时黄土高原上还草水丰茂。只是由于近千年来气候变迁，以及战争、大兴土木、滥砍森林，才导致环境恶化。黄土高原泥沙大量流失，注入黄河，才造成它今天这般混浊模样，于是两岸百姓逐渐称呼其为"黄河"。

楼兰古城位于哪里？

楼兰古城遗址位于若羌县境内罗布泊以西、孔雀河道南岸7公里处，整个遗址散布在罗布泊西岸的雅丹地形之中。人迹罕至，环境异常的荒凉、凶险。然而据史书记载，早在公元前2世纪，楼兰就是西域最繁华的地区之一，古楼兰国有人口14000余，士兵近3000，真可谓是一泱泱大国。古楼兰地处丝绸之路要冲，扼东西交通的门户，是汉王朝进入西域的桥头堡。当年在这条交通线上是"使者相

★楼兰古城

望于道"，交通繁忙，城市经济繁荣，楼兰古城有着极盛一时的历史和灿烂的绿洲文化。奇怪的是，声名显赫的楼兰王国在繁荣兴旺了五六百年以后，却史不记载，传不列名，突然销声匿迹了。7世纪时，唐三藏取经归来，看到楼兰国"城廓岿然，人烟断绝"，其萧条之景，使人顿生沧海桑田之感慨！1900年3月斯文·赫定率队考察罗布泊，差些全军覆没，因而宣称这里是可怕的"死亡之海"！1980年5月我国著名科学家彭加

木在罗布泊蒙难失踪，更给这座古城蒙上一层神秘可怖的面纱。近年，上海的"独行侠"余纯顺历时8年在走遍了大半个中国后，在罗布泊荒漠遇难，又给楼兰古城平添了几分凄凉和悲壮。

棋盘上的"楚河汉界"是怎么来的？

在象棋盘的中间，有一个直线未连通的地方，称为河界，也叫楚河汉界，为什么呢？原来跟古代的楚汉相争故事有关。

据史料记载，"楚河汉界"在古代的荥阳成皋一带，也就是现在的河南郑州。该地北临黄河，西依邙山，东连平原，南接嵩山，是历代兵家兴师动众的战场。公元前203年，刘邦出兵攻打楚国，项羽粮缺兵乏，被迫提出了"中分天下，割鸿沟以西为汉，以东为楚"的要求，从此就有了楚河汉界的说法。至今，在荥阳广武山上还保留有两座遥遥相对的古城遗址，西边那座叫汉王城，东边的叫霸王城，传说就是当年的刘邦、项羽所筑。两城中间，有一条宽约300米的大沟，这就是人们平常所说的鸿沟，也是象棋盘上所标界河的依据。

酆都为什么叫鬼城？

酆都鬼城位于四川东部的长江北岸，是长江三峡的第一个旅游景区，已有两千六百多年历史。丰都是著名的游览胜地，素有"幽都"、"鬼城"之称，传说这里是人死后灵魂归宿的地方。"鬼城"酆都天下独有，名山上古木参天，寺庙林立，在庞大的阴曹地府里仙道释儒，诸神众鬼盘踞各庙，等级

森严，各司其职并以苛刑峻法统治着传说中的幽灵世界。1870年长江洪水泛滥，全城尽没。名山有条"奈河"，是佛教所说的地狱中的河名。

与阴、王成仙有关的鬼城传说是什么？

阴、王成仙之说是丰都最广为流传的说法。早在公元270年左右，晋人葛洪在其《神仙传》中就有关于阴王成仙的说法。传说在汉朝时候，有两位方士，一位叫阴长生，是刘肇皇后的曾祖父；一位叫王方平，官至朝中散大夫。他们因不满社会现状，双双先后来丰都修炼，于魏青龙初年，成仙而去。后来到了唐朝，他们二人被人讹传成了"阴王"，也就是阴间之王。

什么是鬼城文化？

因多种多样的传说，加上历代统治阶级的不断刻意渲染，历代文人、官吏通过小说、诗词、游记和碑文的描述，如《西游记》、《聊斋志异》、《说岳全传》、《西洋记》等，因此一个比较全面的鬼城就在丰都形成了。它从虚幻到实物，经历了两千多年的历史，将佛教、道教、儒家学说以及中国鬼文化有机结合起来。又将巴渝文化、中原文化和域外文化结合在一起，还有各种民间神话传说想象与现实的结合。再加上建筑、雕塑、绘画等多种艺术形式结合起来，形成今天天下闻名的"鬼城文化"。

石钟山的名字是怎么来的？

石钟山位于湖口县鄱阳湖出口处，海拔61.8米，相对高度约40米左右，面积仅0.2平方公里。因山石多隙，水石相搏，击出如钟鸣之声而得名。尤以北宋大文学家苏轼曾夜泊山下，寻声探源，并撰写闻名天下的《石钟山记》而相得益彰。

石钟山地势险要，陡峭峥嵘，因控扼长江及鄱阳湖，居高临下，进可攻，退可守，号称"江湖锁钥"，自古以来都被当作军事要塞，成为兵家必争之地。登临山上，既可远眺庐山烟云，又可近睹江湖清浊。因为水的密度，高低，流向不同，所以江和湖不会混成一体。如在月色之夜，可谓"湖光影玉璧，长天一月空"。

★石钟山

自古以来，文人雅士络绎不绝来此山赏景。如唐代李勃、宋代苏轼、陆游，元代文天祥，明代朱元璋，清代曾国藩等。石钟山从唐代起就有建筑，经历代兴废，现仍存怀苏亭、半山亭、绀园、船厅、江天一览亭、钟石、极慈禅林、听涛眺雨轩、芸芍斋、石钟洞、同根树等景点，但多为清代重建。

南阳卧龙岗有什么特点？

南阳卧龙岗，位于河南省南阳市城西，是三国时期杰出的政治家、军事家诸葛亮"躬耕南阳"的故址和纪念地，汉昭烈皇帝三顾处，"三分天下"的策源地，豫西南名胜之首。

南阳卧龙岗初建于魏晋，盛于唐

★卧龙岗

宋。南阳卧龙岗坐西向东偏南，现存殿堂房舍267间，主要建筑由东向西。位于南阳市西南约4公里的卧龙岗，相传诸葛亮曾躬耕于此，唐宋时建祠以作纪念。这是一座占地7500平方米的古建筑群，祠堂内碑褐达300多块，其中有岳飞手书的诸葛亮前后《出师表》和《还我河山》。除了南阳武侯祠，全国各地武侯祠和岳飞纪念馆都有《出师表》石刻。成都武侯祠进二门，长廊壁上，嵌有岳代写的前后《出师表》石刻。石碑共37块，每块高63厘米，宽58厘米，刻工精良。

承德卧龙岗有什么特点？

承德卧龙岗，位于河北省承德市平泉县卧龙镇，较早就有人类居住，曾经出土过石斧等早期人类使用的工具。卧龙岗地处群山环绕之间，群山错落交织，像极了一条卧于苍茫大地上的巨龙，所以先人起名为：卧龙岗。

卧龙岗人口一千左右，主要为汉、满两族，姓氏主要为袁、王、孙等，逢年过节奉行传统汉族习俗。例如：每年的正月会有十里八乡的庙会表演；元宵节的时候会用花灯来开启一年的美好日子，驱赶黑暗，一条条的灯路蔚为壮观；端午节孩子们都要早起，去地里折取艾蒿、山花椒、柳枝等物，用来驱赶邪气，保佑平安。

卧龙岗很早便有人类居住，早期曾在承德平泉占有重要地位，共和国成立之初设立卧龙岗乡，下辖周边几个行政村，后在共和国改变行政区的大潮中被降级为行政村，下辖周围几个自然村。现在的卧龙镇就是因卧龙岗之名而起。

宁古塔在哪儿？

宁古塔是清代宁古塔将军治所和驻地，是清政府设在盛京（就是现在的沈阳）以北统辖黑龙江，吉林广大地区的军事、政治和经济中心。清太祖努尔哈赤1616年建立后金政权时，在此驻扎军队。宁古塔辖界在顺治年间十分广大，盛京以北、以东皆归其统。随着设厅，疆土逐渐减少。作为国防重镇的宁古塔，

★宁古塔

是向朝廷提供八旗兵源和向戍边部队输送物资的重要根据地，也是十七世纪末到十八世纪初，东北各族向朝廷进贡礼品的转收点，因此宁古塔与盛京齐名。

宁古塔古城原在今海林县旧街古城村附近，清太宗皇太极建国号大清后，任命吴巴海为镇守宁古塔副都统，前后共有73任。由于宁古塔处于边塞要冲，光绪九年另设钦差大臣一员，此员为吴大澄，是清末洋务派著名人物。

山西、湖北的杏花村有什么特点？

山西杏花村：在汾阳县东部，从南

北朝以来，就以产"汾酒"著名，唐代最兴旺时，全村有72家烧酒作坊。这里有历代文人雅士盛赞佳酿的题诗碑刻。

湖北杏花村：历史上也是以产酒闻名天下，有人认为，杜牧诗中的杏花村，就是指湖北麻城县岐亭附近的杏花村，当地有一首民谣道："三里桃花店，四里杏花村，村中有美酒，店中有美人。"

被牧童遥指的杏花村位于哪里？

安徽杏花村，位于长江南岸的贵池县城之西，向以产酒名闻遐迩。据传，杜牧任池州刺史时，曾常来这里饮酒。因此，有人认为，这里才是杜牧诗中的杏花村。理由有二：一是从诗的内容来看，"清明时节雨纷纷，"是写江南景色，与贵池天气可谓完全相符；二是有志书记载，贵池地方志上说杏花村"十里杏花，十里酒肆"，酒家首推"黄公酒垆"，并称牧童遥指的就是这一家酒店。

山东、江苏的杏花村有什么特点？

山东杏花村：就在水浒传英雄故地的梁山脚下，杏桃柿梨间植，村民散居其中。每当阳春时节，满村杏花怒放，有"杏林飞霞"之称。

江苏杏花村：位于南京城西南隅新桥西信府河、凤凰台一带。这里岗峦叠翠，绿水环绕，前临大江，下靠秦淮，历来为南京的风景名胜之地，又称"金陵杏花村"。

二十四桥指的是什么？

二十四桥位于江苏省扬州市，历史上的二十四桥早颓圮于荒烟衰草。扬州市经过规划，在瘦西湖西修长桥，筑亭台，重修了二十四桥景点，为古城扬州增添了新的风韵。廿四桥为单孔拱桥，汉白玉栏杆，如玉带飘逸，似霓虹卧波。该桥长24米，宽24米，栏柱24根，台级24层，似乎处处都与二十四对应。

★二十四桥

二十四桥有二说，一种说法是指二十四麻桥。据沈括《梦溪笔谈·补笔谈》，唐时扬州城内水道纵横，有茶园桥、大明桥、九曲桥、下马桥、作坊桥、洗马桥、南桥、阿师桥、周家桥、小市桥、广济桥、新桥、开明桥、顾家桥、通泗桥、太平桥、利园桥、万岁桥、青园桥、参佐桥、山光桥等二十四座桥，后水道逐渐淤没。宋元祐时仅存小市、广济、开明、通泗、太平、万岁诸桥。现在仅有开明桥、通泗桥的地名，桥已不存。还有一种说法是指桥名"二十四"，或称二十四桥、廿四桥。

"中国"一词是怎么来的？

"中国"一词最早出现于东周时期成书的《尚书》和《诗经》等书中。《尚书·梓材》是周公教导他的弟弟康叔如何治理殷商故地的训告之词。其中"皇天既

付中国民越厥疆土于先王"，意思是皇天将中国的土地与人民交给周的先王治理。这里的"中国"应指关中至河洛一带的中原地区。殷墟甲骨文中有"中商"、"大邑商"、"天邑商"等带有文化本位色彩的、对本朝王都的自称，其含义应与西周时代的"中国"相当。

"中国"所指的范围是如何发展变化的?

"中国"一词所指范围，随着时代的推移而经历了一个由小到大的扩展过程。当《尚书》上出现"中国"时，仅仅是西周人们对自己所居关中、河洛地区的称呼；到东周时，周的附属地区也可以称为"中国"了，"中国"的含义扩展到包括各大小诸侯国在内的黄河中下游地区。而随着各诸侯国疆域的膨胀，"中国"成了列国全境的称号。秦汉以来，又把不属黄河流域但在中原王朝政权统辖范围之内的地区都称为"中国"，"中国"一名终于成为我国的通用名号。19世纪中叶以来，"中国"则成了专指我们国家全部领土的专用名词。

古代九州是怎么划分的?

《尚书》中的《夏书·禹贡》记载，大禹的时候，天下分为九州，分别为冀州、兖州、青州、徐州、扬州、荆州、豫州、梁州、雍州。《尔雅》"释地"也记载有九州，但其中有幽州、营州，而没有青州、梁州；《周礼》"职方"中，有幽州、并州，而没有徐州、梁州；《吕氏春秋》"有始览"中有幽州而无梁州；传统上人们以为，《尚书》记载的九州是夏朝的制度，《尔雅》记载的是商朝的制度，而《周礼》记载的是周朝的制度，但根据《吕氏春秋》对九州的解释，九州的地域，反映的是春秋战国时人们的地域观念。

历史上出现过哪些东西南北中京?

汉代：东京洛阳，西京长安（就是现在的西安）；

西晋：江南人称洛阳为北京；

东晋：南朝人称洛阳为中京；

南朝宋称丹徒（实指京口，今镇江市）为北京；

北魏迁都洛阳后称故都平城为北京；

北周称洛阳为东京；

隋：东京洛阳，西京长安；

唐：东京洛阳，西京长安。至德二年以凤翔为西京，长安改称中京，南京成都府，北京太原府；

宋：东京开封府，就是现在的汴京，西京河南府，就是现在的洛阳洛阳，南京应天府，就是现在的河南省商丘市，北京大名府；

明：洪武年间以应天府为南京，开封为北京。明成祖将北平府改称顺天府，称北京。后改称京师，但习惯上仍称北京，至清不变。

中国历代都城有哪些?

夏朝（公元前21世纪-公元前16世纪），都城在阳城，今河南登封东。

商朝（公元前16世纪-公元前11世纪），都城在亳，今河南商丘北。公元前14世纪，商王盘庚迁都到殷，今河南安阳。还有商朝早期的都城"亳"一直有争论，影响较大的说法一种说在今天的郑州。

西周（公元前11世纪-公元前771年），都城在镐京，今陕西西安西。

东周（公元前770年-公元前221年），都城在洛邑，今河南洛阳。东周分春秋和战国两个时期。

秦朝（公元前221年-公元前206年），都城在咸阳，今陕西咸阳东北。

西汉（公元前206年-公元23年），都城在长安，今陕西西安西北。

东汉（公元25年-220年），都城在洛阳，今河南洛阳东。

三国（公元220年-280年），魏的都城在洛阳，今河南洛阳东；蜀的都城在成都，今四川成都；吴的都城在建业，今江苏南京。

西晋（公元265年-316年），都城在洛阳，今河南洛阳东。

东晋（公元317年-420年），都城在建康，今江苏南京。

南北朝（公元420年-589年），南朝经历的宋、齐、梁、陈四个朝代的都城都在建康，今江苏南京；北朝的北魏建都平城，今山西大同东北。公元493年，迁都洛阳，今河南洛阳东；东魏的都城在邺，今河北临漳西南；西魏的都城在长安，今陕西西安西北；北齐的都城在邺，今河北临漳西南；北周的都城在长安，今陕西西安西北。

隋朝（公元581年-618年），都城在大兴，今陕西西安。

唐朝（公元618年-907年），都城在长安，今陕西西安。

五代（公元907年-960年），梁、

汉、周的都城在今河南开封；唐的都城在今河南洛阳。

北宋（公元960年-1127年），都城在东京，今河南开封。

南宋（公元1127年-1279年），都城在临安，今浙江杭州。

辽朝（公元907年-公元1125年），名义上的都城在上京临潢府，在今天的内蒙古自治区赤峰市巴林左旗。

西夏（公元1038年-公元1227年），的都城在兴庆府，在今天的宁夏银川。

金朝（公元1115年-公元1234年），最初的都城在上京会宁府，在黑龙江的阿城。中期迁都中都，在今天的北京。晚期迁都南京，在现代的河南开封。

元朝（公元1271年-1368年），都城在大都，今北京。

明朝（公元1368年-1644年），都城在应天，今江苏南京。

清朝（公元1644年-1911年），初期都城在盛京，今辽宁沈阳。公元1644年清军入关后，顺治帝迁都京师，今北京。

六合、八荒指的是什么？

六合：1.武术方面：在武功演练时人体的内外三合。"内三合"指"心、意、气"三者相合，即"心与意合，意与气合，气与力合"。"外三合"指"手脚、肘膝、肩胯"三者相合，即"手与脚合，肘与膝合，肩与胯合"。内外合一，即为六合。2.道教理论："六合"是道教的概念，它的含义是四方上下组合的空间。（前后左右上下）。3.秦朝灭六国也说"秦王扫六合"此六合指六国合并。泛指天下。

八荒：1.指的是方向上的八个方位，

常代指天下；2.上古传说大地分九州，中原繁华之地为中州，其他八州地处荒原，合称八荒。

中原、剑外、塞外分别指的是什么？

"中原"一词有狭义与广义之分。一般指狭义的中原，专指河南省。广义的"中原"是以河南为中心，向河南临近省份的部分地区渗透的一个广阔区域。

四川省北部有剑门关，关南的蜀中地区称"剑外"。唐代京都长安在剑门关东北，以长安为中心，称此关以南地区为"剑外"。

塞外指河北、山西北部，长城以外。"塞"指长城要塞，塞外指今内蒙古中部和西部一带。

四海和天下指的是什么？

四海是我国古时所指东海、西海、南海、和北海，泛指海内之地，也泛指全国各地。《易经》上是指渤海、黄海、东海、南海。

中国的天下概念，指被中国皇朝的皇帝主宰，在一定普遍的秩序原则所支配的空间。为天下中心的中国王朝直接支配之地域，被称为"夏"、"华"、"中夏"、"中华"、"中国"等，与周围的"四方"、"夷"等地域作区别。不过，若这些地域接受中国皇帝主宰的秩序原则，它们就被认可和接纳。

关内、关外、关东、关西指的是什么？

关外：秦、汉、唐定都陕西的王朝，称函谷关或潼关以东的地区为"关外"，明清称今辽宁、吉林、黑龙江三省为"关外"，因其位于山海关以外而得名。

关东：指山海关以东的一带地方，泛指东北各省。也叫关外。

关西：汉、唐时泛指函谷关或潼关以西地区为"关西"。

除关东、关西、关外之外就是关内。

省是怎么来的？

中国地方最高行政区域名。源于古代省制。省指天子所居之所，宫禁。唐有三省六部，"尚书省"为其一。元代中央行政机关叫"中书省"，又于各行政区设"行中书省"，简称"行省"，最后简称为"省"，现在的"省"由此发展而来。

省，是元代以来的地方最高行政区划名称。然而，省最初的含义却指宫禁之地、官署，后来才变为地方行政区划名称。省的出现，最早见于汉代，当时称群臣听政之地为省，治公务之所为寺。尚书、中书、门下皆设于禁中，因此称为尚书省、中书省、门下省，沿用既久，就以省为官署名称。魏晋时中央政府机关亦称省。金代开始出现"行省"，它是中央尚书省的临时派出机关。

元代，省成为正式的一级地方行政区划，全国划分123个大行政区，中央政府直辖的称中书省，又叫"腹里"，另外分设11个行中书省，简称"行省"。明代改行省为承宣布政使司，但一般习惯上仍称为"省"，而中央机关从此不再用省的名称，于是省就专指最高一级地方政区。清沿袭元、明，分全国为18省，一直沿袭到现在，虽省的数量增加，管辖范围缩小，后来又有中央直辖市也按省级对待，但它作为最高一级地方行政区划的性质没有改变。

县是如何出现的？

"县"制是秦统一中国后推行于全国的，而最早有文字记载的"县"名，却产生于古代晋国。"县"，在未作地方行政单位之前，与"悬"为同一个字。就是悬挂、联系的意思。西周时期，周王的食邑叫王畿或国畿，畿内的土地与周王紧紧"联系"在一起。

"县"最早是在楚国创建的。公元前6世纪中期，楚国屡次攻陈，陈国的诸侯是虞舜的后代。楚国占领了鼎鼎大名的虞舜后裔的土地，有些为难。周天子的王畿，不是叫"县"嘛，楚国就在陈国土地上建立了"县"制。但那时"县"的建制未推广开来。

哪些朝代的都城在北京？

北京是一座古老的城市，历史悠久，文明源远流长。先后有燕、前燕、大燕、辽、金、元、明、清8个朝代建都在这里。

武王灭商后封尧之后于蓟，是北京城的最早雏形。

武王灭商后封召公奭于燕，都城在今北京房山区，后吞并蓟和孤竹，迁都于今广安门一带。

东晋时前燕慕容俊入主中原，迁都蓟城，历时8年。

安史之乱时安禄山称大燕皇帝，建

★北京

都蓟城。

安禄山后史思明割据范阳郡，759年，自称皇帝，国号燕，建都蓟城。

五代时，刘守光夺取幽州，称帝，国号大燕，建都蓟城，史称刘燕。

北京的称呼经历了什么样的变化？

从西周到唐代，北京称为蓟。自西周燕国算起，距今已有3000多年的历史。这一带肥沃之地，盛产一种奇异之草，人称蓟草，尤其是西北隅的山丘，蓟草十分繁茂，人称蓟丘，因此，人们习惯于称这里为蓟。从蓟丘到周末的燕都，从唐代的幽州城到辽代的燕京，从金中都到元大都到北平、北京，八朝古都，数百年的兴衰繁华，在这风水吉地轮番上演。

西汉时，北京地区称为燕国、燕都、涿郡、幽州、广阳国、广阳郡。东汉时，又称为上谷郡。隋时称为幽州、范阳，唐人称为渔阳。辽代时，正式改称为燕京。金代称北京为圣都、中都，元代称为中都、大都。明代时，称为北平、北京，清代改称为燕京。民国时，称为京都、北平，1949年以后，称为北京。

哪些朝代的都城在南京？

南京是一座历史文化名城，中国四大古都之一，也是中国历史上的六大文化古都之一。南京自古是长江下游地区的文化和政治中心，也是扬子江下游流域重要的商业经济中心。南京是山、水、城、林一体的城市，有着丰富的自然景观和历史遗存。

公元前472年越王勾践灭吴后，在今天南京的中华门西南侧建城，开创了南京的城垣史，迄今已有2471年。公元3世纪以来，先后有东吴、东晋、和南朝的宋、齐、梁、陈、以及南唐、明、太平天国、中华民国共10个朝代和政权在南京建都立国，留下了丰富的民族文化遗产。

三国时期的南京是什么样的？

195年，孙策渡江占据丹阳、江乘、胡孰、秣陵等县。208年前后，诸葛亮出使江东，观察南京山川形胜，作出了"钟阜龙蟠，石头虎踞"的著名评语。211年，孙权听从谋士张纮之言，自京口迁秣陵，改名建业。229年，孙权称帝，是为吴大帝，自武昌还都建业，是南京为国都之始。吴石头城遗址在今南京城西草场门至清凉门之间。

哪些朝代的都城在洛阳？

"崤函帝宅，河洛王国"，洛阳在历史上相当长的时期内，曾经是我国政治、经济、文化的中心，亦是道路四通八达的交通枢纽。西周初期，在中国建立了第一个大公路网，洛阳是其中心，驰道驿路，其直如矢，无远不达。隋大业元年（公元605年），隋炀帝在洛阳建东都，下令开凿大运河，至此形成了以洛阳为中心，向东北、东南辐射总长达2000多公里的南北水运网；以洛阳为东端起点的"丝绸之路"，可以直驰地中海东岸。

两汉时期的洛阳辖区是什么？

西汉时期，此地区东部为东都洛阳为中心的河南郡，西部属弘农郡。从这一时期开始，"河南"正式成为行政区划中的一个地理名词，直到清朝。在这两千多年的历史里，"河南郡"、"河南尹"或者"河南府"一直特指此以洛阳为中心的地区。此时的河南郡，辖今偃师市、孟津县、巩义市、荥阳市、郑州市区、中牟县、新郑县、新密市、原阳县、汝阳县、伊川县、汝州市。西部属弘农郡的有天的三门峡市全部、宜阳县、新安县、洛宁县、嵩县、栾川县已经现在南阳市和陕西省的部分地区。东汉时期，河洛地区的建制与西汉时期基本相同，只是河南郡改为河南尹，辖区不变。

三国及其之后的洛阳占据什么样的地位？

三国时期，属曹魏。雒阳改称洛阳，行政建制基本上沿袭东汉。河南尹有所扩大，此时的河南尹包括今天的偃师市、孟津县、巩义市、荥阳市、郑州市区、中牟县、新郑县、新密市、原阳县、汝阳县、伊川县、汝州市、登封市、禹州市、嵩县。跟两汉时期相比，多了登封、禹州、嵩县。西晋时期，大体仍然沿袭两汉旧制。不同之处在于，河南尹又改回河南郡，同时东部析置荥阳郡，包含今天的荥阳市、郑州市区、中牟县、新郑市、新密市、原阳县。同时河南尹向西有所扩展，包含了新安县和宜阳县东部。此时，河南郡包含的地区有偃师、孟津、巩义、登封、汝州、伊川、汝阳、禹州、嵩县、新安。

哪些朝代的都城在西安？

西安古称长安，历史上有十个王朝在这里建都。给现代人留下了丰富的文物资源，因而是一座旅游热点城市。西安又称为"西京"、"西都"、"凤城"、"斗城"，简称"镐"。从古到今曾用名有：鄷京、镐京、鄷镐、戏、长安、常安、京兆、大兴、永兴、奉元、西京，以"长安"最为常见和著名。长安，意为"长治久安"。

西安是中华文明史及东方文明史上最负盛名的都城，是极少数可令外国人心怀景仰而来顶礼膜拜的伟大中国城市。西安建城史已有3100多年，建都时间超过1200年，汉唐时期就是中国政治、经济、文化和对外交流的中心，是当时世界上人口最早超过百万的国际大都市。"西罗马，东长安"是西安在世界历史地位的写照，在其发展的极盛阶段，一直充当着世界经济与文化中心的地位，吸引了大批的外国使节与朝拜者的到来。"俱怀逸兴壮思飞，欲上青天揽明月"，西安向世界展现了文明中国拥有的自信、开放、大气、包容、向上的民族精神，铸造了炎黄子孙永远为之自豪的文化高地。著名的丝绸之路就是以西安为起点。"世界八大奇迹"之一的秦始皇陵兵马俑则展示了这座城市雄浑、厚重的历史文化底蕴。"一座城市

的历史就是一个民族的历史"，西安，这座中国历史文化的首善之都，以世代传承的雍容儒雅，满腹经纶，博学智慧，大气恢弘，成为中国历史的底片，中国文化的名片和中国精神的芯片。

三晋指的是什么？

三晋指山西，因战国初期的韩、魏、赵三家分晋。三国连称时被称为"三晋"，而当时三国的都城都在山西境内而得名。后世以三晋之地大部在山西，所以称山西为三晋。

相传太原是古唐国封地，山西简称晋，三晋是山西、太原的美称。公元前458年，晋哀公即位不久，晋国六卿之一的智伯掌握晋国的实权，他伙同韩氏、魏氏瓜分了范氏、中行氏的邑地。接着智伯又联合韩、魏围攻赵国都城晋阳，兵将水灌，企图一举灭赵。赵襄子以"唇亡则齿寒"的道理，派人秘密说服韩、魏，三家联合起来反对智伯，大败智军于晋阳，杀死智伯。公元前453年，赵、韩、魏三家瓜分了晋国的领地。公元前403年，就是周威烈王二十三年，赵、魏、韩受封为诸侯。由于赵、魏、韩都孕育于晋国，"三国分晋"后，虽然晋国宣告灭亡，新兴的赵、魏、韩跻身诸侯之列活动于中华舞台；但晋作为公国，其烈公、孝公、静公在狭小的天地中还有名无实地存在了28年。

乡的起源是什么？

乡是我国基层行政单位，已有三千年历史。《周礼大司徒》有"五州为乡"的记载，为我国乡制的起源。春秋

战国时，诸侯国互相残杀，以强吞弱，但乡的建制保存下来了。

秦汉时期，以"十里一亭，十亭一乡"，亭有亭长，乡有三老：有秩、啬夫、游徼等乡官，佐助县令治理乡事。到唐代，人口增多，经济繁荣，遂以"百户为里，五里为乡"，里有里正，乡有耆老，一乡管辖五百户左右。此后宋元明清诸代，皆有乡的设置，只是名称不同，管辖户口多寡不等而已。民国时，县以下出现了区的建制，区下有乡，也还是属于乡级单位。

新中国成立后，保留了区、乡的建制，1962年撤区，"区"作为县以下的一级政区名称不再使用。与乡同级的单位叫"镇"，故常以"乡镇"连称乡级单位。

第七章　经济贸易

古代的集市是什么样的？

集市大约起源于殷、周时期。但在唐以前，除了少数出产单一产品的地区或乡村外，一般是没有销售单一商品的专门集市的。

到了唐代，集市设有市令官，主要管理市场交易，并规定午时击鼓三百下，商人始能入市，日落前三刻击钲三百而散市。

古代专门集市可分为两种。一种是季节性的，一种是非季节性的。季节性的专门集市，大多出售的是节令商品，非季节性的专门集市，则大多销售的是生活必需品，如菜市、渔市、米市、茶市、马市等。

秤是如何出现的？

春秋中晚期，楚国制造了小型的衡器—木衡铜权，用来称黄金货币。完整的一套环权共十枚，大体以倍数递增，分别为一铢、二铢、三铢、六铢、

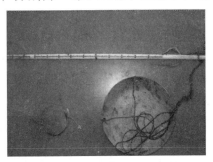

★称

十二铢、一两、二两、四两、八两、一斤。中国国家博物馆藏有一支战国时的铜衡杆，这种衡器不同于天平也不同于后来的秤杆，但与不等臂天平类似。经过逐步演化的过程，衡杆的重臂缩短，力臂加长，也就成为了现代仍在使用的杆秤。

宋代的货币有什么特点？

中国宋代是铸币业比较发达的时期，从数量和质量上都超过了前代，是继王莽铸钱之后的又一个高峰。宋朝货币以铜钱为主，南宋以铁钱为主。北宋以后的年号钱才真正开始盛行，几乎每改年号就铸新钱，钱文有多种书体。同时，白银的流通亦取得了重要的地位。在北宋年间出现了世界上最早的纸币——交子，其后陆续出现有别的纸币：会子和关子，且占的地位越来越重要。此外，对子钱、记监钱、记炉钱、记年钱亦应运而生。宋徽宗赵佶瘦金体御书钱堪称一绝。

清朝的货币有什么特点？

清朝主要以白银为主，小额交易往往用钱。清初铸钱沿袭两千多年前的传统，采用模具制钱，后期则仿效国外，用机器制钱。清末，太平天国攻进南京后，亦铸铜钱，其钱币受宗教影响较大，称为"圣宝"。

商人一词是怎么出现的？

"商人"这一名词是怎么来的呢？这得从商朝说起，商朝曾以殷为都城，所以又叫殷朝；商朝遗民也可说成殷朝遗民；因此其遗民就叫商人或者殷人，殷人即商人。

商朝灭亡后，留存下来的商人地位如何？武王伐纣，灭了商朝。周成王年幼，管、蔡二叔（武王之弟）与纣王之子武庚联兵反叛。周公东征平叛后，将洛阳建为军事要塞，称为"成周"，殷朝遗民被迫集中到洛阳，周朝人叫他们为顽民，经常被召集训话，不许乱说乱动，过着被监视的生活。虽然殷朝遗民已经成为周朝人民的一部分，但是却被另眼看待。他们既无政治权利，又失去了土地，怎么过日子呢？只好东奔西跑做买卖。买卖这一行，周朝的贵族是不会做的，当时的庶民要种地不能做买卖，而商品买卖又为社会所需要的，久而久之，买卖商品的商业成为殷朝遗民的主要行业了。

随着民族融合和商品经济的发展，周朝的少数贵族也开始做买卖了，这样，商人渐渐地就失去了"顽民"的贬义，成为从事商品买卖的职业专称了。到了春秋，郑桓公对周人很友好，并带一部分周民迁洛水以东，立国于新郑。所以，郑国的商人在当时是很有名的。如富商弦高用12条牛犒劳偷袭郑国的秦军，使其不敢攻郑，上演了历史上富商救国的一幕。另外，郑国地处交通要道，为齐楚秦晋争霸必夺之地，但郑人反而借战争转运各国商品，从中在经济上大获其利，使其国富民强，显示了商业活动的重要性。因此商人的地位

在社会上渐渐提高了，成为后来封建社会士、农、工、商中的四民之一。

钱庄是什么？

钱庄是旧中国早期的一种信用机构，主要分布在上海、南京、杭州、宁波、福州等地。在北京、天津、沈阳、济南、广州等地的则称为银号，性质与钱庄相同。另一些地方，如汉口、重庆、成都、徐州等，则钱庄与银行并

★钱庄

称。早期的钱庄，大多为独资或合伙组织。规模较大的钱庄，除办理存款，贷款业务外，还可发庄票，银钱票，凭票兑换货币。

钱庄是如何出现的？

长期以来，对于钱庄的历史发展过程及其资本性质，众说纷纭，一直没有一个比较正确的认识，更没有系统的研究和论述。诸如，在钱庄产生的时代上，有的说唐代的"柜房"就是钱庄，宋代的"交子"是由钱庄发行的，或者说钱庄是由钱铺发展的，甚至说钱庄和银号是产生在清代咸丰年间的。尽管也有人说钱庄产生在明代中叶，但却没有说明为什么产生在明代中叶。至于钱庄经营的业务和性质也说法各异，有说唐宋、明末清初的钱庄是经营存放款业务的，也有说钱庄在清末还是商业资本中的货币经营资本的。诸如此类，众说纷纭。

中华人民共和国成立后，钱庄同其他私营银行业一样，被改造成为公私合

营的国家资本主义银行，在文化大革命中，一律被并入中国人民银行。改革开放后，私营钱庄曾萌发，但又被取缔。

元宝是怎么出现的？

元宝一词最早见于唐肃宗时史思明在洛阳铸的"得壹元宝"和"顺天元宝"，顺天元宝是由得壹元宝改制的，这两种钱可以说是一种占领货币。

元宝起源于唐朝，在唐朝建中初期就有使用白银支付大宗马钱的记录；从出土的宝物中也证实：唐代已有银制的"饼"和"铤"，也就是仰面似船，伏面似案的船形"银铤"。把"银铤"称为"元宝"始于元朝，元朝至元三年以平淮库的白银熔铸成"锭"，凡重量达50两者，名叫："元宝"，也就是"元朝之宝"的意思。

大历年间曾铸有大历元宝，制作不精。当时钱价很低，铜价却很高。因此官铸也不精良。以后还有天福元宝、淳化元宝、圣宋元宝、宣和元宝、靖康元宝等。

其实，古代真正的元宝并不是我们今天所看到的样子。真正的元宝中间部分并没有凸出来的形状，颜色也不是金黄色而是银色。它演变成今日的样子，或许是基于它原本的形状有点像棺材，深为人们所避忌。另一方面，为了让元宝的造型美观，颜色更亮丽，因而成为今天元宝的模样。

铜钱方孔的起源是什么？

我国古代铜钱不论大小，其形状都是外圆内方。关于铜钱造成圆形的解说莫衷一是，但关于铜钱中间有方孔的原因，却有比较一致的说法。

铜钱中间有方孔是由当时的工艺条件所决定的。古人铸币的时候，先把铜熔化，然后注入模中。由于古代铸币技术的限制，钱的边缘总有许多毛刺，既不美观又不方便使用。然而，要去掉这些毛刺，就必须靠锉刀加工，一次不能只锉一个，必须把钱串起来锉才省时省工，而要把钱串起来，钱中间则必须留有一孔。

但是，如果留下圆孔，穿在棍子上的钱就会滚动，这样有碍操作。因此留下方孔，把钱穿在方形棍上，钱就不会滚动了。正是由于这个缘故，古代的铜钱才在中间留有方孔。

薪水一词是怎么兴起的？

东汉以前，一般俸禄都发放实物（粮食、布帛），唐以后一直到明清，主要以货币形式为俸禄发给朝廷官员。古代官员俸禄的名称不止一种，如："月给"、"月薪"、"月钱"等，而明代曾将俸禄称"月费"，后又改称为"柴薪银"，意思是帮助官员解决柴米油盐这些日常开支的费用。而在魏晋六朝时，"薪水"一词除了指砍柴汲水外，也逐渐发展为日常开支费用的意思。

现代一般人按月支取的工资近乎古代的"月俸"、"月费"，主要也是用来应付日常生活开支。因此，人们常把工资称为"薪水"。

盘缠一词是怎么来的？

"盘缠"是指如今说的旅费。但

是，旅费为什么又"盘"又"缠"呢？盘绕、缠绕是近义词，钱同盘绕、缠绕在今日当然毫无关系。不过，古代却有某种必然联系呢！古钱是中间有孔的金属硬币，常用绳索将一千个钱币串成串再吊起来，穿钱的绳索叫做"贯"，所以，一千钱又叫一吊钱或一贯钱。有出戏叫《十五贯》，即涉及十五串钱的一个案子。古时不要说没有旅行支票、信用卡，就算纸币也是后来才有的，于是，人们在出远门办事探亲之时，只能带上笨重的成串铜钱。把铜钱盘起来缠绕腰间，既方便携带又安全，因此古人将这又"盘"又"缠"的旅费叫"盘缠"了。现在当然仍可将旅费说成"盘缠"，不过除了从大陆走私外币，谁将钱还缠在腰间？

万贯是多少钱？

古时候形容一个人有钱，常说他有"万贯家财"。

"万贯"是多少钱，得看什么币种。秦流行布币，北宋流行铁钱，明朝纸币不少，清朝流行铜钱。铁钱和纸币购买力比铜钱差远了，即使是铜钱，在不同年份和不同地域的购买力也相差甚远。万历四年的山东，一贯铜钱能买三石米；而在崇祯十二年的江浙，三贯铜钱也买不来一石米。

清代叶梦珠在《阅世编》里记载，顺治八年江浙大米每石十贯。明清一石装米80公斤，一贯铜钱只能买八公斤大米。

交子是如何出现的？

最早的纸币是北宋时期的"交子"。

宋代铜钱和铁钱并用，四川地区则专用铁钱。当时，四川是盐、茶、丝绸的重要产地，货币流通很大，但铁钱非常笨重，大钱一千枚重二十五斤，买一匹罗需中钱二万枚，重二百六十斤，随着商品经济的发展，铁钱不便流通的弊病越来越突出，因而宋真宗时成都有十六家富商共同印制发行了代替铁钱的纸币——"交子"。

"交子"上面印有房屋、树木、人物等图案，还有签押作为暗记。交子可以兑换现钱，也可以在市场上流通，用交子向交子铺兑换现钱时，须交一定数量的佣金。新旧交子三年兑换一次。后来，由于交子铺的富商挪用吞没现钱，交子的兑换不能保证，常引起争讼，官府遂禁止商人发行。

唐朝政府如何对待外商？

唐朝时期，唐太宗对于隋炀帝的盲目排外，不以为然。其曾对侍臣说："隋炀帝性好猜疑，痛恨胡人，改胡床为交床，改胡瓜为黄瓜，筑长城以避胡，有何效益？"贞观四年，西域各国派遣商使来朝，太宗准备亲自迎接，表示重视，这时，大臣魏征说道："听任外商往来，与边民互市，就可以了，待如上宾，反而不好。"于是，太宗方止。由于有了唐朝政府的大力支持，因此，外商得以自由往来，互市互利。这也成为唐王朝的一项对外政策。

商标是怎么出现的？

商标是商品的生产者经营者在其生产、制造、加工、拣选或者经销的商

品上或者服务的提供者在其提供的服务上采用的，用于区别商品或者服务来源的，由文字、图形、字母、数字、三维标志、颜色组合，或者上述要素的组合，具有显著特征的标志，是现代经济的产物。

商标在我国俗称"牌子"、"牌"、"货牌"、"商牌"等。早在春秋战国时代，就有了商标意识的萌芽。当时，一些精品的生产者往往会在产品上刻上铭文，以显示其产品品质精湛、技术高超。

中国古代的商标是如何产生发展起来的？

秦汉时标志进一步发展，应用范围逐步扩大。秦始皇穷兵黩武，为保证在进行扩张侵略中军用物资的质量，制定了统一的质量标准，勒令兵器制造者在武器上錾刻、铸造制造者本人和监制人的姓名，以承担质量保证。

唐、宋时期农耕文明发展到了空前丰足的时期，官、民手工作坊生产的商品数量大增，产品花色品种增多，生产同类商品的店铺也不断增加，人们对于产品质量有了更高要求，生产者和商业主需要有一个能够区别同类产品的记号，以便推广宣传自己生产加工的商品。

中国古代标志自发产生，并不断完善。起初并不具备现代商标的特征，只是产品一些属性的特征说明。随着商品经济发展逐步成为具有本土文化特色的商标。这一时间段中国受外来文化影响较小，标志的特征鲜明，从视觉设计角度看，可以视为商标的雏形。

什么是商帮？

伴随几百年商品经济的发展，到明清时期商品行业繁杂和数量增多，商人队伍日渐壮大，竞争日益激烈。而封建社会统治者向来推行重农抑商的政策，在社会阶层的排序中，"士、农、工、商"中商也是屈尊末位。对于商人而言，国家没有明文的法律保护，而民间又对商人冠以"奸商"的歧视。因而，在那样的年代，商人利用它们天然的乡里、宗族关系，互相支持，和衷共济，于是就成为市场价格的制定者和左右者。同时，商帮在规避内部恶性竞争，增强外部竞争力的同时更可以在封建体制内利用集体的力量更好地保护自己，商帮在这一特定经济、社会背景下应运而生。

漕运是怎么发展起来的？

漕运起源很早，秦始皇攻匈奴时，从山东向北河转运粮食；攻南越时，令监禄凿灵渠沟通湘江与西江水系运粮。楚汉相争，萧何将关中粮食转漕前线以供军食，对汉军的胜利起了重大的保证作用。

隋初除自东向西调运外，还从长江流域转漕北上。隋炀帝动员大量人力开凿通济渠，联结河、淮、江三大水系，形成沟通南北的新的漕运通道，奠定了后世大运河的基础。

唐、宋、元、明、清历代均重视漕运，为此，疏通了南粮北调所需的网道，建立了漕运仓储制度。咸丰五年黄河改道，运河浅梗，河运日益困难，随商品经济发展，漕运已非必需，光绪二十七年清政府遂令停止漕运。历代漕

运保证了京师和北方军民所需粮食，有利于国家统一，并因运粮兼带商货，有利于沟通南北经济和商品流通；但它又是人民的一项沉重负担，运费代价过高，尤以漕运徭役，征发既众，服役又长，以至失误农时，故亦有众多弊端。

票号为什么会出现？

票号，又称汇兑庄或票庄，是一种金融信用机构。开始主要承揽汇兑业务，后来也进行存放款等业务。山西票号的产生有着深刻的社会背景和历史条件，具体来说主要是：

★票号

第一，社会商品经济的发展对货币金融提出了新要求。

第二，社会商品货币经济已有所发展，对金融业的发展提供了一定条件。

第三，早期金融组织帐局、钱庄的出现，为山西票号的产生创造了条件。

第四，镖局运现已不能适应越来越扩大的货币交割需要。

账局和钱庄的出现对票号有什么影响？

雍正时，我国北方已出现与商业发生借贷关系的金融组织，称账局，又称钱庄。帐局主要分布在北京、天津、张家口、太原等商埠，经营者多为晋人。雍正时，中俄恰克图贸易开始，乾隆时

成为中俄"两国通商的咽喉"，而内地商民到恰克图贸易，强半皆山西人，由张家口贩运这些绸缎布杂货等，易换各色皮张、毡毛等物。长途贩运，商品流转周期长，每周转一次，有时需一年，需社会信贷的融通与支持，以完成长途贩运，故晋商最早设立帐局放太原、汾州、张家口、库伦。

镖局的产生对票号有什么影响？

在商品交易过程中，由于商人异地采购业务的不断扩大，现银调动额数也越来越大，次数也越来越多，因此既安全又快速运现就成为一个突出问题。镖局就是在这种状况下应运而生的专门运现机构。山西商人随着商业贸易的扩大，靠镖局运现确已远远不能适应业务发展要求，更何况镖局运现时间长、费用高，安全系数低。在这种情况下，以经营汇兑为主的票号自然就应运而生了。

当铺经历了什么样的发展历程？

在唐朝时，人们已习惯用典、当二字表达当铺。至宋朝，典当业得到了一个较为明显的发展，当铺的名称亦开始发生变化，基本上是质库、解库和长生库三者并存。历史发展到元朝，当铺

★当铺

的名称又有了新的变化。质库之类的叫法已不太流行，取而代之是解库、解典库、解典铺、典解库等。明清时，当铺、典当、质典、押当铺、小押等名称相继出现。到清乾嘉时期，当铺的发展更是达到顶峰。

当铺最早产生在中国的南北朝时期，是佛教寺院的一大贡献，时称"寺库"。收取动产作为抵押，向对方放债的机构。旧称质库、解库、典铺，亦称质押，又有以小本钱临时经营的称小押。

夜市是什么？

夜市为主要于夜间做买卖的市场，可贩售杂货、衣服、食品、电器零件、游戏等几乎任何东西。

远在春秋时期，我国商业活动就很活跃。到了西汉，都城长安及洛阳、邯郸、成都等大城市，均已成为著名的商业中心。不过，当时的官署对这些城市的市场管得很严，开市和闭市都有一定的时间，闭市的时间一到，就不再有经营活动，因此不可能有夜市。东汉时，一些城市打破禁锢，兴起了"夜籴"，它只是夜市的萌芽形式。

到了宋代，夜市已相当普遍地存在于各城市之中，尤其是南宋的临安城（今杭州市），夜市更是十分兴旺。当时的临安城真是夜市接早市，通宵达旦，一年四季，天天如此。明朝人田汝成在其所著的《西湖游览志余》中还称赞宋代临安城夜市秩序良好。

什么是官设马市？

是封建王朝以金帛盐茶同边疆少数民族换马的互市。始于唐玄宗时，许突厥用马匹交换金帛。宋仍唐制，多用茶叶交换马匹，明永乐年间设辽东马市三处；正统间，设大同马市，中官王振裁马价，发生兵争，招致土木之变；嘉靖年间，又开大同、陕边、宣镇等处马市。清雍正年间停止。

明隆庆四年中原王朝和北方少数民族确立和平互市，是我国历史上蒙汉民族友好交往的光辉篇章。当时长城沿边各口，先后开放了马市贸易，蒙汉人民进行特资交流的盛况，可从古人的文字记载中略见一二。

清初，曾任浙闽总督的王鹭，为明万历年间绘制的一幅《马市图》写过序文，对图中所画宣府来远堡马市，作了真实而生动的描写。

五花八门最初的意思是什么？

五花八门原指五行阵和八门阵，这是古代两种战术变化很多的阵势。比喻变化多端或花样繁多。"五花"是五行阵；"八门"则是"八门阵"。春秋战国时期，许多战略家都懂得使用这种五行阵。五行系指金、木、水、火、土。古人认为，构成各种物质的种种元素就是五行。加之五行又代表红、黄、蓝、白、黑五种色素，它们混合在一起还可变成多种颜色，能够使人眼花缭乱。

五花八门的具体内容是什么？

五花八门又指古代的各种职业。

五花：金菊花，指卖茶花的女人。木棉花，指上街为人治病的郎中。水仙花，指酒楼上的歌女。火棘花，指玩杂

耍的人。土牛花，指挑夫。

八门：一门巾，指算占卦的人。二门皮，指搭卖草药的人。三门彩，指变戏法的人。四门挂，指江湖卖艺的人。五门平，指说书评弹的人。六门团，指街头卖唱的人。七门调：指搭篷扎纸的人。八门聊，指高台唱戏的人。

七十二行都有哪些行业？

关于行业，据史料记载，唐代开始就有"三十六行"。《清波杂录》所载，我国唐代社会的主要行业为"三十六行"肉肆、宫粉、成衣、玉石、珠宝、丝绸、纸、海味、鲜鱼、文房用具、茶、竹木、酒米、铁器、顾绣、针线、汤店、药肆、扎作、陶土、仵作、巫、驿传、棺木、皮革、故旧、酱料、柴、网罟、花纱、杂耍、彩舆、鼓乐、花果等。

到了宋代，随着生产的发展，行业也逐渐增多。唐时的三十六行，至宋代已经增加为七十二行了。元朝时期，又把七十二行转记为一百二十行。

"七十二行"是一个虚指数，今天人们常说的七十二行或三百六十行，并非具体数字，事实上，社会行业的分工已远不止七十二行。

捐输、捐纳指的是什么？

是清代商民向朝廷报效银两，或为获得官衔输纳银两，或对地方修建文庙等公益事项捐献财物，及其朝廷所定的相关章程。

清中叶以前，遇有国家庆典、筹集军饷、皇帝巡幸、工程建设等浩繁开

支，准许巨商富民捐款报效，曾举办临时性捐输。其后，捐输定为常例，在国家正项财政收入中，列有捐输名目。清末，《辛丑条约》签订后，为筹措庚子赔款，在四川等地所征的田赋附加税，亦称捐输。

封建社会政府实行的捐官制度，以捐纳一定数额的银两获得授予的官衔（虚衔或实职）。秦王政（始皇帝）四年（前243），因蝗虫大疫，准百姓纳粟千石或自愿徙边者拜爵一级（见爵制）。文景时期，接受晁错建议，下诏准许民人入粟塞下以拜爵、免罪，捐纳之例始此，以后历代封建政权多沿袭。

什么是捐例？

捐例亦称"事例"。封建政府所订捐官章程，分暂时事例和现行常例两种。顺治时招民授职，捐银约七八千两，亦有至万金者，但仍行考试，文理通顺者为知县，不通者改授守备。此捐例之始。康雍时期，只捐虚衔，不能作实官。虚衔之外，还有封典，使祖父母、父母也可以由此穿戴品官的服饰。清代后期，将捐款列为正项财政收入，虚衔之外可以捐实官。捐什么官，要多少银子，皆明订章程。京官郎中以下，外官道台以下，都可按规定银两数捐得。

会计一词是怎么来的？

会计在中国有着悠久的历史。据史籍记载，早在西周时代就设有专门核算官方财赋收支的官职——司会，并对财物收支采取了"月计岁会"的方法。在西汉还出现了名为"计簿"或"簿书"

的账册，用以登记会计事项。以后各朝代都设有官吏管理钱粮、赋税和财物的收支。宋代官厅中，办理钱粮报销或移交，要编造"四柱清册"，通过旧管（期初结存）+新收（本期收入）=开除（本期支出）+实在（期末结存）的平衡公式进行结账，结算本期财产物资增减变化及其结果。这是中国会计学科发展过程中的一个重大成就。明末清初，随着手工业和商业的发展，出现了以四柱为基础的"龙门脉"，它把全部账目划分为"进"（各项收入）、"缴"（各项支出）、"存"（各项资产）、"该"（各项负债）几类，运用"进－缴＝存－该"的平衡公式进行核算，设总账进行"分类记录"，并编制"进缴表"（利润表）和"存该表"（资产负债表），实行双轨计算盈亏，在两表上计算得出的盈亏数应当相等，称为"合龙门"，以此核对全部账目的正误。之后，又产生了"四脚账"（也称天地合账），这种方法是：对每一笔账项既登记"来账"，又登记"去账"，以反映同一账项的来龙去脉。"四柱清册"、"龙门账"和"四脚账"显示了中国不同历史时期传统中式簿民的特色。

北魏时期的外事宾馆是什么？

北魏时期，孝文帝迁都洛阳使一度荒凉的洛阳城成为繁盛的商业城市，房屋建筑新颖、别致，人口众多，商业繁荣，吸引了国外众多的游客。当时，洛阳城内修建了一批诸如"四夷馆"之类的外事宾馆，专门接待、安置各国使节、商旅和游客。如"扶桑馆"专门接

待日本客人，"木在理"专门安排来自朝鲜半岛的使节和游客。这些宾馆，大都建筑气派，装饰豪华，既具有我国传统的民族风格，又考虑到照顾客人的居住习惯和生活习俗。

隋、唐、宋、明、清时期的外事宾馆是什么？

隋、唐、宋时期，这类外事宾馆改称"四方馆"。隋、唐以后，随着我国旅游、建筑和中外交流的日益发展，外事宾馆不仅在京城常见，而且在对外交往较多的商业城市和贸易港口也设置了起来。例如唐代扬州建有日本馆、楚州建有新罗馆。元、明、清时期，这类宾馆称为"会同馆"，大都集中在北京和其他东部沿海大城市里。

妓女是如何产生的？

中国最早的妓女，实际是战俘和奴隶。王孙公卿都有在自己的府中养大量的女子的习惯，一来是为了淫乐，二来是为了显示自己的地位。这种妓女统一被称作官妓，但是有人认为这些官妓并不是传统意义上妓女，其实她们是奴隶，和其他奴隶不同的是她们的工作只是献身和献技而已。

什么是男耕女织？

男耕女织是一种自然分工，即在生理基础上的分工。附属于采集经济的原始农活本来是妇女的事，男子只是森林的主人，从事狩猎和打仗。野蛮时代中级阶段，随着社会第一次大分工，原始的锄耕农业发展为传统的犁耕农业，同

111

时也有了纺织。从此，农业转入男子之手，开始了男耕女织。这种转变，也引起了原始社会由母权制向父权制过渡。

男耕女织长期成为农业与家庭手工业结合的基础，成为自然经济的标志。然而，长期以来，这种结合并不是一成不变的。在用麻的时代和后来用棉的时代，有所不同。麻的御寒力远不如棉。在麻的时代，黄河流域的大部分人的衣着，还须部分地依靠羊、狗和野兽的皮毛。在人口不太多的情况下，衣裘并不困难。这样，穿衣就不完全是家庭副业生产，也不完全是女人的事了。

第八章　科技发明

纸是如何发明和传播的?

公元105年，蔡伦在东汉京师洛阳总结前人经验，发明了造纸术。以树皮、麻头、破布、旧渔网等为原料造纸，大大提高了纸张的质量和生产效率，扩大了纸的原料来源，降低了纸的成本，为纸张取代竹帛开辟了前景，为文化的传播创造了有利的条件。

东汉的许慎在他编写的中国第一部条理清楚、体系分明的字典《说文解字》里谈到"纸"的来源。他说："'纸'从系旁，也就是'丝'旁。"这说明当时的纸主要是用绢丝类物品制成，与现在意义上的纸是完全不同的。纸的发明、发展及传播也是经过了一个曲折的过程。

公元105年发明造纸后，造纸术就从河南向经济文化发达的其他地区传播。蔡伦被封到陕西洋县为龙亭侯，造纸术就传到汉中地区并逐渐传向四川。据蔡伦家乡湖南耒阳的民间传说，蔡伦生前也向家乡传授过造纸术。东汉末年山东造纸也比较发达，出过东莱县的造纸能手左伯。另外，纸和藻饰书通过丝绸之路也先后传向北方各少数民族地区。

什么是再生纸?

宋代有一种循环再用的纸叫还魂纸，又称为再生纸。古人为了降低生产成本，采用故纸回槽的方法，一般先将废纸的墨迹、污迹洗去，然后掺入新纸浆中重新造纸。现藏中国国家博物馆，出土于敦煌石室的宋太祖干德五年写本《救诸众生苦难经》就采用还魂纸，其背面有三块未及捣碎的故纸残片，考古学家鉴定其为再生纸。

另外，据元代马端临《文献通考》卷九《钱币考》记载南宋时，湖北等地的纸币会子，曾经采用还魂纸。除了采用故纸回槽的循环再造方法外，早在汉代时，古人还直接在字纸背面重新写字或印刷，称为"反故"，这些用作反故的纸多为官府文牍。

印刷术是如何发展的?

印刷术是中国古代的四大发明之一。我国古代劳动人民经过长期实践和研究才发明的。

自从汉朝发明纸以后，书写材料比起过去用的甲骨、简牍、金石和缣帛要轻便、经济多了，但是抄写书籍还是非常费工的，远远不能适应社会的需要。至迟到东汉末年的熹平年间（公元172–178年），出现了摹印和拓印石碑的方法。大约在公元600年前后的隋朝，人们从刻印章中得到启发，在人类历史上最早发明了雕版印刷术。北宋平民发明家毕昇发明了活字印刷术，改进雕版印刷这些缺点。毕昇是北宋中期的一个普通

平民知识分子，当时人称布衣。他总结了历代雕版印刷的丰富的实践经验，经过反复试验，在宋仁宗庆历年间（公元1041-1048）制成了胶泥活字，实行排版印刷，完成了印刷史上一项重大的革命。

什么是雕版印刷？

雕版印刷是在一定厚度的平滑的木板上，粘贴上抄写工整的书稿，薄而近乎透明的稿纸正面和木板相贴，字就成了反体，笔画清晰可辨。雕刻工人用刻刀把版面没有字迹的部分削去，就成了字体凸出的阳文，和字体凹入的碑石阴文截然不同。印刷的时候，在凸起的字体上涂上墨汁，然后把纸覆在它的上面，轻轻拂拭纸背，字迹就留在纸上了。到了宋朝，雕版印刷事业发展到全盛时期。雕版印刷对文化的传播起了重大作用，但是也存在明显缺点：第一，刻版费时费工费料，第二，大批书版存放不便，第三，有错字不容易更正。

最早的雕版印刷品是什么？

雕版印刷——大约在公元3世纪的晋代（公元265年～公元420年），随着纸、墨的出现，印章也开始流行起来。公元4世纪东晋时期，石碑拓印得到了发展，它把印章和拓印结合起来，再把印章扩大成一个版面，蘸好墨，仿照拓印的方式，把纸铺到版上印刷，即为雕版印刷的雏形。大约在公元7世纪前期，世界上最早的雕版印刷术在唐朝（公元618年～公元907年）诞生了。雕版印刷需要先在纸上按所需规格书写文字，然后反贴在刨光的木板上，再根据文字刻出阳

文反体字，这样雕版就做成了。接着在版上涂墨，铺纸，用棕刷刷印，然后将纸揭起，就成为印品。雕刻版面需要大量的人工和材料，但雕版完成后一经开印，就显示出效率高、印刷量大的优越性。我们现在所能看到的最早的雕版印刷实物，是在敦煌发现的、印刷于公元868年的唐代雕版印刷《金刚经》，印制工艺非常精美。

火药是怎么发明的？

中国是最早发明火药的国家，隋代时，诞生了硝石、硫黄和木炭三元体系火药。黑色火药正式出现时候是在唐代。火药是由古代炼丹家发明的，从战国至汉初，帝王贵族们沉醉做神仙并有长生不老的幻想，驱使一些方士与道士炼"仙丹"，在炼制过程中逐渐发明了火药的配方。唐代炼丹家于唐高宗永淳元年首创了硫黄伏火法，用硫黄、硝石，研成粉末，再加皂角子，因为皂角子里含碳素。唐宪宗元和三年又创状火矾法，用硝石、硫黄及马兜铃一起烧炼。这两种配方，都是把三种药料混合起来，已经初步具备火药所含的成分。

火药在宋代得到了什么样的发展？

到了两宋时期火药武器发展很快。据《宋史·兵记》记载：公元970年兵部令史冯继升进火箭法，这种方法是在箭杆前端缚火药筒，点燃后利用火药燃烧向后喷出的气体的反作用力把箭推射出，这是世界上最早的喷射火器。公元1000年，士兵出身的神卫队长唐福向宋朝廷献出了他制作的火箭、火球、火蒺藜等火器。1002

年，冀州团练使石普也制成了火箭、火球等火器，并做了表演。

沈括是如何发明指南针的？

宋代科学家沈括首先记载了地磁偏角，说用天然磁石摩擦钢针，使之磁化成为磁针，可以指南，而常微偏东。并介绍了四种支挂磁针的方法：一是浮于水面，二是放在指甲上，三是放在碗沿上，四是线缕悬挂。宋军中配备指南鱼，是将薄铁叶剪成鱼形而磁化，用于阴天和黑夜判断行军方向。后来又发展成磁针和方位盘联成一体的罗经盘，即罗盘。曾三异在《因话录》中记载当时有"地螺"，"或有子午正针，或用子午、丙壬间缝针"。这种地罗还是一种水罗盘。当时，阴阳家用地罗看风水，在清丈田地和判决土地诉讼时，也使用地罗。据《萍洲可谈》、《宣和奉使高丽图经》、《诸蕃志》和《梦粱录》记载，至晚在北宋后期，指南针已用于航海，南宋时，使用"针盘"导航。这种针盘还使用"浮针"，这对海上交通的发展，中外经济文化交流，起了极大作用。

什么是司南？

司南是最早的"指南针"。战国时代，我国人民利用磁铁造成了一种指示方向的工具，叫"司南"。"司南"就是指南的意思。

司南的形状和现在的指南针完全不同。它是根据我国古代的勺子的形状制成的，很像我们现在用的汤匙。

司南的底盘是用青铜做的，有的是个涂漆的木盘，青铜和漆器都比较光滑，摩擦的阻力比较小，司南转动起来很灵活。这种底盘内圆外方，四周还刻有表示方位的格线和文字。现在的出土文物中，就有这样的铜盘和涂漆的木盘；还有东汉时候的一幅石刻，刻着一个小勺子放在一个小方台上，有人认为这就是司南。

磁现象是怎么发现的？

先秦时代我们的先人已经积累了许多这方面的认识，在探寻铁矿时常会遇到磁铁矿，也就是磁石，而它的主要成分是四氧化三铁。

磁现象，其实就是核外的电子作绕核运动时，形成了环绕原子核的电流圈，这个电流圈产生了磁场，原子就具有了磁性。

1820年，丹麦科学家奥斯特就发现了电流的磁效应，第一次揭示了磁与电存在着联系，从而把电学和磁学联系起来。

为了解释永磁和磁化现象，安培提出了分子电流假说。安培认为，任何物质的分子中都存在着环形电流，称为分子电流，而分子电流相当一个基元磁体。当物质在宏观上不存在磁性时，这些分子电流做的取向是无规则的，它们对外界所产生的磁效应互相抵消，故使整个物体不显磁性。在外磁场作用下，等效于基元磁体的各个分子电流将倾向于沿外磁场方向取向，而使物体显示磁性。

什么是指南鱼？

古代的一种磁性指南工具，用薄铁叶剪裁成鱼形，鱼的腹部略下凹，像一只小船，磁化后浮在水面，就能指南

北。当时以此作为一种游戏。

北宋时，曾公亮在《武经总要》载有制作和使用指南鱼的的方法，那是一种人工磁化的方法，它利用地球磁场使铁片磁化。就是把烧红的铁片放置在子午线的方向上。铁片烧红后，温度高于居里点，铁片中的磁畴便瓦解而成为顺磁体，蘸水淬火后，磁畴又形成，但在地磁场作用下磁畴排列有方向性，故能指南北。因我国长江黄河流域一带地磁有大约50度左右的倾角，而以一定角度放入水中，则使鱼磁化的有效磁场强度增大，磁化效果更好。

后来，指南鱼进行了改进，它与《武经总要》一书记载的不一样，是用木头刻成鱼形，有手指那么大，木鱼腹中置入一块天然磁铁，磁铁的S极指向鱼头，用蜡封好后，从鱼口插入一根针，就成为指南鱼。将其浮于水面，鱼头指南，这也是水针的一类。

什么是算筹计数法？

在我国古代，一般用算筹计数，在算筹计数法中，以纵横两种排列方式来表示单位数目的，其中1-5均分别以纵横方式排列相应数目的算筹来表示，6-9则以上面的算筹再加下面相应的算筹来表示。表示多位数时，个位用纵式，十位用横式，百位用纵式，千位用横式，以此类推，遇零则置空。这种计数法遵循一百进位制。

十进制是怎么应用的？

十进位位置制记数法包括十进位和位置制两条原则，"十进"就是满十进一；"位置"则是同一个数位在不同的位置上所表示的数值也就不同，如三位数"111"，右边的"1"在个位上表示1个一，中间的"1"在十位上就表示1个十，左边的"1"在百位上则表示1个百。这样，就使极为困难的整数表示和演算变得如此简便易行，以至于人们往往忽略它对数学发展所起的关键作用。

十进制是中国人民的一项杰出创造，在世界数学史上有重要意义。著名的英国科学史学家李约瑟教授曾对中国商代记数法予以很高的评价，"如果没有这种十进制，就几乎不可能出现我们现在这个统一化的世界了"，李约瑟说："总的说来，商代的数字系统比同一时代的古巴比伦和古埃及更为先进更为科学。"

九九口诀表有什么样的历史？

在计算数学方面，中国大约在商周时期已经有了四则运算，到春秋战国时期整数和分数的四则运算已相当完备。其中，出现于春秋时期的正整数乘法歌诀"九九歌"，可以称是先进的十进位记数法与简明的中国语言文字相结合之结晶，这是任何其他记数法和语言文字所无法比拟的。从此，"九九歌"成为数学的普及和发展最基本的基础之一，一直延续现在。

《九九乘法歌诀》，常称为"小九九"。现在学生学的"小九九"口诀，是从"一一得一"开始，到"九九八十一"止，而在古代，却是倒过来，从"九九八十一"起，到"二二得四"止。因为口诀开头两个字是"九九"，所以，人们就把它简称为"九九"。大约到13、14世纪的时候才倒过来像现在这样"一一得一……九九八十一"。

小数最早是什么时候使用的?

汉朝人刘徽在《九章算术注》中介绍,开方不尽时用十进分数(徽数,即小数)去逼近,首先提出了关于十进小数的概念。到公元1300年前后,元代刘瑾所著《律吕成书》中,已将106368.6312写成把小数部分降低一行写在整数部分的后边。而西方的斯台汶直到1585年才有十进小数的概念,且他的表示方法远不如中国先进,所以,我们完全可以自豪地宣称:中国是世界上最先使用小数的国家。

勾股定理是怎么发现的?

在中国,《周髀算经》记载了勾股定理的公式与证明。相传是在商代由商高发现,故又有称之为商高定理;三国时代的赵爽对《周髀算经》内的勾股定理作出了详细注释,又给出了另外一个证明。法国和比利时称为驴桥定理,埃及称为埃及三角形。我国古代把直角三角形中较短的直角边叫做勾,较长的直角边叫做股,斜边叫做弦。《周髀算经》算经十书之一,约成书于公元前二世纪,原名《周髀》,它是我国最古老的天文学著作,主要阐明当时的盖天说和四分历法。唐初规定它为国子监明算科的教材之一,故改名《周髀算经》。

算盘是怎么发明的?

算盘是中国传统的计算工具,是中国古代的一项重要发明,在阿拉伯数字出现前是世界广为使用的计算工具。算盘是中国人在长期使用算筹的基础上发明的。古时候,人们用小木棍进行计算,这些小木棍叫"算筹",用算筹作为工具进行的计算叫"筹算"。后来,随着生产的发展,用小木棍进行计算受到了限制,于是,人们又发明了更先进的计算器——算盘。

我国的算盘由古代的"筹算"演变而来。"筹算"就是运用一种竹签作筹码来进行运算。唐代末年,已见筹算乘除法的改进,到宋代产生了筹算的除法歌诀。15世纪中期,《鲁班木经》中有制造算盘的规格。

算盘的出现有什么样的重要意义?

由于珠算口诀便于记忆,运用又简单方便,因而在我国被普遍应用,同时也陆续传到了日本、朝鲜、印度、美国、东南亚等国家和地区。算盘的出现,被称为人类历史上计算器的重大改革,就是在电子计算器盛行的今天,它依然发挥着它特有的作用。

圆周率是怎么发现的?

中国数学家刘徽在注释《九章算术》时只用圆内接正多边形就求得 π 的近似值,也得出精确到两位小数的 π 值,他的方法被后人称为割圆术。他用割圆术一直算到圆内接正192边形,得出 π ≈ 根号10,约为3.16。

南北朝时代著名数学家祖冲之进一步得出精确到小数点后7位的 π 值,给出不足近似值3.1415926和过剩近似值

3.1415927，还得到两个近似分数值，密率355/113和约率22/7。他的辉煌成就比欧洲至少早了1000年。

圆周率是一个常数，是代表圆周长和直径的比例。它是一个无理数，也就是一个无限不循环小数。但在日常生活中，通常都用3.14来代表圆周率去进行计算，即使是工程师或物理学家要进行较精密的计算，也只取值至小数点后约20位。

我国第一部数学专著是什么？

《九章算术》是中国古代第一部数学专著，是算经十书中最重要的一种。该书内容十分丰富，系统总结了战国、秦、汉时期的数学成就。同时，《九章算术》在数学上还有其独到的成就，不仅最早提到分数问题，也首先记录了盈不足等问题，"方程"章还在世界数学史上首次阐述了负数及其加减运算法则。

《九章算术》是世界上最早系统叙述了分数运算的著作；其中盈不足的算法更是一项令人惊奇的创造；"方程"章还在世界数学史上首次阐述了负数及其加减运算法则；在代数方面，《九章算术》在世界数学史上最早提出负数概念及正负数加减法法则；现在中学讲授的线性方程组的解法和《九章算术》介绍的方法大体相同。注重实际应用是《九章算术》的一个显著特点。该书的一些知识还传播至印度和阿拉伯，甚至经过这些地区远至欧洲。

我国最早的手工业技术文献是什么？

《考工记》是中国目前所见年代最早的手工业技术文献。无论在中国古典经学史上，还是在中国传统手工业设计史和科技史上，《考工记》都占有十分重要的地位。本文打算就《考工记》中保留的先秦大量的手工艺设计思想、工艺规范及完备的生产管理制度进行一定的理论阐释，并探讨其所谓"天有时，地有气，工有巧，材有美，合此四者然后可以为良"的工艺美学观仍是现代设计可持续发展的有力保证。

关于《考工记》的作者和成书年代，长期以来学术界有不同看法。目前多数学者认为，《考工记》是齐国官书（齐国政府制定的指导、监督和考核官府手工业、工匠劳动制度的书），作者为齐稷下学宫的学者；该书主体内容编纂于春秋末至战国初，部分内容补于战国中晚期。

今天所见《考工记》，是作为《周礼》的一部分。《周礼》原名《周官》，由"天官"、"地官"、"春官"、"夏官"、"秋官"、"冬官"六篇组成。西汉时，"冬官"篇佚缺，河间献王刘德便取《考工记》补入。刘歆校书编排时改《周官》为《周礼》，故《考工记》又称《周礼·考工记》。

《考工记》篇幅并不长，但科技信息含量却相当大，内容涉及先秦时代的制车、兵器、礼器、钟磬、炼染、建筑、水利等手工业技术，还涉及天文、生物、数学、物理、化学等自然科学知识。

钻木取火是如何出现、发展的？

史前人类就开始钻木取火，用以取暖和煮熟食物。人类真正在生产上比较大规模地利用能源是从公元前2000年巴比伦人用木炭炼铁开始的，这时人类利用能源已不仅仅是为了生活——煮熟食物和取得温暖，而且是为了生产。当时使用的是植物能源有：杂草和木柴。

相传，远古人民"茹毛饮血"，还不知道取火进行熟食。有一个叫燧人氏的人，见大鸟啄木出火，认为木中藏火，于是"几经攻治，几番试验"，才创造出人工钻木取火的法子，人类才有了自己取的第一把火。此法后世一直沿袭，曾经历了数千年之久。这一古老传说，反映了中国原始时代从利用自然火，进步到人工取火的情况。

周代，钻木取火之法已经大行。古代所钻之木，一年之中，根据不同季节，还要随时改变。因为，古人认为：只有根据木的颜色，与四时相配，才能得火，反之则不能得火。也就是说，每逢换季之时，就要改新火。到了南朝，当时仍行钻木取火，但取消过了"更火"这一风俗，不实行改木。

到了唐代，钻木取火之法，更加广泛流行。唐代皇帝在每年清明日要举行隆重的赐火仪式，把新的火种赐给群臣，以表示对大臣的宠爱。

古人是如何使用地下水的?

地下水，是贮存于包气带以下地层空隙，包括岩石孔隙、裂隙和溶洞之中的水。地下水是水资源的重要组成部分，由于水量稳定，水质好，是农业灌溉、工矿和城市的重要水源之一。但在一定条件下，地下水的变化也会引起沼泽化、盐渍化、滑坡、地面沉降等不利自然现象。

泉水是地下水的天然出露，是最早为人们利用的地下水源，最早见于3500年前的甲骨文。其后在《诗经》中也多有记载，并进行了初步的分类。地下水未露出地表的，需要凿井取水，我国目前已发现的最早的水井距今已有四五千年。随着井的大量开凿，人们对地下水的认识逐渐积累。

到了战国时期，已分别对平原、丘陵、山区的地下水的埋藏深度等情况有了系统的介绍。其中对江淮河济四渎之间平原地区的地下水埋藏深度、地下水水质、相应的地表土壤性质和其上所适宜种植的农作物品种作了系统地归纳。

水车是怎么发明的?

水车又称孔明车，是我国最古老的农业灌溉工具，是先人们在征服世界的过程中创造出来的高超劳动技艺，是珍贵的历史文化遗产。相传为汉灵帝时华岚造出雏形，经三国时孔明改造完善后在蜀国推广使用，隋唐时广泛用于农业灌溉，至今已有1700余年历史。

中国自古就是以农立国，与农业相

★水车

关的科学技术取得了卓越的成就。水利作为农业中最不可缺的一环，各朝政府虽致力于兴修水利工程，不论是灌溉渠道或是运河都动员了大量的人力、物力和财力去营建。但是这些渠道大都分布在各大农业区，至于高地或是离灌溉渠道及水源较远之地，显然是无法顾及。于是中国人善用其智慧，发明了一种能引水灌溉的农具——水车。

古代是怎么观测风的？

相风铜乌是一种铜做的形状像乌鸦那样的风向器，它装在汉代观测天文气象的灵台上。这是专职观测天象单位所设置的仪器，最初造得比较笨重，《玉海》说要在千里风来的时候才动。但既然是作为仪器而设置的，自然要不断改进，所以以后就渐渐做得轻巧灵敏一些，使得受小风也能转动。例如在晋代，太史令就设有木制相风乌。以后相风木乌就渐渐普遍，在唐代李淳风《乙巳占》中，也描述了这种相风木乌的构造。

但是从军事和交通等方面看，最好采用构造更加简单的风向器。《乙巳占》中就指出：相风乌只宜设在固定的地方，在军队中驻地经常变化，还是用鸡毛编成的风向器为好。

风的名字有什么区别？

我国古代除观测各向的水平风外，也观测自下而上和自上而下的旋风，方向混乱的乱风。例如，把自上而下吹的风叫做"颓风"，也叫"焚轮风"，自下而上吹的风叫"飙风"，也叫"扶摇风"等，这说明对风的观测是细致的。

古代是怎么观测云的？

云状的观测是根据云的外貌特征、结构特点和云底高度为主要依据，判别云的种类，一般借助于云图，在开阔的地方进行观测，这样便于了解整个天空云的情况，及时发现由别处移来的云层。观测时先判定云形，再判定它的种类和具体的云状及其特征。如果天空同时有几层云，则应根据云高由下而上逐层判定。还应经常注意云的连续变化，掌握其演变规律。

云在天空中是会变化的，不同的云预示着不同天气的来临。根据云量的多少，天气可分为晴天、多云和阴天；根据云的高度和形状给云分类。

玻璃是怎么发明的？

考古资料表明，中国古代的玻璃制造工艺始于西周时期，历经绵延不绝的两千余年，至清代发展到顶峰，成为古代玻璃史上的鼎盛时期。故宫博物院藏古代玻璃器4000余件，从藏品的时代上看，战国到明清几乎不间断。其中绝大部分藏品为传世品，尤以清代玻璃制品所占比例最大。

清朝玻璃取得了什么样的成就？

清代玻璃器又分宫廷制造与民间制造两大系列，宫廷玻璃器占其中的3/4。宫廷玻璃代表了清代玻璃制作的工艺水平，是造办处玻璃厂按照皇帝的谕旨为皇家制作的各种玻璃器皿。自清一代从康熙皇帝玄烨到末代皇帝溥仪，内务府官办作坊——造办处玻璃厂从未停止过玻璃的制造与生产。玻璃厂建立后，清代的玻璃制作在皇帝和造办处管理大臣的统一指挥下走上了稳步发展的轨道。据不完全统计，康熙朝已有单色玻璃、画珐琅玻璃、套玻璃、刻花玻璃和洒金玻璃等品种，雍正朝在此基础上又增加了描金玻璃。

冶金的起源是什么？

胆水炼铜就是冶金的起源，也就是胆铜法。所谓胆铜法，就是把铁放在胆矾也就是硫酸铜溶液里，人们把这种溶液称为胆水，以胆矾中的铜离子被金属铁所置换而成为单质铜沉积下来的一种产铜方法。用胆水炼铜，以我国为最早，是水法冶金的起源，在世界冶金史上也占有重要的地位。

有关胆水取铜的最早描述见于西汉成书的《淮南万毕术》，其中就有"曾青得铁则化为铜"的话。曾青又名空青、白青、石胆和胆矾等，指天然硫酸铜或其他可溶性铜矿物，这说明我国在西汉时期已观察到并记载了"曾青化铁为铜"的现象。到了宋代，我国已把胆铜法应用于生产上，并使之成为大量生产铜的主要方法之一了。

古代人是如何发现和使用煤的？

我国古代劳动人民认识煤、利用煤、找煤的历史悠久，据有文字记载的就可追溯到1700多年以前。煤炭古称"石涅"、"石墨"或"石炭"。涅和墨都是黑色的意思，且前边都冠以"石"字，都有燃烧之意。顾名思义，煤是"可以燃烧的黑石头"，这是我国先民们认识煤的特征的科学开端。

随着生产的实践，先民们还不断总结了各地煤矿的分布和层位。在山东枣庄一带流传"前有红石岭，后有煤炭岩"这样的顺口溜，前人已总结出这一带找煤必须要发现紫红色的岩石才有希望，这些经验之谈已被枣庄煤田勘探所证实。山西省《寿阳县志》载"山无草木，下有石炭极佳"，可见前人已总结出从植被的发育情况而找煤了。

关于煤的最早的记载是什么？

最早记载有关煤的发现者当数我国宋代的大诗人苏东坡。宋元丰元年（1078年），苏东坡任徐州太守时，首次于徐州西南找到了煤矿，并写下了名诗《石炭行》。苏东坡发现的煤矿就是萧县孤山煤矿，孤山位于徐州市西南约20公里，从萧县县城东南行12公里即可到达，它又处萧县白土镇西北4公里。当地煤层中含白色黏土，为优质陶瓷原料。唐代已开采以木材烧瓷，宋苏轼发现煤后，才改用煤炭烧窑。

中国最古老的冰箱是什么？

中国在古代就已有了"冰箱"。虽然远不如现代科技产物电冰箱，但仍可以起到对新鲜食物的保鲜作用。在古籍《周礼》中就提到过一种用来储存食物的"冰鉴"。这种"冰鉴"其实是一个盒子似的东西，内部是空的。只要把冰放在里面，然后把食物再放在冰的中间，就可以对食物起到防腐保鲜的作用了。这可能是人类使用最早的冰箱。

我国的丝绸有什么样的重要影响？

专家们根据考古学的发现推测，在

距今五六千年前的新石器时期中期，中国便开始了养蚕、取丝、织绸了。到了商代，丝绸生产已经初具规模，具有较高的工艺水平，有了复杂的织机和织造手艺。

我国是世界上最早饲养家蚕和缫丝织绸的国家，中华民族的祖先不但发明了丝绸，而且昌明丝绸、利用丝绸，使其在服饰上、经济上、艺术上及文化上均散发出灿烂光芒，进而使丝绸衣披天下。被称为三大名锦的古代四川蜀锦、苏州宋锦、南京云锦是丝织品中的优秀代表，至今在世界上仍享有很高声誉。因此，丝绸在某种意义上说，代表了中国悠久灿烂的文化。

唐宋元时期的丝绸取得了什么样的成就？

唐朝是丝绸生产的鼎盛时期，无论产量、质量和品种都达到了前所未有的水平。丝绸的生产组织分为宫廷手工业、农村副业和独立手工业三种，规模较前代大大扩充了。同时，丝绸的对外贸易也得到巨大的发展，不但"丝绸之路"的通道增加到了三条，而且贸易的频繁程度也空前高涨。丝绸的生产和贸易为唐代的繁荣做出了巨大的贡献。

宋元时期，随着蚕桑技术的进步，

中国丝绸有过短暂的辉煌。不但丝绸的花色品种有明显的增加，特别是出现了宋锦、丝和饰金织物三种有特色的新品种，而且对蚕桑生产技术的总结和推广也取得了很大的突破。

古代石油是怎么发现与利用的？

我国古代有关石油的记载，多在西北地区。公元1800年前，汉代史学家班固著《汉书·地理志》，描述了现今陕西延安一带的延河支流洧水水面上见到的可燃物质。这是我国最早对石油发现的记载。

西晋人司马彪著《后汉书·郡国志》，对延寿县（现今甘肃酒泉一带）有记载古人已经开始对石油表征有所认识，并已取之利用。玉门地区的石油，后也多有记载，不仅用于照明、润滑和作为燃料，而且还用于军事作战。唐李吉甫著《元和郡县图志》，描述了玉门地区石油的显示和用途，特别是石油用于战争的情形，当时酒泉城之所以得以解围，全依赖用石油燃烧以焚毁敌之攻城工具。北宋曾公亮著《武经总要》记述了北宋（公元960～1127年）时期，在京城汴梁设石油加工作坊"猛火油作"，利用石油、沥青掺于火药的配方以制作火攻武器。

第九章　体育艺术

蹴鞠是什么时候出现的？

蹴鞠就是我国最早的足球。《史记》和《战国策》最早记录了足球运动的情况。《史记》和《战国策》记载都表明，在当时的齐国故都临淄，蹴鞠已发展成一种成熟的游乐方式，而且在民间广为盛行。齐宣王于公元前319年——公元前301年在位，由此可以断定：在距今二千三百多年前或更早的一段历史时期，在齐国故都临淄城足球活动就已广泛开展，蹴鞠已发展成一种民间盛行的体育和娱乐活动项目。

我国最早的体育专业书籍是什么？

由于蹴鞠运动的兴盛，汉代还出现了研究这项运动的专著，汉代曾有人写了一部《蹴鞠二十五篇》。这是我国最早的一部体育专业书籍，也是世界上的第一部体育专业书籍。班固在写《汉书·艺文志》时，把《蹴鞠二十五篇》列为兵书，属于军事训练的兵技巧类，可惜后来失传了。西汉时期的项处是第一个因足球而名垂史册的人，不过他的经历却很不幸。《史记·扁鹊仓公列传》记载，名医淳于意为项处看病，叮嘱他不要过度劳累，但项处不听，仍外出踢球，结果呕血身亡，这也使得项处成为了世界上有史可查的第一个狂热"球迷"。

我国古代的女子足球的发展概况是怎样的？

据史料记载，中国女子踢球有着悠久的历史。在古典文学名著《聊斋志异》、《隋唐演义》中都有关于女子踢球的记载。在许多南阳汉代石刻上，都刻有女子蹴鞠的图案。图中女子或穿裙、或着褥，姿态优美，动作矫捷，十分生动，这恐怕是世界上最早的女子足球。

宋代女子蹴鞠也很盛行。故宫收藏一个宋代陶枕，上绘一个女子，双手把长裙拢在腰后，高高把球踢起。湖南博物馆有一面宋代铜镜，背面模铸浮雕一幅男子蹴鞠游戏图。图中女子高梳发髻，腰束百褶裙，正在盘带足球，对面一头戴幞巾、身着长服男子，摆出防守的架势，形态逼真、生动。值得注意的是，这些文物中女子的衣着打扮，皆是民间少女模样，可见宋代的女子足球已从单纯的宫廷娱乐转变为民间运动。

元代女子足球活动在市井阶层得到了更广泛的开展，当时遍布大都的勾栏、青楼中很多倡优女子都精通此道。著名杂剧作家关汉卿就是一名蹴鞠能手，经常和她们往来对踢。

明代女子足球仍甚流行，当时有一个球艺十分高超的女子彭云秀，她善踢花脚，有十六种奇巧的解数，使球绕着身体上下左右翻飞滚动而不落地。

什么是击鞠？

马球运动起源于中国，又名击鞠、打球等。它是马术与球类运动相结合的产物，我国有关马球运动出现的最早记载在三国时期，而这与马球运动产生的最基本条件——汉代兴盛的马术和球类运动也是相符合的，说明马球运动在我国是有着久远历史的。

开展马球运动的黄金时代在唐朝。马球运动从汉代一直到整个隋唐都有很大的发展，特别是唐代曾经风行一时，还出现了专门的马球场。宋元时期的有关马球实物资料亦多有所见。至明清，马球运动已经不是两队争逐，而是由队员轮流击球入门，变竞赛为击球表演的一种娱乐活动了。

跳绳是怎么来的？

远在距今一千三百多年前的唐朝，就有这种运动。绳与我们的生活相当密切，早在古远的时代，老祖宗们就拿它来记事，用它来捆扎收获的农作物、搬运东西，或是驱使牛马等家畜，是人类生活上重要的工具之一。

而绳子在孩子们眼中更是童年不可缺的童玩之一。他们利用绳子玩出来的游戏，就叫跳绳。在古代跳绳叫"跳百索"，这游戏在我国起码有一千五百年的历史了。最早是孩子们在春节时玩的一种游戏，所谓"跳百索"，就是因为当绳飞转时，可以幻成千百条，而顾名思义。由于"跳百索"即有趣，又能与人同乐，所以这种童玩一直被延续下来。到了今天，孩子们玩这种游戏，已不限于在春节，"跳百索"也改口叫跳绳了。

滑冰是怎么起源的？

滑冰，也叫"冰嬉"。很多人认为，滑冰是从外国传来的"洋玩意"，事实上，早在宋代，我国就已经有了滑冰运动。不过，那时不叫滑冰，而称之为"冰嬉"。"冰嬉"包括速度滑冰、花样滑冰以及冰上杂技等多种项目。

根据宋史记载，早在宋代就已经有冰上游戏了，而真正盛行却是在清代，原来生活在东北寒冷地区的满族人入关后，每年11月间在北平皇城内大液池上举行冰上运动比赛，而后很多汉族人纷纷效仿，民间的冰上运动逐渐盛行。民国以后，受到欧洲溜冰技术的影响，加上人工冰场在北方各大都市相继建成，溜冰运动不断升温，渐渐成了重要的冬季运动项目。

举重是什么时候出现的？

原始社会初期，人们为了猎取食物和防止猛兽的侵犯，不得不搬起或举起很重的东西，或者拿起有一定长度和一定重量的木棍进行自卫。为了有足够的力量，我们的祖先经常用举起重物来增强体质、发展力量和锻炼勇气，这就是最初的举重。传说中夏桀可以拉直铁钩，殷纣能够举起屋梁换下木柱，都是在生活中用力的事作为练力的活动。到了《左氏春秋》里，记载的比较确切的大力士就越来越多起来。比如孔子的父亲叔梁纥。那个时候的举重形式以翘关为主。关是城门的大木门闩，每天开闭城门便需要有人举起木栓上栓下栓。为了锻炼上下栓的身体力量，有人便以举城门栓练力。

不过唐朝时把举重叫翘关，对翘关的器具规格和举法作了明确规定。《唐书·选举制》载，翘关长一丈七，直径三寸半，木制(约合三百余斤)，双手举十次，再手提翘关的一端走出一尺以外。这样的重量和举法，的确需要很大的力量，要经过长期训练才能做到。武考科目中还有一个"负重"项目，就是负重行走。

秋千是怎么兴起的?

秋千的起源，可追溯到几十万年前的上古时代。那时，我们的祖先为了谋生，不得不上树采摘野果或猎取野兽。在攀缘和奔跑中，他们往往抓住粗壮的蔓生植物，依靠藤条的摇荡摆动，上树或跨越沟涧，这是秋千最原始的雏形。至于后来绳索悬挂于木架、下拴踏板的秋千，春秋时期在我国北方就有了。当时拴秋千的绳索为结实起见，通常多以兽皮制成，故秋千两字繁写均以"革"字为偏旁。

蒲城县罕井镇西南村的神龙花秋千，据村内族人长者讲，王氏宗族的先祖王理和王义，在明朝时为进行官吏，是他们将宫廷秋千的形样传袭到家乡来的，并将其制法和先们的批注诗词，写进了族簿之中，族簿虽今已无存，但老先人们凭着口口相传仍使其保留至今。

拔河是怎么兴起的?

拔河，古代称作"拖钩"、"牵钩"和"拔缰"。据文献记载：在我国古代，正月元宵前后，都要举行一种"牵钩"游戏，就是拔河运动。

早在春秋战国时，楚国为了攻打吴国，曾使用了一种一端带有钩子的拖绳，用来拖拉敌人的战车和战船。平时，用这种绳子来训练士兵这种"牵钩"的军事训练，这就是拔河运动的最早形式。

到了唐代，拔河运动进入了兴盛时期。唐玄宗很喜欢拔河，他举办的拔河比赛挽者至千人，喧呼动地，香客庶士，观者莫不震惊。为此，进士薛胜曾写了一篇《拔河赋》，来描述当时的拔河竞赛盛况。

古代参加拔河的人数比现在的多得多。大绳正中插一根大旗，旗的两边划两条竖线，称为河界线。比赛时，以河界线为胜负标志，所以改称"钩拒之戏"为"拔河"。一声令下，河界两边选手紧挽绳索，"使相牵引"，围观者"震鼓叫噪，为之鼓劲"。

太极拳是如何出现的?

太极拳起源众说纷纭，民间大致有唐朝许宣平、南宋或元末明初时期的张三丰、清朝陈王廷和王宗岳等说法。戚继光的32势长拳理论、王宗岳的太极拳论、张三丰道家理论等都在太极拳中有体现。太极拳的定名、成型、传播靠的是杨露禅。可见太极拳并非一人、一时、一地所创，而是前人不断总结、整理、创新、发展而来的。纵观近、现代太极拳的发展就可见一斑，事物只有不断发展才具有生命力。也有人称太极拳发源于武当张三丰原式太极拳，赵堡太极拳为武当太极拳的一支。目前可以明确的是，太极拳由河南温县陈家沟陈

125

氏第十四世陈长兴传给河北永年人杨露禅，而后社会依次出现杨式、武式、吴式、孙式等太极拳流派。

太极拳是如何传播发展的？

太极拳数百年来代代有传人，绵延不绝，名手辈出，尤其杨氏，在藏龙卧虎的北京，更是赢得"杨无敌"的美誉，而为天下所知，为太极拳的发展、传播、造福人类，居功至伟。而在太极拳传承历史上占有重要地位的陈家沟，位于河南省温县东清风岭上，六百年前为常阳村。明洪武五年（公元1372年），山西泽州（今晋城）人陈卜率全家由山西洪洞县迁居温县城北，立村陈卜庄，越二年，因嫌地势低洼，复迁常阳。后因陈氏人丁繁衍，家传武术在附近又大有声望，加之村中有一条南北走向的大沟，久而久之，便易常阳旧名为陈家沟。陈氏总结了许多拳术套路。计有五套拳、五套锤、十五红、十五炮、红炮锤、一百单八式长拳以及别开生面的演练方法双人推手等。又据此理，创编了刀、枪、剑、棍、铜、双人粘枪等武术器械套路。这些拳械套路均据太极之理，由无极至太极，由无相而生有相，由静而生动，每个招式都分阴阳（即虚、实、柔、刚、静、动等），形成了太极拳械的雏形。陈氏十四世的陈长兴，在祖传拳术的基础上再树里程碑。他将陈王廷编的一至五路太极拳由博归约，精炼归纳，创造性地形成完整套路，成为陈氏太极拳一路二路，后人称之为"老架"，他还大胆地打破门规限制，拳传外姓，收河北广平府（今永

年县）杨露禅为徒。杨露禅艺成回乡后，后到达北京，经历了一段"闯天下、打天下"的传奇经历，并担当骑营总教习。杨氏祖孙三代在北京与人交手无数，授徒广众，流传甚广。其拳架在不断的实践中日臻完善，最后由杨澄甫定型，成为目前流行最广的杨式太极拳。同时，尚有早期、中期的拳架流传于世。满族人全佑跟杨露禅之子杨班侯学得杨氏小架太极拳后，传与其子鉴泉，在上海开办武学，将师承太极拳修改定型成另一家，因鉴泉后从汉姓吴，故世人称其为吴氏太极拳。

少林寺是如何建立的？

少林寺创建于北魏孝文帝太和十九年。当时，天竺僧人跋陀由西域跋涉而来，得到虔信佛学的孝文帝的礼敬。跋陀见嵩山很像一朵莲花，便有意在"花"中立寺，孝文帝在少室山建造少林寺供养跋陀。后来又过了三十余年，南天竺僧人菩提达摩来到少林寺，广罗弟子，传授禅宗，成为中国佛教禅宗的开山祖师。

少林寺在什么时候开始以武闻名？

少林武技，名显于世，始于隋末。当时少林寺有十三武僧，应秦王李世民之邀，出山参加了讨平王世充的战役，他们凭着超群的技艺，活擒王世充的侄儿王仁则，逼降王世充。胜利后论功行赏，除昙宗一人受封大将军外，其余十二人不愿受封，回归少林，但均获赐紫罗袈裟，另赐少林寺大量的田地、银两，并赐"立僧兵"、"酒肉"等荣

宠！自此少林寺遂以武闻名于世。

健身球是怎么发明的？

健身球古称铁胆，石制的称为石胆，本是一种投掷的武器。《史记·白起王翦列传》记载，秦国大将王起曾用"投石超距"训练士兵的臂力。既然"投石"是一种军队里常用的训练器械，必然要经过打磨才便于携带，而在当时的生产工艺水平限制下，投石只能打磨成球形。所以，春秋战国时代的投石，大概是健身球遥远的祖先。

到了明代，玩健身球的健身术已经相当普及。石球打磨起来太费劲，民间需求量又较大，而当时的铸铁工艺比较先进，铸成球形铁蛋代替石球，防身效果更具威力，当然也就更受到欢迎。社会不太平，民间盛行习武之风，但拿着刀枪棍棒又容易惹是生非，于是，玩球习武成为一种时尚，有事防身，无事健身。

到了清代，玩健身球的健身术在民间更为普遍，铁铸的实心球改成了铜制的空心球，球内还装进音板，在手掌中滚动时，就发出清脆的与浑厚的两种声音，当时的老百姓戏称为公球母球。而玩这种铜球的武士，则心爱地称其为"阴阳太极球。"

什么是斗鸡？

斗鸡约有两千多年的历史，是我国古老的鸡种。公元前770年，春秋战国时期的鲁季平子与邻昭伯以斗鸡而得罪于鲁昭公，竟互相打起架来。《史记》和《汉书》上多处记载有关"斗鸡走狗"之事。据山东《成武县志》记载："斗鸡台在文亭山后，周渲王三年（公元前679年），齐桓公以宋背北杏之会，曾搂诸侯伐宋，单伯会之，取成于宋北境时，斗鸡其上。"可见当时奴隶主玩斗鸡已颇盛行。魏曹时代，魏明帝于太和(公元297-235年)年间，在邺都(今河北省魏县)筑起了斗鸡台，赵王石虎玩斗鸡于此，明高启（公元1336-1374年）著有《书博鸡者事》。今陕西宝鸡还有以"斗鸡台"为地名的史迹。

象棋是怎么出现的？

对于象棋的起源，众说纷纭，大致有以下说法：

一、起源于传说时代的神农氏。二、起源于传说时代的黄帝。三、起源于战国之时。四、起源于北周武帝之时。

上述几种关于象棋起源的传说，有的也有一定的根据，值得进一步追溯。但就从这些传说中已可看出我国古代象棋的萌芽。

唐朝之前的围棋经历了什么样的发展变革？

围棋，在我国古代称为弈，在整个古代棋类中可以说是棋之鼻祖，相传已有4000多年的历史。据《世本》所言，围棋为尧所造。晋张华在《博物志》中亦说："舜以子商均愚，故作围棋以教之。"舜是传说人物，造围棋之说不可信，但它反映了围棋起源之早。

春秋、战国时期围棋已在社会上广泛流传了。《左传·襄公二十五年》曾记载了这样一件事，公元前559年，卫国的国君献公被卫国大夫宁殖等人驱逐出

国。后来，宁殖的儿子又答应把卫献公迎回来。

秦灭六国一统天下，有关围棋的活动鲜有记载。当时围棋的发展仍比较缓慢，直至东汉中晚期，围棋活动才又逐渐盛行。

由于南北朝时期玄学的兴起，导致文人学士以尚清谈为荣，因而弈风更盛，下围棋被称为"手谈"。上层统治者也无不雅好弈棋，他们以棋设官，建立"棋品"制度，对有一定水平的"棋士"，授予与棋艺相当的"品格"。

唐宋时期的围棋取得了什么样的成就？

唐宋时期，可以视为围棋游艺在历史上发生的第二次重大变化时期。由于帝王们的喜爱以及其他种种原因，围棋得到长足的发展，对弈之风遍及全国。这时的围棋，已不仅在于它的军事价值，而主要在于陶冶情操、愉悦身心、增长智慧。弈棋与弹琴、写诗、绘画被人们引为风雅之事，成为男女老少皆宜的游艺娱乐项目。从唐代始，昌盛的围棋随着中外文化的交流，逐渐越出国门。首先是日本，遣唐使团将围棋带回，围棋很快在日本流传，不但涌现了许多围棋名手，而且对棋子、棋局的制作也非常考究。

明清两代围棋取得了什么样的成就？

明清两代，棋艺水平得到了迅速的提高。其表现之一，就是流派纷起。明代正德、嘉靖年间，形成了三个著名的围棋流派：一是以鲍一中（永嘉人）

为冠，李冲、周源、徐希圣附之的永嘉派；一是以程汝亮（新安人）为冠，汪曙、方子谦附之的新安派；一是以颜伦、李釜（北京人）为冠的京师派。这三派风格各异，布局攻守侧重不同，但皆为当时名手。在他们的带动下，长期为士大夫垄断的围棋，开始在市民阶层中发展起来，并涌现出了一批"里巷小人"的棋手。他们通过频繁的民间比赛活动，使得围棋游艺更进一步得到了普及。随着围棋游艺活动的兴盛，一些民间棋艺家编撰的围棋谱也大量涌现，如《适情录》、《石室仙机》、《三才图会棋谱》、《仙机武库》及《弈史》、《弈问》等20余种明版本围棋谱，都是现存的颇有价值的著述，从中可以窥见当时围棋技艺及理论高度发展的情况。

麻将是如何成形的？

我国最早有关麻将的记载，是宋朝杨大年著的"麻将经"。其中的内容和现今的麻将差不多。麻将发展到了清朝，没有"一鸟"（一索），并且七个字是"公"、"侯"、"将"、"相"、"文"、"武"、"百"，清廷怀疑这七字和反清复明有关，于是下令禁止。到了道光年间，秀才陈实门坐他哥的船四处游历，船上的船员无聊聚赌，陈实门日日观之，于是起了改进赌具的念头，船行时风向时常改变，于是他把公侯将相改成东南西北风，当时船在各处交易的货币制度是，十筒相当于一索，十索相当于一万。其中"筒"即是中间有洞的铜币，索就是把一堆铜币串起。于是他将这些用在麻将上，但一索和二索极易混淆，某日他看到了船上养的鸟，灵机一动将一索改成"鸟"。麻将至此已大致成形，但文武百这三字要改成什么呢？陈实门为此伤透了脑筋。有一次船员在下棋时用炮将军对方，说道"吾炮百发百中也"。陈实门听了就将文武百取百发百中之中发百改为中发白替之，这就是我们今日的麻将了。

商周时期的傩祭活动是怎样的？

商周时代，祭祀成风，傩祭活动盛行于世。从帝王到百姓都十分重视傩祭，而且规模很大，庄严隆重。当时大的傩祭每年举行三次，时间在春季、秋季和冬季。前两次只有天子和贵族才能参加，称为"国傩"和"天子傩"；后一次才下及百姓，称为"乡人傩"。古代人傩祭时的中心人物叫方相氏，他在驱逐疫鬼时要佩戴闪亮发光的金属面具，十分神秘可畏。

投壶有什么特点？

投壶是古代士大夫宴饮时做的一种投掷游戏，是一种从容安详、讲究礼节的活动，在战国时得到相当发展。

春秋战国时期，诸侯宴请宾客时的礼仪之一就是请客人射箭。那时，成年男子不会射箭被视为耻辱，主人请客人射箭，客人是不能推辞的。后来，有的客人确实不会射箭，就用箭投酒壶代替。久而久之，投壶就代替了射箭，成为宴饮时的一种游戏。

宋代司马光曾著有《投壶新格》一书，详细记载了壶具的尺寸、投矢的名目和计分方法。宋代以后，投壶游戏逐渐衰落下去，不再像汉唐那样盛行，仅

断续地在士大夫中进行。

什么是木偶戏？

木偶戏又称傀儡戏、木脑子戏，是我国重要的传统艺术形式之一。其历史悠久，品种繁多，剧目丰富，雕刻精美，表演艺术更是神奇绝妙。"三五人，可作千军万马；六七步，能达四海九州"这一对联形象地描述了木偶戏这种以小小舞台演出大千世界的艺术形式。

各代书法名家的合称、特称有什么？

邢张米董：指晚明四大家邢侗、张瑞图、米万钟、董其昌四人。其中董其昌、邢侗又有"南董北邢"之说。

苏黄米蔡：指宋"四大家"苏轼、黄庭坚、米芾、蔡襄。苏氏代表作有《天际乌云帖》、《洞庭春色赋》、《中山松醪赋》、《寒食诗》、《醉翁亭记》等；黄氏代表作有《松风阁》、《苏轼寒食诗跋》、《花气诗》、《诸上座帖》等；米氏代表作有《多景楼诗》、《苕溪诗帖》、《蜀素诗》等；蔡氏名作如《万安桥记》《颜真卿自书告身跋》。"四家"之蔡一说为蔡京。

颜柳：指唐之书家颜真卿、柳公权，书史上又有"颜筋柳骨"之称。前者的代表作有《多宝塔感应碑》、《郭家庙碑》、《元吉墓碑》、《颜勤礼碑》，《颜家庙碑》、《祭侄季明文稿》、《争座位帖》等；后者的代表作有《李晟碑》、《金刚经》、《神策军碑》等。

颠张醉素：颠张就是张旭，代表作《肚痛帖》；醉素指怀素，代表作有

《自序帖》、《千字文》、《苦笋帖》等，二人亦唐草圣。

虞欧褚薛：指初唐的四大书法家虞世南、欧阳询、褚遂良、薛稷。虞氏的代表作有《孔子家庙碑》，欧阳氏代表作有《九成宫醴泉铭》、《化度寺邕禅师舍利塔》、《虞恭公温颜博碑》、《皇甫诞碑》，褚氏名有《雁塔圣教序》、《孟法师碑》等，薛氏代表作有《信行禅师碑》等。

羊薄：指南朝宋书法家羊欣、薄绍之。前者善隶书，后者善行草。

二王：指东晋王羲之、王献之父子。前者为书圣，代表作有《兰亭序》等，后者代表作有《鸭头丸》、《十二月帖》等。

崔杜：指东汉崔瑗、杜操，为徒师关系，皆善章草。

钟张：指东汉张芝、三国魏钟繇。张氏创今草，被推为"草圣"，钟氏代表作有《宣示表》，《贺捷表》等。

我国古代有哪些女书法家？

王羲之书法的师承，少时学卫夫人书，其笔法古朴肃穆，体态自然，是楷书中的上品。

在卫夫人之前，还有一位女书法家蔡文姬，名琰，字昭姬，汉族，东汉末年陈留人，东汉大文学家和书法家蔡邕的女儿，是中国历史上著名的才女、文学家和书法家。蔡文姬自小耳濡目染，既博学能文，又善诗赋，兼长编才与音律。

唐代有吴采鸾、薛涛、武则天。吴采鸾所书小楷，很有钟繇、王羲之的笔意，遒劲古雅，可与卫夫人媲美。薛涛所书《陈思王美女篇》，行书，笔势跌宕秀逸。武则天书写草体，书法婉约。

宋代淑真，所书小楷，端庄精劲，深得王羲之笔法。

管道升是元代女书法家。字仲姬，她是赵孟頫的妻子，赵孟頫字子昂，号松雪道人，工书善画，书法为元代宗师。

李清照号易安居士，南宋杰出女文学家、女书法家，山东济南人，婉约词宗。以词著名，兼工诗文，并著有词论的李清照，在中国文学史上享有崇高声誉，"文有李清照，武有秦良玉。"李清照对金石书画不但酷爱，精于赏鉴，并且也能动手写字作画。

颜真卿的书法有什么特点？

颜真卿（709-785），字清臣，京兆万年人。他出身名门，是著名学者颜师古的五世孙。颜真卿为人笃实耿直，向以义烈闻名于官场，曾为四朝元老。他宦海浮沉，不以为意，后奉命招抚谋反的淮西节度使李希烈，为李所杀。颜真卿的书法渊自家学，但其得以变革的启迪者，乃吴郡张旭。由于他能兼取百家，自如取舍，留下大量书帖足可见其功力。颜的楷书，反映出一种盛世风貌，气宇轩昂；而他的行草，使宋代米芾也心仪斯书，原因是那些书帖往往是在极度悲愤的心境中走笔疾书的，他的书法。情溶于艺，艺才生魂，历史上大凡优秀的艺术，均不违背此一准则。颜真卿即是其中最富革新精神的书法家。

柳公权的书法有什么特点？

柳公权，唐代宗大历十三年（公元

778年）——唐懿宗咸通六年（公元865年，终年88岁。京兆华原（今陕西耀县）人。宫至太子少师，故世称"柳少师"。他初学王羲之并精研欧阳询、颜真卿笔法，然后自成一家。所写楷书，体势劲媚，骨力遒健。较之颜体，柳字则稍清瘦，故有"颜筋柳骨"之称。穆宗尝问柳公权用笔之法，公权答云："用笔在心，心正则笔正。"穆公为之改容，如其笔谏也。他初学王羲之笔法，以后遍阅近代书法，于是极力变右军法，学习颜真卿，又融汇自己新意，使他的字避免了横细竖粗的态势，而取均衡瘦硬，追魏碑斩钉截铁势，点画爽利挺秀，骨力遒劲，结体严紧，后世学书者不少以柳字为楷模。

什么是篆刻？

篆刻，自起源至今的两千多年的漫长历史中，历经了十余个朝代。在这个长期的发展过程中，篆刻艺术出现了两个高度发展的历史阶段。一个是战国、秦汉、魏晋六朝时期，这一时期的篆刻用料主要为玉石、金、牙、角等。它被称为"古代篆刻艺术时期"，它的篆刻艺术特点主要是以时代来划分。篆刻发展到了唐、宋、元时期，则处于衰微的时期。

印是什么时候开始用玉刻制的？

元朝末年，王冕用软石"花乳石"制印之后，印才由铜玉一类的硬质材料，转变为可以由文人自己书写、自己刻制，不必再假手于工匠，借着刀的雕刻技巧，使"书"与"刻"融为一体，表现出多种不同的意境，甚至连古代

所未有的意韵，也都能从石质印材中刻画而出，达到美术上所谓的一种高境界。于是篆刻便不再附庸于书法的范畴内，而坚强地站立起来，成为与"书""画"鼎足而立的艺术了。可以说纸的发明是书法的强心剂，而软石寿石、青田、昌化等的出现与使用，也促成篆刻艺术的成长与发达。

篆刻艺术是书法、章法、刀法三者完美的结合，一方印中，有豪壮飘逸的书法笔意，又有优美悦目的绘画构图，并且更兼得刀法生动的雕刻神韵。可称得上"方寸之间，气象万千"。

什么是风俗画？

风俗画就是以社会生活风习为题材的人物画。始于汉代，如辽阳、望都等地墓室壁画和画像石、画像砖等。唐代韩滉《田家风俗图》、五代李群《孟说举鼎》、北宋张择端《清明上河图》、南宋左建《农家迎妇图》、朱光普《村田乐事图》、李唐《货郎图》等，均为一代名作。南宋时在临安（今浙江杭州）流行一种"堂画"，亦称"风俗画"。清末吴友如《点石斋画报》中有很多作品，均属风俗画。年画中的《姑苏万年桥》、《大庆丰年》、《万家村》等图，也属之。建国后的风俗画，反映了新的题材、新的人物。

《清明上河图》有什么特点？

《清明上河图》生动地记录了中国12世纪城市生活的面貌，这在中国乃至世界绘画史上都是独一无二的。作品以长卷形式，采用散点透视的构图法，将

繁杂的景物纳入统一而富于变化的画卷中，画中主要分为两部分，一部分是农村，另一部分是市集。画中有814人，牲畜83匹，船只29艘，房屋楼宇30多栋，车13辆，轿14顶，桥17座，树木约180棵，往来衣着不同，神情各异，栩栩如生，其间还穿插各种活动，注重情节，构图疏密有致，富有节奏感和韵律的变化，笔墨章法都很巧妙，颇见功底。这幅画描绘的是汴京清明时节的繁荣景象，是汴京当年繁荣的见证，也是北宋城市经济情况的写照，栩栩如生地描绘了北宋都城汴京的日常社会生活与习俗风情。通过这幅画，可以了解北宋的城市面貌和当时各阶层人民的生活。总之，《清明上河图》具有极高的史料价值。

什么是花鸟画？

花鸟画是以动植物为主要描绘对象的中国画。有花卉、蔬果、草虫、畜兽、鳞介等分支。与中国传统美学相适应，以写生为基础，以寓兴、写意为归依，注重夺造化而移精神遐想。根据墨与色的不同，可分为水墨、泼墨、设色、白描、没骨等类。

在中国画中，凡以花卉、花鸟、鱼虫等为描绘对象的画，称之为花鸟画。花鸟画中的画法中有"工笔"、"写意"、"兼工带写"三种。工笔花鸟画即用浓、淡墨勾勒动象，再深浅分层次着色；写意花鸟画即用简练概括的手法绘写对象；介于工笔和写意之间的就称为兼工带写。

中国历史上的花鸟名家有哪些？

历代花鸟画家辈出，如唐代薛稷的鹤、边鸾的孔雀、刁光胤的花竹；五代郭乾晖的鹰、黄筌、徐熙的花鸟；北宋赵昌的花、崔白的雀、吴元瑜的花鸟；南宋吴炳的折枝、林椿的花果、李迪的禽；元代李衎的竹、张守中的鸳鸯、王冕的梅；明代林良的禽、陈淳、徐渭的墨花；清代朱耷的鱼、恽寿平的荷、华喦的鸟；近代吴昌硕的花卉等，皆一代名手，绵延不绝。

什么是人物画？

人物画的产生早于其他中国画科。据《孔子家语》记载，在周代就有劝善戒恶的历史人物壁画。至战国秦汉，以历史现实或神话中人物故事和人物活动为题材的作品大量涌现。自南宋受禅宗思想影响，写意人物画肇兴以来，此后中国人物画开始朝另一方向发展。

魏晋隋唐时期的人物画取得了什么样的成就？

魏晋隋唐是中国人物画重要发展时期。魏晋时期，思想的解放，佛教的传入，玄学的风行，专业画家队伍的确立，促成人物画由略而精，宗教画尤为兴盛，出现了以顾恺之为代表的第一批人物画大师，也出现了以《魏晋胜流画赞》、《论画》为代表的第一批人物画论，奠立了中国人物画的重要传统。

盛唐时期吴道子则把人物宗教画推到更富于表现力，也更生动感人的新境地。

五代两宋时期的人物画取得了什么样的成就？

五代两宋是中国人物画深入发展的时期。随着宫廷画院的兴办，工笔重彩着色人物画更趋精美，又随着文人画的兴起，民间稿本被李公麟提高为一种被称为白描的绘画样式。宋代城乡经济的发展，宋与金的斗争，社会风俗画和具有现实意义的历史故事画亦蓬勃发展。作品在体现对象的社会属性上，在表达人物内心的复杂性上，在宏伟的构图能力上，都有飞速进步，张择端的杰作《清明上河图》便产生于这一时期。

什么是山水画？

风水理论深深地影响着中国古代美学。许多风水理论范畴的概念直接被画家移植到绘画美学中成为美学概念，并对中国古代山水画产生了一定的影响，使之成为中国独有的一个画种。

山水画是以山川自然景观为主要描写对象的中国画。形成于魏晋南北朝时期，但尚未从人物画中完全分离。隋唐时始独立，五代、北宋时趋于成熟，成为中国画的重要画科。传统上按画法风格分为青绿山水、金碧山水、水墨山水、浅绛山水、小青绿山水、没骨山水等。

宋元时期的山水画取得了什么样的成就？

宋朝绘画体现出空前未有的丰富、精致、写实之情，这一时期绘画得以进一步分科分为山水、花鸟、人物、宗教画及杂画等。由于画风多样，题材众多，水墨画的技法与理论也随着五代两宋山水画和花鸟画的发展很快进入到一个高峰。

元代带来的审美意识的变异，这给中国画的发展不可避免地带来深刻地影响。水墨画大体上是依着以赵雪松为代表的文人画向前发展的。绘画理论和创作实践中，重视画家主观意志、兴趣和思想感情抒发。

现存最早的版画是什么？

中国版画的起源，有汉朝说、东晋说、六朝以至隋朝说。现存我国最早的版画，有款刻年月的，是举世闻名的"咸通"本《金刚般若波罗密经》卷首图，根据题记，作于公元868年。四川成都唐墓出土的"至德"本版画，据估计比"咸通"本早约百年。唐、五代时期的版画，在我国西北和吴越等地都有发现的作品。作品大多古朴俊秀，持刀有神，内容题材以宗教经卷为主。

版画是如何发展起来的？

早期版画的画、刻、印者相互分工，刻者只照画稿刻版，称复制版画，后来画刻印都由版画家一人来完成，版画家得以充分发挥自己的艺术创造性，这种版画称创作版画。中国复制木刻版画已有上千年历史，创作版画则起自20世纪30年代，经鲁迅提倡，后来取得了巨大发展。

版画的发展始终与刻书业密切相关，宋元时代的中心在福建的建安和浙江的杭州，在明代的时候则转移到南京和北京。但是真正使得版画发展进入一个新阶段的是徽派版画的兴起，自15世纪以来，徽派版画以刻制闻名于时，高手如林，尤其以黄、汪两个家族最为突出。明清两代新安黄氏一族所刻书达200余部，能图者有100多人，成为一支

阵容庞大的队伍。代表作品有《养正图解》、《古烈女传》等。在徽派版画以典雅、精巧的风格畅行于世的时候，金陵（南京）、武林（杭州）、苏州等地的版画插图也形成了自己的特色。

什么是玺印？

玺印是我国丰富的历史文物中的一个门类，它没有青铜器的雄奇诡异，没有陶瓷器的玲珑多姿，没有金银宝玉的雍容华贵，也没有书法绘画的飞扬神采，但是，在玺印的方寸之中，却自有一番天地。秦始皇后，只有皇帝印才可称"玺"，官吏及一般人称"印"。印有官印和私印，作为官府书信往来和私人交往的凭证。汉代印又称"章"和"印信"，唐以后又将印称"记"或"朱记"，明清又称"关防"。但通称仍称印。古印有钮，可以系绶。印钮形式有覆斗钮、鼻钮、龟钮、蛇钮、虎豹钮等，印文有阳文和阴文，字体依时代变化。先秦时代是六国古文；秦汉至魏晋南北朝是篆字；隋唐以后多隶书、楷书。

什么是岩画？

中国岩画分为南北两个系别。南系除广西左江流域，还有四川、云南、贵州、福建等地。南系岩画大都以红色涂绘，颜料是以赤铁矿粉调合牛血等而成的，制作年代在战国至东汉期间。北系以阴山、黑山、阿尔泰山等为主，绵延数千里，气势宏阔。北系岩画大都是刻制的，刻制又包括磨制、敲凿与线刻。制作时间的跨度很大，最早的可能在新石器时代，最晚的在元代。

贺兰山岩画有什么特点？

在黑龙江、内蒙古阴山山脉、贺兰山北部乌兰察布高原等地是北系岩画集中的地区。北方岩画多表现狩猎、游牧、战争、舞蹈等，原始人在岩壁上刻下他们的信仰和种种生活印迹图形有狩猎、游牧、战争、反映生殖崇拜的男女交媾、怪异的人头像、穹庐、毡帐、车轮、车辆等器物，还有天神、地祇、祖先、日月星辰、以及手印、足印、动物蹄印等。贺兰山的岩画，形象古怪，面目各异。新疆岩画多为生殖崇拜的内容。这些图像大都凿刻在深灰或灰蓝色的岩石上，凿刻或磨刻的图像斑驳、稚拙、粗犷、简洁、浑然而多变。连云港的岩画刻在深褐色的岩石上，岩画的纹路和岩石的色彩既一致，又有微妙的变化。色彩的深浅交替，使图像产生一种跃动的感觉。

南系岩画有什么特点？

在南系岩画的十几个地点，共有图形一千多个。这些岩画表现了人们祭祀以及生产生活的场面。南系岩画普遍用红色涂染，这同原始艺术中习惯使用红色的现象是一致的。原始人在他们频繁的狩猎和战争活动中，鲜血不断地刺激他们的视觉神经，导致红色在视觉中的稳定性。红色那炽热的调子和生命之火相呼应，使岩画获得了无限的生命展现，当红色置于某种祭祀仪式氛围中，红色和血色，使岩画产生强烈的刺激效果，从而具有了一定的恐惧感、神秘感。

随着气象变化，岩画周围的环境发生变化，从而使岩画具有不同的整体效果。岩画和巫术仪式的结合须要选定某个特定的季节和时间，更增加仪式的空间氛围。

什么是剪纸？

剪纸，又叫刻纸，窗花或剪画。区别是在创作时，有的用剪子，有的用刻刀，虽然工具有别，但创作出来的艺术作品基本相同，人们统称为剪纸。剪纸是一种镂空艺术，其在视觉上给人以透空的感觉和艺术享受。其载体可以是纸张、金银箔、树皮、树叶、布、皮、革等片状材料。纸张是一种很容易霉烂的材料，在我国东南部地区气候湿润，再加上当地每年五、六月的梅雨天，时间一长纸张制品就霉烂，而民间剪纸又是一种大众化的东西，人们不会像珍宝一样保存起来，搞坏了自己还可以再剪。而在我国西北地区天干少雨，气候干燥，纸张也不易霉烂，这也可能是新疆吐鲁番地区发现北朝剪纸的一个重要原因之一。

剪纸经历了什么样的发展历程？

真正意义上的剪纸手工艺术的历史，应该从纸的出现开始。汉代纸的发明促使了剪纸的出现、发展与普及。唐代剪纸已处于大发展时期，杜甫诗中有"暖水濯我足，剪纸招我魂"的句子，以剪纸招魂的风俗当时就已流传民间。唐代民间还出现了利用剪纸形式制作的漏版印花板，人们用厚纸雕刻成花版，将染料漏印到布匹上，形成美丽的图案。

明、清时期剪纸手工艺术走向成熟，并达到鼎盛时期。民间剪纸手工艺术的运用范围更为广泛，举凡民间灯彩上的花饰，扇面上的纹饰，以及刺绣的花样等等，无一不是利用剪纸作为装饰成再加工的。而更多的是我国民间常常将剪纸作为装饰家居的饰物，美化居家环境，如门栈、窗花、柜花、喜花、棚顶花等都是用来装饰门窗、房间的剪纸。

什么是年画？

年画是中国画的一种。清光绪年间，正式称为年画，是中国特有的一种绘画体裁，也是中国农村老百姓喜闻乐见的艺术形式。大都用于新年时张贴，装饰环境，含有祝福新年吉祥喜庆之意，故名年画。传统民间年画多用木板水印制作，旧年画因画幅大小和加工多少而有不同称谓，整张大的叫"宫尖"，一纸三开的叫"三才"，加工多而细致的叫"画宫尖"、"画三才"。颜色上用金粉描画的叫"金宫尖"、"金三才"。六月以前的产品叫"青版"，七、八月以后的产品叫"秋版"。

年画大部分是以吉祥、喜庆、欢乐、美好等事物，或以典故、成语作为主题，有情节，易于理解。其取材内容极为广泛，诸如历史故事、神话传说、戏典人物、世界风情以及山水花鸟等。

年画是怎么来的？

年画起源于古代的门神画，而门神画早在尧舜时期就出现。据东汉《独断》记载，汉代民间已有门上贴的"神荼"、"郁垒"神像。现存最早的年画是宋版的《随朝窈窕呈倾国之芳容》，画的是王昭君、赵飞燕、班姬、绿珠，

习称《四美图》。另一说始于唐代，沿至宋代才普遍流行，但仍以张贴门神为多，故年画可以包括门神在内。

明初年间，日本人曾在甘肃发现两种宋朝的年画：一幅就是《四美图》，都作高髻长袖的宫装；另一幅是灶王爷和关圣帝君。两幅画上都盖有"平阳姬家雕郎"的店铺字样，足见在宋时人物年画已具规模。

武术是如何逐渐形成的？

武术在我国有悠久的历史，它的产生，缘起于我国远古祖先的生产劳动。人们在狩猎的生产活动中，逐渐积累了劈、砍、刺的技能。这些原始形态的攻防技能是低级的，还没有脱离生产技能的范畴，却是武术技术形成的基础。武术作为独立的社会文化现象，是同中华民族文明的产生同步的。

武术萌芽于原始社会时期。氏族公社时代，经常发生部落战争，因此在战场上搏斗的经验也不断得到总结，比较成功的一击、一刺、一拳、一腿，被模仿、传授、习练着，促进了武术的萌芽。武术成形于奴隶社会时期，夏朝建立，经过连绵不断的战火，武术为了适应实战需要进一步向实用化、规范化发展，夏朝时期的武术活动主要在以下两个方面发展：一、军队的武术活动；二、以武术为主的学校教育。

商周时期，商代出现了武术训练的重要手段——田猎，商周利用"武舞"来训练士兵，鼓舞士气，周代设的"序"等学校中也把射御、习舞等列为教育内容之一。相传在周时期出现了一部中国武术史上重要的著作《周易》，亦称《易经》，产生了太极学说，从此奠基中国武术体系。进入春秋战国以后，诸侯争霸，都很重视技术在战场中的运用，齐桓公举行春秋两季的"角试"来选拔天下英雄。在这时期，剑的制造及剑道都得到了空前的发展。

秦汉以来，盛行角力、击剑。随着"宴乐兴舞"的习俗，手持器械的舞练时常在乐饮酒酣时出现。如《史记·项羽本纪》记载的"鸿门宴"中"项庄舞剑，意在沛公"，便是这一形式的反映。此外，还有"刀舞"，"力舞"等，虽具娱乐性，但从技术上更近于今天套路形式的运动。

摔跤经历了什么样的发展历程？

摔跤在先秦时称为角力、蚩尤戏，在秦汉时称为角抵，在唐宋时称为相扑，至清代又名布库。唐代的相扑运动与秦汉时期混杂于百戏之中的角抵不同，它已成为一项独立的体育竞技活动。当时的相扑比赛，规定相扑手要袒露身体，比赛时还要擂鼓助兴。

唐宋时期，由于朝野对相扑运动的崇尚，涌现出了不少相扑高手。据北宋调露子的《角力记》载，唐末有个名叫蒙万赢的人，于唐懿宗时入宫，至十四五岁进相扑朋，由于技艺高超，相扑朋中无人是他对手，他因此获得了皇帝的不少奖赏，而且，他的"万赢"的名字也是这样得来的。唐朝灭亡后，蒙万赢辗转各地，传授相扑技艺。后来他投奔了吴越王钱镠，在当地传授相扑技艺，受到人们的推崇。

后唐时期，后唐庄宗李存勖酷爱相扑，自觉无人能敌。当时有个名叫李存贤的上将军，便向他发出挑战，并说，如果你能赢我，我赏给你一个郡。结果，李存勖惨败，只好把蔚州赏给李存贤，真可谓赔了夫人又折兵。宋代则有撞倒山、周急快、韩铁柱、黑八郎等。

摔跤运动由于清代皇帝的大力提倡，满族、蒙族和汉族摔跤手相互学习，取长补短，使摔跤技术不断提高、不断完善，最终发展成近代中国式摔跤。所以说，中国式摔跤是我国各族摔跤手共同创造和发展起来的。

八音是什么？

《周礼·春官》中把乐器分为金、石、土、革、丝、木、匏、竹八类，称八音，也是最早的乐器分类法之一。

金音包括编钟、特钟、铙。石音包括编磬、特磬。土音包括埙。革音包括鼓。音包括古琴、古瑟。木音包括柷、敔。匏音包括笙、竽。竹音包括箫、笛、管、篪。现在所说的丝竹就是丝音和竹音的简称。

六舞是什么？

"六舞"，又名"六乐"。分别是黄帝之《云门》、尧之《咸池》、舜之《大韶》，禹之《大夏》、汤之《大濩》、武王之《大武》六种乐舞。以后的历朝统治者都奉之为乐舞的最高典范，后世尊称为"先王之舞"。

"六舞"主要用于周代宫廷祭祀礼仪，表演的场合隆重，人数众多，天子用"八佾"也就是64人的舞阵的规格标准。六部乐舞的大部分由所传周代以前各代的代表性乐舞整理增删而成，所以又叫"六代之舞"。

包括黄帝时期的《云门大卷》，尧时的《大咸》，舜时的《大韶》，夏禹时的《大夏》，商汤时的《大濩》和周代由周公新创编的《大武》。

其中《云门》、《大咸》、《大韶》、《大夏》所代表的各代，都是由禅让得的天下，所以称"文舞"，舞时左手执籥（形状像排箫的乐器），右手秉翟（用野鸡尾装饰的道具）。

而《大濩》和《大武》所表现的都是以武力夺取天下的君主，叫做"武舞"舞者手里拿着朱干玉戚。到了后代，"六舞"就都被称做"先王之乐"，成了神圣的"雅乐"。它们的影响波及到后世数千年。

古乐的标准音是什么？

中国古代音乐是中国传统文化不可缺少的部分，乐器种类很多，大致有匏，土，革，木，石，金，丝，竹8类。如缶属土类，鼓属革类，磬属石类，琴瑟属丝类。还有比如二胡，箫，古筝，古琴，扬琴等极具特色的中国民族乐器。古代也有乐队的集体演奏，但是如果没有一个标准音使之统一起来，那不但演奏不出美妙的音乐，反而会成为一种噪音。

在宫，商，角，徵，羽五音之中，宫属于中央黄钟，五音十二律由此而分，也就是说，"黄钟"是基准，其他的音律都是以此制定的。

古乐的十二调。阳律六：黄钟、

太簇、姑洗、蕤宾、夷则、亡射；阴律六：大吕、夹钟、中吕、林钟、南吕、应钟共为十二律。

《汉书·律历志》）古仅称六律，《吕氏春秋》始以律与历附和，以十二律应十二月，又名《十二月律·太清玉册》卷八载：正月大蔟、二月夹钟、三月姑洗、四月中吕、五月蕤宾、六月林钟、七月夷则、八月南吕、九月无射，十月应钟，十一月黄钟，十二月大吕，指十二个标准音。用十个长度不同的律管，吹出十二种标准音，叫十二律。奇数六律为阳律，偶数六律为阴律，称为六吕；阴阳各六律，总称律吕。

什么是上元舞？

上元舞，传为高宗所创，唐代最著名的雅乐。上元三年十一月三日，敕新造上元之舞。供祠祭《上元舞》，先令大祀享皆将陈设。自今以后，圆丘方泽太庙祠享，然后用此舞，馀祭并停。又名《上元乐》，古代每逢重要节日或有重要事情发生，都要祭祀天地、先祖，由于《庆善乐》音调过于柔和，没有杀气，起不到降神驱邪的效果，《破阵乐》虽然杀气重，但其韵律又不符合雅乐的要求，因此唐高宗专门制作了这首《上元乐》，为帝王朝驾、祭祀天地时的专用舞曲。

我国古代四大名琴是什么？

琴，是我国历史上最古老的弹拨乐器之一，现称古琴或七弦琴。古琴的制作历史悠久，许多名琴都有文字可考，而且具有美妙的琴名与神奇的传说。其中最著名的是齐桓公的"号钟"、楚庄王的"绕梁"、司马相如的"绿绮"和蔡邕的"焦尾"。这四张琴被人们誉为"四大名琴"。

瑟是如何出现的？

瑟，中国古代的拨弦乐器。形状似琴，有25根弦，弦的粗细不同。每弦瑟有一柱，按五声音阶定弦。最早的瑟有五十弦，故又称"五十弦"。

传说在夏代已经有瑟了。甲骨文上的"乐"字，上面就是"丝"字，下面是一个"木"字。瑟要用弦，那么瑟的产生应该在蚕丝出现之后。瑟弦的原料，至少有能够巢丝的技术才可能制出弦线。先秦前后的弦乐器就是琴和瑟。

后来瑟的制作渐精，用途更加广泛。在周代祀奉文王的家庙里的一张瑟，上面系有染成朱红颜色的丝弦，底部有着疏朗的音孔、弹奏时能发出舒缓的声音来。

箫是如何出现的？

箫又名洞箫、单管、竖吹，也是一件非常古老的乐器。它一般由竹子制成，直吹，上端有一吹孔，有六孔箫和八孔箫之分，以按音孔数量区分，六孔箫按音孔为前五后一，八孔箫则为前七后一，八孔箫为现代改进的产物。

箫源于远古时期的骨哨，历史上亦称为笛，唐以后方专指竖吹之笛。"横吹笛子竖吹箫"，这就是笛箫之间最基本的差别。箫历史悠久，音色圆润轻柔，幽静典雅，适于独奏和重奏。箫笛同源于远古时期的骨哨，新石器时代开始以竹制作。在秦汉至唐，箫是指编管的排箫。

箫在汉代时称为"篴"、"竖篴"或"羌笛"。羌笛原为古代居住在四川、甘肃一带的羌族人民的乐器，最初只有4孔，西汉京房在后面加了一个最高音孔后，成为5孔箫。

西晋乐工列和、中书监荀勖所改革的笛为6孔，其形制与今天的箫已非常相似了。东晋的桓伊，擅长音乐，他有一支蔡邕的柯亭笛，是江南数第一的吹箫名手，地位和声望都已很高。他曾为素不相识的王徽之吹奏过三段乐曲，在历史上被传为佳话。

编钟有什么特点？

编钟是我国古代的重要打击乐器，因能奏出歌唱一样的旋律，所以被称为"歌钟"。它是依钟的大小不同而有次序地悬挂在木制钟架，用木槌敲击发音，音色清脆、悠扬，穿透力强。编钟最早出现在商代，当时多为三枚一组，能演奏旋律。商代编钟造型别致，钟柄部分是空心的，并与内腔相通，钟的表面有简单的兽面纹饰。近年来，在殷代大型王室墓葬妣辛墓中，又发现了有五枚一套的编钟，可构成四声音阶序列。古代编钟常用于宫廷雅乐，每逢征战、宴会、祭祀，都要演奏编钟，它可以独奏、合奏或为歌唱、舞蹈伴奏。古时，编钟是统治者专用的乐器，也是反映名分、等级和权利的象征，只有在天子、诸侯行礼作乐时方能使用，就是"钟鸣鼎食"。

古琴有什么特点？

古琴是我国历史最悠久的弹拨类乐器，形成了3000多年，传说为"伏羲"、"神农"氏所造。

古琴琴身以独木所成，琴面系有七根弦，故古称"七弦琴"。琴弦由丝绒绳系住，拴绕于弦轴上，属弹拨乐类的"无马乐器"。古琴虽只有七根弦，但一弦多音，其音域宽达四个多八度，借助面板上的十三个"琴徽"，可以弹奏出许许多多的泛音和按音。音色含蓄而深沉，古朴而典雅，表现力富有内涵，异常丰富，故古时被文人雅士列为"琴、棋、书、画"之首。

古琴的代表曲目最古远的是《碣石调·幽兰》一曲，描写孔子不得志以空谷幽兰自喻，距今已有1400多年。还有《广陵散》、《潇洒云水》、《梅花三弄》等，现存琴谱约有数千首之多。

号钟有什么特点？

号钟：周代的名琴，此琴音之洪亮，犹如钟声激荡，号角长鸣，令人震耳欲聋。传说古代杰出的琴家伯牙曾弹奏过"号钟"琴，后来"号钟"传到齐桓公的手中。齐桓公是齐国的贤明君主，通晓音律。当时，他收藏了许多名琴，但尤其珍爱这个"号钟"琴。他曾令部下敲起牛角，唱歌助乐，自己则奏"号钟"与之呼应。牛角声声，歌声凄切，"号钟"则奏出悲凉的旋律，使两旁的侍者个个感动得泪流满面。

绿绮有什么特点？

绿绮，汉代著名文人司马相如弹奏的一张琴。司马相如原本家境贫寒，徒有四壁，但他的诗赋极有名气。梁王慕

名请他作赋，相如写了一篇《如玉赋》相赠。此赋词藻瑰丽，气韵非凡。梁王极为高兴，就以自己收藏的"绿绮"琴回赠。"绿绮"是一张传世名琴，琴内有铭文曰"桐梓合精"，即桐木、锌木结合的精华。相如得"绿绮"，如获珍宝。他精湛的琴艺配上"绿绮"绝妙的音色，使"绿绮"琴名噪一时。后来，"绿绮"就成了古琴的别称。

焦尾有什么特点？

焦尾，东汉著名文学家、音乐家蔡邕亲手制作的一张琴。蔡邕曾于烈火中抢救出一段尚未烧完、声音异常的梧桐木。他依据木头的长短、形状，制成一张七弦琴，果然声音不凡。因琴尾尚留有焦痕，就取名为"焦尾"。"焦尾"以它悦耳的音色和特有的制法闻名四海。

什么是雅乐与俗乐？

周武王建立周朝不久，就命周公姬旦制礼作乐，建立各种贵族生活中的礼仪和典礼音乐，使音乐为其王权统治服务。这一部分乐舞就是所谓的"雅乐"。它包含了远古图腾及巫术等宗教活动中的乐舞及祭祀音乐，也包含西周初期的民俗音乐。

在周朝的礼仪活动中，严格的规定不同的场面使用不同的音乐。它的主要目的是使参加典礼的贵族受到伦礼教育的感化，造成一种庄严、肃穆、安静、和谐的气氛。各种主要典礼音乐的歌词，大都载于《诗经》中的大雅、小雅、颂；少数属于南。随着周朝的衰落和社会的发展，民间音乐逐步代替了雅乐。相匹配典礼的雅乐，开始具有浓郁的生活气息，以后逐渐变得庄严神秘而又沉闷呆板。

相对于雅乐而言，俗乐则是春秋战国以后产生于诸候国民间，具有粗犷，鲜活成分，并为诸候所欣赏的音乐。

什么是《霓裳羽衣曲》？

《霓裳羽衣曲》也叫《霓裳羽衣舞》，是唐朝大曲中的法曲精品，唐歌舞的集大成之作，直到现在，它仍无愧于音乐舞蹈史上的一颗璀璨的明珠。由唐玄宗作曲，安史之乱后失传。在南唐时期，李煜和大周后将其大部分补齐，但是金陵城破时，被李煜下令烧毁了。到了南宋年间，姜夔发现商调霓裳曲的乐谱十八段。这些片断还保存在他的《白石道人歌曲》里。南宋丙午年间，姜白石旅居长沙，一次登祝融峰在乐工故书中偶然发现了商调霓裳曲的乐谱十八段，他为"中序"第一段填了一首新词——《霓裳中序第一》，连同乐谱一起被保留了下来。

什么是女乐？

女乐也就是乐舞奴隶，她们是继巫而起的真正专业歌舞艺人。据说夏朝开国之君启，即已在宫殿中豢养女乐，末代统治者桀已有三万人。到商殷末世，乐舞享受的规模更大，女乐充盈宫室，经常在酒池肉林中，跳舞嬉戏。正是这些专事歌舞的女乐，创造了奴隶社会中灿烂的舞蹈艺术，使舞蹈摆脱了原始状态而日趋完整精美。但她们的身份仍是处于社会最底层的奴隶，和其他奴隶一样，奴隶主可以任意买卖、馈赠、甚至处死、殉葬奴隶。现已发现的殷商奴隶主大墓中，常有精美的乐器、舞具和随之殉葬的乐舞奴隶尸骨，这累累白骨就是生活在奴隶社会中女乐们悲惨命运的见证。

周代女乐有什么特点？

到周代，女乐活动更加普遍。东周时的礼崩乐坏，周王室的政治势力衰微固然是主要因素，但在审美领域里，与雅乐相对立的女乐的兴起，实在是起了摧枯拉朽的作用。当时，据史书所载，女乐倡优已遍及诸侯后宫，占据了表演舞台的中心。伟大的思想家墨子揭露当时社会上，王公贵族们为了乐舞享受，不惜加重盘剥万民，宫廷豪门内供养着大批不能穿粗衣吃粗粮的乐工女伎。从另一侧面反映出当时女乐之兴盛。

在一件传世的战国画像铜壶盖上雕有一位扬袖起舞的女乐形象，她高髻长袖，情意绵绵，大有乘风欲去之势。另一件燕乐渔猎纹铜壶上雕有一位正在击磬表演的女乐，两袖轻举，体态婀娜，极为生动。它使我们看到了三千余年前女乐的美妙舞态。

什么是软舞和健舞？

唐代的乐舞活动也渗透于社会的各阶层，上至宫廷，下至庶民百姓，在节庆和宴饮中，乐舞表演都是不可或缺的。这些在一般宴会中表演的小型舞蹈，按其动作特征和风格，可分为"健舞"和"软舞"。

其中舞蹈节目不固定，随着发展不断增加变更。"软舞"、"健舞"广泛地流传在宫廷、贵族士大夫和民间之中。"软舞"动作抒情优美，节奏比较舒缓。"健舞"动作矫健有力，节奏明快。"软舞""健舞"演出规模不大，多是独舞或双人舞，动作技巧水平比较高。"软舞""健舞"都分别包括了不少中外各族的优秀舞蹈。其中著名的舞蹈有西域民间舞蹈《胡旋》、《胡腾》。有新创作的舞蹈《绿腰》、《春莺啭》等。

什么是教坊？

教坊是由唐到清，管理宫廷中演出音乐舞蹈及戏剧的组织。由于教坊中的女艺人，也被称作官妓，是广义的妓女中的一种，因此到宋元以后，民间的妓院，尤其是乐妓演出的场所，有时亦被称作教坊。辽、金亦仿汉人之制设立教坊，以供宴乐演出之用。元代则在大都设有教坊司，掌管及训练艺人演出音乐及戏剧。明代则在洪武年间，在南京设立教坊司，隶属于礼部，至明成祖时，迁往北京。

清初亦沿明代设教坊司，顺治十六年，废除教坊司中的女乐，而以男性内监代替。雍正七年，将教坊司改为和声署。

教坊的职责是什么？

教坊作为管理宫廷音乐的官署，远自唐代就有了。元朝的教坊设在东皇华坊，从地图上查对，它正是明朝黄华坊的地方。明嘉靖时的《京师五城坊巷胡同集》里黄华坊地区已经有了勾栏胡同、东院、演乐胡同等与演出有关的地名，可以说明今日演乐胡同一带就是

元、明两代教坊的所在地。教坊设在本司胡同，勾栏胡同是它的演出场所，演乐胡同则是排练节目的地方。

梨园指的是什么？

我国人民在习惯上称戏班、剧团为"梨园"，称戏曲演员为"梨园子弟"，把几代人从事戏曲艺术的家庭称为"梨园世家"，戏剧界称为"梨园界"。

梨园，原是唐代都城长安的一个地名，因唐玄宗李隆基在此地教演艺人，后来就与戏曲艺术联系在一起，成为艺术组织和艺人的代名词。史载，唐明皇选乐部伎子弟三百，教于梨园。声有误者，帝必觉而正之，号"皇帝梨园子弟"。宫女数百亦为梨园弟子，居宜春北院。斯为梨园发轫之始。

梨园子弟可以分为哪些部？

梨园子弟分为坐部、立部、小部和男部、女部。坐部一般是优秀演员，乐工坐在堂上演奏，舞者大抵为3至12人，舞姿文雅，用丝竹细乐伴奏；立部是一般演员，乐工立在堂下演奏，舞者60人至80人不等，舞姿雄壮威武，伴奏的乐器有鼓和锣等，音量宏大；小部为儿童演出队。此外，还设有舞部，他又分为文舞和健舞。像这样庞大的编剧，男女兼有的皇家音乐、舞蹈、戏曲学院，出现在一千多年前，不能不说是世界罕见的。

梨园三怪分别是谁？

清末民初，我国演艺界曾出现过三位身残志坚的名演员，人称"梨园三怪"。他们的演艺生涯，给人们带来不少启迪。

跛子孟鸿寿，他自幼患了软骨病，身长腿短，头特别大，脚小而纤弱，行走不便。他克服自身缺陷，扬长避短，勤学苦练，终于成为独树一帜的名丑，梨园界争相邀请演戏。

瞎子双阔亭，自幼学戏，后因病双目失明，但他并未因此而灰心丧气，而是更加勤学苦练。在台下行走要人搀扶，但上了台却泰然自若，寸步不乱，终成功深艺精的名须生。

哑巴王益芳，她先天不会说话，平日看父母演戏，一一记于心上，虽无人指点、教授，但每天起早贪黑练功。艺成后一鸣惊人，成为有名的武花脸，后被戏班奉为导师。

什么是角抵？

角抵在秦汉时已有，汉代称"角抵戏"。包括找鼎、寻橦、吞刀、吐火等各种杂技幻术，装扮人物的乐舞，装扮动物的"鱼龙曼延"及带有简单故事的"东海黄公"等，汉武帝时称"万千"，南北朝后称"散乐"。唐和北宋时称为"百戏"，唐和北宋时百戏十分流行，北宋汴梁每逢节日，举行歌舞百戏盛会。元代以后，百戏节目有所发展，内容更加丰富多彩。后百戏这个词逐渐少用。

什么是生旦净末丑？

中国戏曲中人物角色的行当分类，按传统习惯，有"生、旦、净、丑"和"生、旦、净、末、丑"两种分行方法，近代以来，由于不少剧种的"末"行已逐渐归入"生"行，通常把"生、旦、净、丑"作为行当的四种基本类型。每个行当又有若干分支，各有其基本固定的扮演人物和表演特色。其中，"旦"是女角色的统称；"生"、"净"、两行是男角色；"丑"行中除有时兼扮丑旦和老旦外，大都是男角色。

生旦净末丑的装扮各有什么特点？

"生"、"旦"的化妆，是略施脂粉以达到美化的效果，这种化妆称为"俊扮"，也叫"素面"或"洁面"。其特征是"千人一面"，意思是说所有"生"行角色的面部化妆都大体一样，无论多少人物，从面部化妆看都是一张脸；"旦"行角色的面部化妆，也是无论多少人物，面部化妆都差不多。"生"、"旦"人物个性主要靠表演及服装等方面表现。

脸谱化妆，是用于"净"、"丑"行当的各种人物，以夸张强烈的色彩和变幻无穷的线条来改变演员的本来面目，与"素面"的"生"、"旦"化妆形成对比。"净"、"丑"角色的勾脸是因人设谱，一人一谱，尽管它是由程式化的各种谱式组成，但却是一种性格妆，直接表现人物个性，有多少"净"、"丑"角色就有多少谱样，不相雷同。

四大名旦分别是谁？

1927年，北京的《顺天时报》公开发起选举"名旦"。选举的办法是：群众可以把印在报纸上一角的选票剪下来，填上所要选举的对象，集中后唱票。这次选举没有规定名额，但却规定了被选举的对象必须是挂头牌的当家旦角，并且要有个人的小本戏为限制。选举的结果：梅兰芳、尚小云、程砚秋、荀慧生、徐碧云、朱琴心共六人入选，当时被称为六大名旦。但是，不久朱琴心辍演，后来徐碧云也告别了舞台。因此只有四大名旦了，这就是最早四大名旦的来历。四大名旦在艺术上不断地进取、精益求精，每个人都有独立的剧目问世，逐渐形成自己的流派，各树一帜，保持了在戏剧舞台上稳固的地位。

四小名旦指的是哪些人？

1940年，北京《立言报》根据群众的要求邀请了李世芳、张君秋、毛世来、宋德珠四人，在北京新新大戏院演出了两场《白蛇传》。四个人各自都演出了一折自己的拿手好戏。李世芳演《产子·合钵》、张君秋演《祭塔》、毛世来演《断桥》、宋德珠演的是《金山寺》。他们各展自己的特长，精彩的演出引起了社会上的强烈反响。从此，这四位演员被人们公认为"四小名旦"。

京剧是如何发展起来的？

京剧的前身是徽班。清朝乾隆五十五年（1790年）四大徽班进京后大量吸收当时在北京流行的昆曲、京腔、秦腔等各种戏曲艺术的成就，同时又受到北京的语言、风俗等地方文化潜移默化的影响，经过五六十年的融汇，衍变成为京剧。

古徽州的戏曲活动比较早，明代中期已呈势头。歙人，嘉靖年间官至兵部侍

郎的汪道昆，就是一位杰出的剧作家。他虽身任武职，也作文，也写诗，尤擅长杂剧，著有《高唐梦》、《五湖游》、《洛水悲》等历史剧，在徽州一带上演盛行。进入清代，徽州的戏曲活动更是频繁，在发展徽商经济的同时，促进了戏曲文化的大发展，寓教于乐之中。

徽剧的形成，是在徽腔与青阳腔结合的基础上，同乱弹、吹腔交流融合，并受昆腔的一定影响，才有了徽班与徽帮。当时著名的有庆升、彩庆、同庆、阳春等四个班社。清乾隆五十五年(公元1790年)四大徽班相继进京演出，轰动京师。后又于嘉庆、道光年间，同来自湖北的汉调艺人合作，相互影响，接受了昆曲、秦腔的部分剧目、曲调和表演方法，吸收了一些民间曲调，逐渐形成相当完整的艺术风格和表演体系，演变为京剧。

梅派有什么特点？

"梅派"是由四大名旦之首的梅兰芳先生所创立的艺术体系。无论是唱腔、念白、做表、身段、音乐、服装、扮相和演出戏码等各方面，都进行了全面和丰富的革新，使京剧旦角的表演艺术提高，足以和老生相提并论，成为旦行中影响深远的流派。

程派有什么特点？

"程派"是由四大名旦之一的程砚秋先生所创立的艺术体系，以其特殊的咬字、发音和用嗓、润腔的技巧，创造了幽怨婉转、深邃曲折的唱腔，善于塑造命运悲惨、外柔内刚的女性形象。

尚派有什么特点？

"尚派"是由四大名旦之一的尚小云先生所创立的艺术体系，以刚健婀娜为特有的风格，具有阳刚之美。尚派的嗓音响亮遒劲、音域宽广，而且善用颤音，气息更是深沉持久，能连续使用高腔、硬腔而不会气衰力竭，令观众听来酣畅痛快。

荀派有什么特点？

"荀派"是由四大名旦之一的荀慧生先生所创立的艺术体系，善于塑造天真、活泼、热情的少女形象，具有柔媚婉转的韵味。其唱腔强调尾音腔化、语气化及节奏对比，将河北梆子的唱法融入京剧之中，善用小颤音、半音和装饰音，并且常用鼻音收腔，听起来非常的"嗲"。

昆腔是如何发展起来的？

昆腔又称昆典，昆曲形成的历史，可谓源远流长，它起源于元朝末年的昆山地区，至今已有六百多年的历史。宋、元以来，中国戏曲有南、北之分，南曲在不同地方唱法也不一样。元末，顾坚等人把流行于昆山一带的南曲原有腔调加以整理和改进，称之为"昆山腔"，为昆曲之雏形。明朝嘉靖年间，杰出的戏曲音乐家魏良辅对昆山腔的声律和唱法进行了改革创新，吸取了海盐腔、弋阳腔等南曲的长处，发挥昆山腔自身流丽悠远的特点，又吸收了北曲结构严谨的特点，运用北曲的演唱方法，以笛、箫、笙、琵琶的伴奏乐器，造就了一种细腻优雅，集南北曲优点于一体的"水磨调"，通称昆曲。之后，昆山人梁辰鱼，继承魏良辅的成就，对昆腔作进一步的研究和改革。隆庆末年，他编写了第一部昆腔传奇《浣纱记》。这部传奇的上演，扩大了昆腔的影响，文人学士，争用昆腔创作传奇，习昆腔者日益增多，尤以歌妓为主。历史上有名的陈圆圆就会唱昆曲。于是，昆腔遂与余姚腔、海盐腔、弋阳腔并称为明代四大声腔。到万历末年，由于昆班的广泛演出活动，昆曲经扬州传入北京、湖南，跃居各腔之首，成为传奇剧本的标准唱腔。

明末清初，昆曲又流传到四川、贵州和广东等地，发展成为全国性剧种。昆曲的演唱本来是以苏州的吴语语音为载体的，但在传入各地之后，便与各地的方言和民间音乐相结合，衍变出众多的流派，构成了丰富多彩的昆曲腔系，成为了具有全民族代表性的戏曲。至清朝乾隆年间，昆曲的发展进入了全盛时期，从此昆曲开始独霸梨园，绵延至今六七百年，成为现今中国乃至世界现存最古老的具有悠久传统的戏曲形态。

黄梅戏是怎么产生的？

黄梅戏原称黄梅调，又叫采茶调。之所以称为黄梅戏，是因为它起源于黄梅县紫云、垅坪等山区的采茶歌，经过与道情、连厢、旱龙船、弹词等说唱文学结合而逐渐形成一种民间小戏，后东流到安徽省安庆地区而发展成黄梅戏。

黄梅戏是安徽的主要地方戏曲剧种。黄梅戏原名"黄梅调"或"采茶戏"，是18世纪后期在皖、鄂、赣三省毗领地区形成的一种民间小戏。其中一支逐渐东移到以安徽省怀宁县为中心的安庆地区，与当地民间艺术相结合，用当地语言歌唱、说白，形成了自己的特点，被称为"怀腔"或"怀调"。

评剧是如何出现的？

评剧源于冀东民间歌舞"秧歌"，秧歌是民间农历新年花会活动中的主要形式之一。由双人彩扮，对歌对舞，群体伴唱伴舞，锣鼓击节，唢呐或丝竹配乐伴奏，以歌唱民间生活故事、历史人物、四季风光为主要内容。明、清两代多有以唱秧歌为业者，所唱曲调以莲花落为主。至清末，秧歌又汲取了乐亭皮影、鼓书等，遂演变成为具有冀东地方特色的"蹦蹦戏"。

什么是杂技？

杂技在我国是一项十分古老的传统技艺，已有两千多年的历史了。据古代文献载，我国至迟在春秋、战国时期已有了杂技。

杂技发展到宋代逐渐成为一项独立的艺术，它在南宋都城杭州（临安）是民间戏艺中一支别具风格的鲜花，当时，杂技表演艺人被称之为"百戏踢弄家"。

什么是双簧？

传说双簧的创始人是清末硬书(自弹自唱)艺人黄辅臣(子弟八角鼓票友出身)，其生卒年代不详，对其由演硬书改演双簧的说法也不一样。一说为乾隆、嘉庆时硬书艺人晚年嗓音失声，改为二人表演，一人弹唱，一人模拟表演。另一说黄为咸丰、同治时评书艺人，善于模仿人物语言、鸟兽鸣叫、乡音市声，连学带表演，后来改为一人说学，一人表演。二说虽都

见诸文字，但不知其来源所据。

双簧是如何出现的？

对双簧比较普遍的说法是：咸丰帝死后，慈禧太后专权，除了爱看戏，她也爱听曲艺说唱。据说一次传黄辅臣进宫演出，当时黄已经七十多岁不能演唱了，若进宫去唱不了，要问罪，不进宫是抗旨不遵，要杀头。怎么办？他想了个办法。他儿子也能弹能唱，于是就带他儿子进宫，表演时让他儿子蹲在袍子下面唱，他自己坐着弹弦子，唱时只张嘴学他儿子的口形。慈禧看了很高兴，说："你老了老了，嗓子倒好了，真是返老还童呀！"黄辅臣一谢恩下跪，慈禧发现他嗓音嘶哑，同时也发现了他的儿子，开始大怒，后得知一唱一表时高兴了，说："你们这是双黄呀！"双黄本是两个姓黄的意思。后来为和京剧的二黄相区别，将黄字加个竹字头，从此有了双簧之名。所以说是慈禧太后御赐的名字，这种传说是人们公认的。但事实上，不经允许，黄辅臣是不能将他的儿子带进宫的，在太后面前暗中演唱更是不可能。这些只能说明，双簧是清末黄辅臣创造的一种曲艺形式。

双黄改为双簧，不管是为了区别于京剧二黄，或是其他什么原因，这个字的确改得好。

相声的雏形有哪些？

相声最初就是模仿各种声音，如模仿人声、鸟声、兽声、风声、水声及其他宇宙间各种声音等。有人认为战国时孟尝君的门客学鸡叫以解其危，就是相声的先行者。厥后历代相传，能者辈出，渐形成一种艺术。比及蒲松龄先生《聊斋志异》上《口技》一文中所写的表演者，已具有相声之雏形。再后表演者大部模仿人声，又在其中掺上故事，于是相声艺术，乃告成功。现在舞台上的相声艺种，有单口、双口之分；后者较易，前者较难。

相声有什么特点？

相声起源于北京，流行于全国各地。一般认为于清咸丰、同治年间形成。它是一种历史悠久、流传较广，有深厚群众基础的曲艺表演形式。用北京话说讲，现各地也有以当地方言说讲的"方言相声"。

在相声形成过程中广泛吸取口技、说书等艺术之长，寓庄亦谐，以讽刺笑料表现真善美，以引人发笑为艺术特点，以"说、学、逗、唱"为主要艺术手段。表演形式有单口、对口、群口三种。单口由一个演员表演，讲述笑话；对口由两个演员一问一答，通常又有"一头沉"和"子母哏"两类；群口又叫"群活"，由三个以上演员表演。

传统曲目以讽刺旧社会各种丑恶现象和通过诙谐的叙述反映各种生活现象为主，解放后除继续发扬讽刺传统外，也有歌颂新人新事的作品。传统曲目有《关公战秦琼》、《戏剧与方言》、《贾行家》、《扒马褂》等，总数在两百个以上。

第十章　交通通信

世界上开凿最早的运河是什么？

京杭运河是一条人工开凿的水运航道，南起杭州，北到北京，全长1794公里，这条人工大河，跨越地球10多个纬度，纵贯在中国最富饶的东南沿海和华北大平原上，经过浙江、江苏、山东、河北、北京五个省市，通达黄河、淮河、长江、钱塘江、海河五大水系，是中国古代南北交通的大动脉，在中国的历史上产生过巨大的作用，是中国古代劳动人民创造的一项伟大的水利建筑工程，也是世界上开凿最早、规模最大的运河。

船闸是怎么发明的？

中国是建造船闸最早的国家。秦始皇三十三年（公元前214年）所兴建的灵渠上陡门就是利用单闸首上的闸门以调整门前后的水位差，达到船舶克服水位

★船闸

差实现通航。宋代雍熙年间在西河（今江苏淮安至淮阴间的运河）建造了设有输水设备的陡门，是现代船闸的雏形。荷兰于12世纪建造了单门闸，14世纪意大利开始建造船闸。进入20世纪，在美国、德国、前苏联和中国等国家都建有大量现代化船闸。内河船闸尺度已达闸室长度360米、闸室宽34.5米、门槛水深5米。中国最大的船闸是三峡船闸，闸室长6400米、宽38.5米、门槛水深114米。

古代是如何造船的？

中国是世界上最早制造出独木舟的国家之一，并利用独木舟和桨渡海。独木舟就是把原木凿空，人坐在上面的最简单的船，是由筏演变而来的。虽然这种进化过程极其缓慢，但在船舶技术发展史上，却迈出了重要的一步。独木舟需要较先进的生产工具，依据一定的工艺过程来制造，制造技术比筏要难得多，其本身的技术也比筏先进得多，它已经具备了船的雏形。

在中国，商代已造出有舱的木板船，汉代的造船技术更为进步，船上除桨外，还有锚、舵。

唐代，李皋发明了利用车轮代替橹、桨划行的车船、桨划行的车船。

宋代，船普遍使用罗盘针，并有了避免触礁沉没的隔水舱。同时，还出现了10桅10帆的大型船舶。15世纪，中国

的帆船已成为世界上最大、最牢固、适航性最优越的船舶。中国古代航海造船技术的进步，在国际上处于领先地位。

轮船的起源是什么？

不用风帆而用蒸汽轮机做前进动力的船叫蒸汽船。蒸汽船使用的燃料是煤，蒸汽船外面有一个大轮子，所以也叫"轮船"。

唐代李皋发明了"桨轮船"。他在船的舷侧或艉部装上带有桨叶的桨轮，靠人力踩动桨轮轴，使轮周上的桨叶拨水推动船体前进。因为这种船的桨轮下半部浸入水中，上半部露出水面，所以称为"明轮船"或"轮船"，以便和人工划桨的木船、风力推动的帆船相区别。

至宋代，火药与轮船已成为两项最重要的军事武器。宋将韩世忠在1129年镇江黄天荡战役中"用飞轮八楫，踏车蹈回江面"，有力打击金人完颜亮；在采石矶战役中，宋将虞允文的轮船战舰使金兵"相顾骇愕"等史事，都是明证。随轮船制造技术的提高，船中桨轮数量也从2轮发展到4轮、8轮、20轮，甚至32轮。

后来螺旋桨推进器取代了桨轮，"明轮船"被淘汰了。因为称呼上的通俗和习惯，用螺旋桨推进的船仍称为"轮船"，并沿袭至今。

古代公路是什么样的？

道路是方便交通、发展贸易、调兵遣将必不可少的，它的发展有着悠久的历史。公元前1208年周朝初期，建立了第一个道路网。秦代曾大规模修筑驰道，在全国形成四通八达的陆上交通网，在今陕甘两省交界的子午岭上和内蒙古鄂尔多斯草原上还有驰道的遗迹。

道路在古代有许多不同的名称。相传，黄帝"命竖亥通道路"，因史前先民作战和生活的需要，道路出现了，名称也由此而定。尧帝时，路名"傣衢"。西周时，路按等级分别命名，"层分"容乘车三轨，"馐"容二轨，"馀"容一轨，"畛"行牛车，"径"是走牛马的田间小道。"秦治驰道"是我国交通史上空前的大工程，又名"直道"，为天子驰车马之道，秦还广筑非官道。秦汉以后历朝，路名"驰道"或"驿道"，元称"次道"，清称"官路"和"道路"。

古之道路都是行驶人力及畜力运输工具的，修筑的标准与现代公路有着很大的不同。我国近代的公路，最早是清光绪年间在广西修筑的一条从龙州到镇南关的公路，全长55公里。1902年，犹太富商哈同从国外买来2辆小汽车在上海行驶，这是我国公路上第一次有汽车行驶。1913年后，各省陆续建现代公路，名"汽车路"，再以后就统一称"公路"了。

我国最早的车是什么？

我国是世界上第一个造车的国家，据史料记载，在公元前2000多年的夏初大禹时代，有一个叫奚仲的人，他发明的车由两个车轮架起车轴，车轴固定在带辕的车架上，车架附有车厢，用来盛放货物。这就是世界上的第一辆车，俗称"独轮车"。

什么是指南车和记鼓车？

在三国时期，有一位叫马钧的技术高明的大技师，他发明了指南车。指南车是一种双轮独辕车，车上立一个木人伸臂南指。只要一开始行车，不论向东或向西转弯，木人的手臂始终指向南方。然后就是记鼓车，记鼓车是早在公元3世纪时，中国最先发明的记录里程的仪器，可惜最初结构已失传，到宋代才由燕肃重新制造成功。

古代的桥梁是什么样的？

周秦时期，梁索浮三种桥型已经具备；两汉时期，以栈桥建设为主；隋唐时期，技术日益成熟，达到飞跃；两宋时期，全面开展，大规模进行；元明清时期，日趋鼎盛，清末发生转折。中国古代木桥、石桥和铁索桥都长时间保持世界领先水平，在桥梁发展史上曾占据重要地位，为世人所公认。例如，据文献记载，中国早在公元前五十年（汉宣帝甘露四年）就建成了跨度达百米的铁索桥，而欧美直到十七世纪尚未出现铁索桥。回顾旧中国的桥梁，长江是天堑，黄河上的三座桥梁：津浦铁路济南铁路桥，京汉铁路郑州铁路桥和兰州市黄河桥以及上海、天津、广州等大城市中的一些桥梁也无一不是由洋商承建的。我们唯一能引以自豪的是由茅以升先生主持兴建的杭州钱塘江大桥。

赵州桥有什么特点？

始建于公元605—616年的赵州桥，横跨于赵县洨河之上，是一座大拱两端叠加分流用小拱的敞肩单孔弧形石桥，由28道石拱券纵向并列砌筑而成，其建筑结构之奇特，自古有"奇巧固护，甲于天下"的美称。1991年，赵州桥被美国土木工程师学会选定为世界第十二处"国际土木工程历史古迹"。它不仅是我国而且也是世界上现存最早、保存最完整的巨大石拱桥，对世界后代的桥梁建筑有着十分深远的影响。在欧洲，最早的敞肩拱桥为法国在亚哥河上修造的安顿尼铁路石拱桥和在卢森堡修造的大石桥，但它比中国的赵州桥已晚了近1100多年。

什么是木牛流马？

也许是受了鲁班木车马的启发，三国时代的诸葛亮发明木牛流马，用其在崎岖的栈道上运送军粮，且"人不大劳，牛不饮食"。与王充记载鲁班木车马的寥寥数语相比，《三国志》、《三国演义》等书对诸葛亮的木牛流马的记述可算是绘声绘色、活灵活现、极为详尽了。但不知为什么，陈寿和罗贯中等对木牛流马的制作原理和工艺却不提一字。

诸葛亮造木牛流马，用来运送粮草。木牛流马是什么样子，自古以来，莫衷一是。说什么的都有，可是没有一种说法比较符合原状，有人认为其中的原因，在于搞历史的不通机械，而搞机械的又没有考证这些的习惯。

我国第一套纪念邮票是什么？

我国自1878年清代海关试办邮政，至今已131年，各个历史时期共发行纪念邮票近千套，那么我国第一套纪念邮票是什么呢？从邮史资料来看，中国第一套纪

念邮票是清代海关邮政1894年11月发行的庆贺慈禧太后60寿辰邮票。在封建时代皇帝、太后的生日尊称"万寿节",所以这套邮票就被称为"万寿邮票"。

万寿邮票的诞生是海关邮政发展的需要,原海关的大龙和小龙邮票,只有三种面值已不能适应邮政业务需要。同时1894年11月7日(光绪二十年十月初十日)是清王朝实际统治者慈禧太后60寿辰,清廷上下早就开始了"万寿庆典"的一系列准备工作,慈禧寿辰是那个时代的一件大事,也为海关邮政印制这套邮票提供了极好机会。

我国邮政绿标是怎么来的?

早在两千多年前的汉代,我国就开始有了邮传机构——驿站。当时的驿卒戴红色头巾,穿红袖衣服,信袋为红白两色相间。鸦片战争后,随着帝国主义入侵,便在我国海关试办邮政。1897年2月11日,把持邮政的英国人葛显礼规定:信差、船夫穿海军蓝哔叽马褂,夏季改穿蓝灰色马褂。到1905年1月,邮政由法国人帛黎把持,以黄绿两种颜色为邮政专用色。

全国解放后,在第一次全国邮政会议上,与会者一致认为绿色象征和平、青春、茂盛和繁荣,就把绿色定为我国邮政的标志。

古代的贺年片是什么样的?

贺年片不是近年才有,它肇始于先秦时期,因为纸尚未发明,就用竹木削成条刺写上贺词,称为"刺"。纸发明后制作的贺年片,习惯上也叫"刺"了。

最早的贺年片不是用纸制作的,而是用木竹片削成的,因此称为"名刺"。明朝天顺年间的贺年片是把一种印有梅花园样的笺纸裁成2寸宽,3寸长的"片子",上面写着姓名和地址。农历正月初一,在朋友之间互相赠送,甚至连不太熟悉的人也送上一张。到了清朝康熙年间,就改用红色的硬纸片来制作了,还把贺年片装在当时很盛行的一种锦盒里,送给对方以示郑重。

据说,书写着祝贺词语的贺年片还是从我国传到国外的。在贺年片上印制精美的图案,则是受外国的影响而兴起的。大清国驻外使节在节日呈送礼品给友邦时,附有贺年片。19世纪末期,许多信基督教的人们开始在贺年卡上印有祝贺圣诞节的词句。

古代的信封是什么样的?

信封起源于两千多年前的秦汉时代。当时,文书和书信大都是刻写在木板和竹简上,为了保护书信完整无损,就用两块刻成鲤鱼形的木板,夹在文书简牍的外面。木板上还刻有三道线槽,用绳捆绕三圈,然后再穿过一个方孔缚住,在线端或交叉处加以检木,封上黏土并加盖印章,以防私拆,这就是中国历史上最早的信封。

魏晋以后至南北朝时期,书信材料逐渐由木质演化为纸质。信封改为由两片厚蓝纸制成,但两边还画有鲤鱼图,自然不再用泥封了。直到盛唐时期,中国人仍在仿制鲤鱼形信封。所以,中国古代又把信封称为"双鲤"、"鳞鸿"。

明、清代的信封和现代的信封大体

相同，但写法不同，信封的正反面都写字，而且由于写信的对象身份地位不同而有不同的写法。

什么是鸡毛信？

在我国古代，遇有特别紧急的信息需要传递，常常是在信件上粘附鸡毛，以表明事物迅急，必须火速处理，这种信件叫做"鸡毛信"，"鸡毛信"又称"羽檄"、"羽书"。后来通常在信封上注以表示紧急的特殊记号，这种信件也叫"鸡毛信"。

我国最早的电报是什么时候出现的？

清朝统治年间（1870年）大北电报公司铺设了一条香港——上海的电报海线。1872年首次用中文字码通报，这就是中国最早的电报。

我国未有电报线之前，英国伦敦的电报须待三个星期才能到达上海，它由西伯利亚和蒙古交界处的电报站接收后，由驿差夜以继日分段运至北京，再用轮船送到上海。洋人们为了加速信息的传递，特设了一条从上海到扬子江的电线，但被农民拆毁。欧洲——香港线铺设成功后，上海的洋人们立即向清政府要求铺设上海——香港的海线，以便与欧洲线衔接。要求被批准了，并准在租界竖电杆。数年以后，欧洲遇丝产荒年，我国商人借助电报，获得数百万两银子的巨利。自此，电报得到了人们的重视和欢迎。

古代的邮驿通信有什么特点？

邮驿也称驿传，是从早期的声光通信和专人送信演变而来的。

中国的邮驿源远流长，从有人类的那一天起，就出现了各种形式的通信活动。原始社会出现了以物示意的通信，奴隶社会发展为早期的声光通信和邮传，到封建社会时，中国的邮驿在世界上已居于前列。我国古代的驿置是以递送文书为主的组织，但以传递紧急而重要的公文为限，其传递方法以轻车快马为主。

最早的通信手段是什么？

到了公元前21世纪夏王朝建立后，我国中原地区进入了奴隶制社会。人们的通信活动比以前大大复杂化了。国家组织人们治理洪水，需要完善的通信组织系统。政府对地方实行有效的管理，也需要较为严密的通信联络网。夏朝设立了"牧正"、"庖正"和"车正"等与交通有关的官吏，交通道路及其设施也增多了，通信自然比以前大大方便了。据甲骨文记载，到商朝纣王在位时，已经普遍利用了音传通信的手段。至于"声光"通信，古代传说中有一段关于商纣王使用烽火的记载，把我国早期的"声光"通信，提前到大约3000年以前，这个时间比后来周幽王烽火戏诸侯还要早400多年。

古代名片是怎么使用的？

名片起源于交往，而且是文明时代的交往，因为名片离不开文字。

名片最早出现，始于封建社会。战国时代中国开始形成中央集权统治的国家，随铁器等先进生产工具使用，经济

也得到发展，从而带动文化发展，以孔子为代表的儒家与其他流派形成百家争鸣景象。各国都致力于扩大疆土，扶持并传播本国文化，战争中出现大量新兴贵族。

特别是秦始皇统一后的中国，开始了伟大的改革：统一全国文字，分封了诸侯王。咸阳成了全国的中心，各路诸侯王每隔一定时间就要进京述职，诸侯王为了拉近与朝廷当权者的关系，经常的联络感情也在所难免，于是开始出现了名片的早期名称"谒"。"谒"就是拜访者把名字和其他介绍文字写在竹片或木片上，作为给被拜访者的见面介绍文书，也就是现在的名片。

第十一章　法律法制

监狱是怎么出现的？

中国的监狱产生于何时？是谁发明的？唐朝解释法律的重要著作《唐律疏议》记载是皋陶所发明，皋陶是4000多年前的传说中的人物，舜帝时期，曾被任命为刑法官。关于他掌管刑法，发明建造监狱的传说，古籍记载很多，历来视他为监狱的首创者。我国古代监狱中都挂有皋陶的画像，不仅狱吏狱卒，甚至连犯人也像拜神一样拜他。

监狱的名字是怎么来的？

"监狱"一开始并不叫监狱。夏朝时叫"宫"，商朝时叫"圉"，周朝时叫"圜土"，秦朝时叫"囹圄"，直到汉朝时才开始叫"狱"。秦时，不仅京城有狱，地方也开始设狱。汉时，监狱更是名目繁多。南北朝时期的北朝，又开始掘地为狱，发明了"地牢"。唐朝时，州县都有了监狱。宋朝各州都设置了类似周朝圜土的狱，犯人白天劳役，晚上监禁。明朝京、州、府、县都有监狱，称狱为监也自明开始，清朝沿袭下来。监狱的职能就是对犯罪的事实要进行核实，对犯人进行与改。

监狱为何又叫班房？

明朝时代吏役的办事房称为班房，但是不论过去或现在，常有人把关押犯人的处所也叫"班房"。这可能源于看犯人的皂班。

明清时代州县衙门中的吏役总称"三班六房"。属于差役类的"三班"是：北班，即民壮，掌共差遣捕盗；皂班，即皂隶，掌看守牢狱；快班，分马快、步快，掌侦缉。属于胥吏类的"六房"是指吏、户、礼、兵、刑、工六房，系据中央六部分职原则设置的"对口"机构。

枷、锁是如何出现的？

枷是旧时套在罪犯脖子上的刑具，用木板制成，分左右两片模板，木板中间有几个矩形和凿空的洞用来夹住两片木板起固定的作用；锁是惩罚性的特种锁具，从古代的木制枷锁演变而来用来套住犯人的手，指，脚等部位。手锁和指锁多用木板制成。脚锁是脚镣用金属制成。多为铁或是很重的铅球。

在原始和奴隶制社会的时候，因生产力的落后，是没有刑枷的。当时部落的战争不断，抓到的俘虏，也就是奴隶，都是用绳索来限制他们的身体和自由的。在我们能看到的出土的一些文物和残存的崖画中，男奴隶的双手都是绑在后边的，而女奴隶的双手则是绑在前边的。后来，为了更加的限制奴隶或者罪犯的自由，就有了刑枷的雏形。

最早的木枷的起源，大概就是由树木的枝杈架在犯人的脖子上，前端在捆上一根树木来限制罪犯的脖子，而双手则捆缚在前权的树木上。

明镜高悬一词是怎么来的？

晋代学者葛洪的《西京杂记》记载，公元前206年，秦朝灭亡，汉王刘邦进入秦都咸阳宫内，见到了数不清的奇珍异宝，其中一块有特异功能的方镜引起了他的注意。

这个镜子之所以称为秦镜是因为它出于秦地。又因其有察识人们内心世界的功能，凡遇有坏人坏心肠都可照得一清二楚，所以后来人们把善于断案、能看透坏人面目的清官明吏喻为秦镜。但是，人们又痛恨秦代的暴政，不愿把这面宝镜与其联系在一起，于是秦镜慢慢地就被演称为明镜。

后来，不论是任何官府，哪怕是贪官，混官，糊涂官，都少不了一副匾额，也就是为了标榜自己"清正廉洁"和"公正廉明"，全都在公堂上挂起了"秦镜高悬"的匾额。但是经过一段时间的演变后，到后来逐渐变成了"明镜高悬"，这个匾额一直流传到清朝末年。

古代喊冤都有什么方式？

我国封建时期的专制统治者为了巩固其统治秩序，表示愿听取吏民谏议和冤抑之情，在传统的法制上也允许喊冤制度的存在。古代传统法制所许可的喊冤方式有三种——击登闻鼓喊冤、拦驾喊冤、临刑喊冤。临刑喊冤，是指被执行死刑的人在临刑时喊冤，以求监斩官明察申冤。但这种喊冤，在君主专制社会大多不被监斩官所理会。

击登闻鼓喊冤的过程是什么？

击登闻鼓喊冤，这是吏民击鼓喊冤的一种方式。在古代衙门口设置有一只大鼓，有告状者可以击鼓喊冤，鼓一响官员必须升堂受理。这种制度最早可追溯到西周时期，周王朝设立了路鼓和肺石制度。设"路鼓"于大门外，吏民有喊冤击鼓者，闻鼓则速见庶民；还有设置"肺石"的，以使民有不平，得击三石鸣冤。到秦汉时期，改为在衙门口左侧设置一只大鼓，右侧摆放一只大钟，专为鸣冤叫屈的百姓告状用的。宋代设登闻鼓院，专门受理吏民申告冤枉。明、清都设有登闻鼓院，并且规定，如果吏民击鼓申冤被认为确系冤案，则由通政司奏请昭雪。否则，就认为越级上诉，由通政司送刑部加一等治罪。

什么是拦驾喊冤？

拦驾喊冤，是指喊冤者手举状纸，跪在皇帝、大臣或官员车驾、轿子所经过的路上拦驾诉冤。这种喊冤形式被称为"邀车驾"，正式出现是在北齐时期，就是在皇帝外出时，阻拦皇帝的车马申诉。唐代也保留有"邀车驾"。

元代和明代继续保留了"邀车驾"制度。到了清朝末代逐步将前代一直延续的"邀车驾"演变为"告御状"，学名叫"谐阙上诉制度"，也叫"京控"。是对常规司法程序的补充，百姓有冤，原审衙门不理或审断不公时，进京向皇帝告状，是最后的申冤机会。清末杨乃武与小白菜一案，就是杨乃武之姐杨淑英两次京控，告御状惊动了朝廷，一批正义官员联名上诉，朝廷下旨，由刑部开棺验尸，才真相大白，冤案昭雪。

什么是刺配？

刺配是我国唐末五代以来出现的一种特殊的刑罚方法。这种刑罚可溯源到北朝的《北魏律》和《北齐律》，凡是论罪应该处死，但情理上可以减刑的鞭、笞各一百，并处以髡发之刑，发配边境，以为兵卒。隋唐法律确立封建五刑制度，废除了鞭、流并用的刑罚，改为流配、服役结合，凡处以流刑的，均于流放地服役一年。后唐时，对凡处以流刑的，一律附加杖刑。后晋时，又创刺面之刑，将刺面与流配结合起来，合称刺配，但是那时刺配仅为刺面与流刑两者合用。

什么是度牒？

度牒是国家对于依法得到公度为僧尼、道士等所发给的证明文件。度牒在唐代也称为祠部牒，都是绫素锦素钿轴，就是品官所用的纶诰。僧尼持此度牒，不但有了明确的身份，可以得到政府的保障，同时还可以免除地税徭役。

什么是铁券？

铁券，是我国封建时代皇帝赐给功臣、重臣的一种带有奖赏和盟约性质的凭证，类似于现代普遍流行的勋章，允其世代享有优厚待遇及免死罪的一种特别证件，也叫免死券。因为封建社会皇帝的权力是至高无上的，圣旨便是法律，所以，铁券也便负有特别的法律效用。铁券源于汉。汉高祖刘邦雄才大略，一统天下。乍登皇位，就大封创业功臣，慷慨地与功臣剖符作誓，丹书铁券，金匮石室，藏之宗庙，以示皇恩之浩荡。当时因用丹砂将券文之于铁制的契券上，故称"铁券"，亦称"丹书铁券"或"丹书铁契"。而唐以后则主要用金填字。

杖刑是什么？

古代刑罚之一。用荆条或大竹板拷打犯人。杖作为刑种始自东汉，南朝梁武帝定鞭杖之制，杖以荆条制成，分大杖、法杖、小杖三等。北齐北周，将杖刑列为五刑之一，其后相沿直至清末。

清代方苞《狱中杂记》中记载：有三个犯人遭受同样的杖刑，为了少吃点苦头，他们事前都贿赂了行杖的差役。一个犯人送了三十两银子，被稍微打伤一点骨头，养了一个月的伤；第二个犯人送了一倍的银子，只打伤一点皮肉，不到一个月就好了；第三个犯人给了一百八十两银子，受刑后当晚就步履如常了。

古人是怎么告状的？

古代打官司一般遵循从地方到中央的逐级上告制度，如果越级上告，则为非法行为。只有在各级司法部门均不受理的情况下，才能够诉诸直诉。而且，直诉的案件必须是重大的刑事案件，像打架、离婚、田产纷纷这样的民事案件就不必麻烦皇帝佬了。直诉就是古代直接向皇帝或中央相关部门申诉的一种司法制度，也就是人们通常所讲的"告御状"。

"诉讼"一词，最早出现在元代。诉，指"告"，就是当事人一方向官府控告他人的违法犯罪行为，俗称"告状"、"打官司"；讼，指"争"、"公言"，官府接受了告诉后开始审理并使用法律以制裁犯罪，亦称"断狱"、"判案"。诉讼分起诉、审判和执行三个主要阶段。

诛十族是怎么来的？

古时候，有一条刑法是株连九族。那么第十族就是除了亲戚之外的朋友被称为

十族。

明太祖朱元璋死后，皇太孙朱允炆继位为明惠帝，惠帝听从兵部尚书的削藩建议。驻守北平的燕王朱棣以"清君侧"为名，发动"靖难"，挥军南下。惠帝也派兵北伐，当时讨伐燕王的诏书檄文都出自名满天下的第一大儒、翰林学士方孝孺之手。

燕军攻破京师后，文武百官多见风转舵，投降燕王。但方孝孺拒不投降，结果被捕下狱。朱棣想借用方孝孺的威信来收揽人心，不仅屡次派人到狱中劝降方孝孺，还希望由他撰写新皇帝即位的诏书，但方孝孺坚决不从。最后朱棣强行派人押解方孝孺上殿，强迫他写诏书。但方孝孺却大书"燕贼篡位"，朱棣见他宁死不屈，威胁他说："你不怕被诛九族吗？"方孝孺义正言辞地斥责说："即使诛我十族又怎样？"朱棣怒不可遏，于是大肆搜捕方孝孺的亲属，还包括他的门生和朋友（即第十族），在方孝孺面前一一杀害，被杀者共达八百七十三人，而方孝孺则被腰斩于南京聚宝门外。

什么是七出？

七出，又称七去（也称七弃），是在中国古代的法律、礼制和习俗中，规定夫妻离婚所时所要具备的七种条件，当妻子符合其中一种条件时，丈夫及其家族便可以要求休妻。从其内容来看，主要是站在丈夫及其家族的角度并考量其利益，因此可说是对于妻子的一种压迫。但另一方面在男性处于优势地位的古代社会中，也使女性最低限度地免于任意被夫家抛弃的命运。

什么是八议？

八议是指法律规定的以下八种人犯罪，一般司法机关无权审判，必须奏请皇帝裁决，由皇帝根据其身份及具体情况减免刑罚的制度。这八种人是：议亲，指皇亲国戚；议故，指皇帝的故旧；议贤，指依封建标准德高望重的人；议能，指统治才能出众的人；议功，指对封建国家有大功勋者；议贵，指上层贵族官僚；议勤，指为国家服务勤劳有大贡献的人；议宾，指前朝的贵族及其后代。

"八议"制度源于西周的"八辟"，是"刑不上大夫"的礼制原则再刑罚适用上的具体体现。魏明帝制定"新律"时，首次正式把"八议"写入法典之中，使封建贵族官僚的司法特权得到公开的、明确的、严格的保护。从此时起至明清，"八议"成为后世历代法典中的一项重要制度，历经一千六百余年而相沿不改。

什么是十恶？

十恶是十种直接危害封建统治的严重犯罪行为，唐代因袭隋律，对这十种犯罪予以严厉的惩治。十恶的具体内容如下：谋反、谋大逆，即企图毁坏皇帝的宗庙、皇陵和皇宫。谋逆，即企图背国投敌的行为。恶逆，谋杀祖父母、父母，杀伯叔父母、姑、兄姊、外祖父母、夫、夫之祖父母、父母。不道，这里造畜蛊毒和厌魅是以巫术害人的行为，和杀一家非死罪三人、肢解人的行为一样恶劣，后果严重。大不敬，包括盗窃御用物品、因失误而致皇帝的人身安全受到威胁、不尊重皇帝及钦差大臣等三类犯罪行为。不孝，即控告、咒骂祖父母父母。不睦，缌麻、小功、大功是根据服制确定的亲属范围。不义，吏、卒杀本部五品以上官长；听闻丈夫死了不哀丧，另嫁的。内乱，和父祖妾通奸的。

古代受贿怎么定罪？

中国古代对受贿罪一直分"枉法"和"不枉法"这样两大类，处罚的力度也完全不一样。

受财枉法，是指"监临主司受财而枉法"的行为。这里的枉法并非就是指枉法裁判，而是泛指所有的公务处断中有违反法律的行为。对于受财枉法的行为，按其受财的多少量刑，"一尺杖一百，一匹加一等，十五匹绞"。

受财不枉法，是指官员虽然接受当事人的钱财，但是在公务的处理上并没有违反任何法律。不枉法由于没有造成"枉法"的结果，所以量刑上比受财枉法要轻。最多只是"加役流"，"加役流"就是流放三千里，并在流放地服三年的苦役。

锦衣卫是什么？

锦衣卫，就是锦衣亲军都指挥使司，皇帝的侍卫机构。前身为明太祖朱元璋时所设御用拱卫司。为了监视、侦查、镇压官吏的不法行为，太祖先后任用亲信文武官员充当"检校"，"专主察听在京大小衙门官吏不公不法及风闻之事，无不奏闻。"

明洪武二年改设大内亲军都督府，十五年设锦衣卫，明洪武十五年四月十六日，朱元璋设置锦衣卫，作为皇帝侍卫的军事机构。它原是护卫皇宫的亲军，掌管皇帝出入仪仗。朱元璋为加强中央集权统治，特令其掌管刑狱，赋予巡察缉捕之权，从事侦察、逮捕、审问活动。最高长官为指挥使，常由功臣、外戚充任，设同

知、佥事等官职，其下有官校，专司侦察。锦衣卫所属之镇抚司分南北两部，南镇抚司理全国军匠之刑狱。北镇抚司专及诏狱，直接取旨行事，用刑尤为酷烈。锦衣卫屠杀文武大臣，镇压各地人民，罗织大狱，捕人很多。

捕快是什么？

捕快原来分为捕役和快手，到了明清时，则称之为捕快。捕快是捕役和快手的合称，他们负责缉捕罪犯、传唤被告和证人、调查罪证。因为二者性质相近，所以被合称为捕快。

捕快平日身着便装，腰挂表明身份的腰牌，怀揣铁尺、绳索。领班称"捕头"、"班头"。老百姓称捕快为"捕爷"、"牌头"、"牌翁"、"头翁"等等。在明清法律条文中，称捕快为"应捕"或"应捕人"。有的大州县，捕快往往配备马匹执行公务，所以又称之为"马快"。而徒步者，则称之为"步快"、"健步"或"楚足"。各州县在编的"经制正役"的捕快，因州县大小而决定其人数。

为什么要午时三刻斩首？

午时三刻钟，就是我们现在的差十五分钟到正午时间。这个时候开刀问斩，阳气最盛，阴气即时消散，此罪大恶极之犯，应该"连鬼都不得做"，以示严惩。阴阳家说的阳气最盛，与现代天文学的说法不同，并非是正午最盛，而是在午时三刻。古代行斩刑是分时辰开斩的，斩刑是有轻重之分的。一般斩刑是正午开刀，让其有鬼做；重犯或十恶不赦之犯，必选午时三刻开刀，不让其做鬼。皇城的午门阳

气也最盛，不计时间，所以皇帝令推出午门斩首者，也无鬼做。

什么是廷杖？

廷杖，就是在朝廷上行杖打人，是对朝中的官吏实行的一种惩罚。最早始于隋朝，在金朝与元朝普遍实施，明代则实施得最著名。明代往往由厂卫行之。

明代时，如果大臣触犯了皇家的尊严，便以"逆鳞"之罪，被绑出午门前御道东侧打屁股，名叫"廷杖"。起初只象征性的责打，后来发展到打死人。如德十四年皇帝朱厚照要到江南选美女，群臣上谏劝阻，皇帝发怒。大臣舒芬、黄巩等受廷杖者130人，有11人被当场打死。此外明嘉靖皇帝朱厚熜，继承皇位后，欲追封他的生父兴献王为帝，遭到大臣们的抵制。群臣100多人哭谏于左顺门，皇帝下令施行廷杖惩罚，当场毙命17人。

什么是"凌迟"？

凌迟也称陵迟，即民间所说的"千刀万剐"。陵迟原来指山陵的坡度是慢慢降低的，用于死刑名称，则是指处死人时将人身上的肉一刀刀割去，使受刑人痛苦地慢慢死去。凌迟刑最早出现在五代时期，正式定为刑名是在辽。此后，金、元、明、清都规定为法定刑，是最残忍的一种死刑。

凌迟刑的处刑方式很残忍，一般记述是说将人身上的肉一块块割下来。而历代行刑方法也有区别，一般是切八刀，先切头面，然后是手足，再是胸腹，再是枭首，最后肢解。

明朝时期，凌迟一般比较精细，大多数凌迟都超过千刀，比较典型的是明朝作恶多端的太监刘瑾被割了三天，共

三千三百五十七刀，据说第一天割完后，刘瑾还喝了一点粥，第二天继续。

什么是枭首？

枭是一种动物，传说长的和猫头鹰极为相似。当枭的孩子出生后会把父母吃掉，剩下一个头颅。

所以后来中国有一种刑法叫做枭首，犯人的首级有时会被插在高竿上，悬于公众地方展示，以儆效尤。远望人头像是夜枭站立于树端，称为枭首。

枭首于秦朝、汉朝时用诸夷族。六朝时见于律，隋朝时废。明朝起复见于律，初时用于杀父母者，后用于强盗。清袭明制，至沈家本修律时废。

什么是宫刑？

宫刑又称阴刑，是指对男子或女子的阴处施刑，又称为椓刑。对女犯施行的宫刑叫幽闭，开始于秦汉。使用木槌击妇人腹部，人为地造成子宫脱垂，是对犯淫罪者实施的一种酷刑。

男子受宫刑，一般理解是将阴茎连根割去，也有破坏阴囊与睾丸者。外肾是指阴囊和睾丸，破坏了它，人的性腺便不再发育，阴茎不能勃起，从而丧失了性能力。

醢刑是什么？

醢刑也称菹醢，是中国古代的一种酷刑之一，指将尸体剁成醢，也就是剁成肉酱。相传这种刑罚是由商纣王所创，用以对付九候。但也有对活人使用的。

什么是五刑？

五刑有奴隶制五刑和封建制五刑之

分：奴隶制五刑包括墨，劓，剕，宫，大辟。从夏代开始逐步确立，是一种野蛮的、不人道的、故意损伤受刑人肌体《吕刑》中提出了"敬德"思想。德字从"心"就是要把心放正，敬就是警的意思，告诫人要时常警惕自己，不可有疏忽和懈怠。

西周中期，奴隶主统治者就根据社会危害性的大小，把各种违礼行为大致分为"正于五刑"、"正于五罚"、"正于五过"的不同处分方式。这就把礼的规范与刑罚方法相对固定地结合在一起，在礼法的分化道路上迈出了最初的一步。随着将某种违礼行为与刑罚手段的固定结合，构成最初法的规范，遂在礼中产生了法的萌芽。这就是"刑书"最早的内容。

中国第一部法医学著作是什么？

《洗冤集录》是中国古代第一部法医学著作。南宋宋慈著，刊于宋淳祐七年，也是世界上现存第一部系统的法医学专著。

《洗冤集录》被誉为世界上最早的法医学专著，是中国法医学的里程碑。使用指纹来做人身辨识的办案手法，最早出现在7世纪的中国唐朝。现代法医学分为基础法医学和应用法医学，基础法医学着重于原理的研究，应用法医学则是运用基础法医学的研究成果，来解决法律上的问题。但是由于受限于当时的科学水平，其内容难免有错误。但整体而言，瑕不掩瑜，《洗冤集录》是一部符合科学精神的杰出作品。

清同治六年，荷兰人首先将这本书翻译成荷兰文，传入西方。后又被翻译成多国文字，影响世界各国法医学的发展极为深远。

世界上第一部环境保护法是什么？

世界上第一部环境保护法是秦朝制订的《田律》。这份禁令规定，不但保护森林植物，鸟兽鱼鳖，而且还保护水道不得堵塞。

田律，简文共六条。就其内容来说，主要是有关管理农田生产的法律，其中也包括有关分配土地的内容。对于受灾农田要求迅速以书面报告灾情，并详细规定文书传递的方式，显示秦国重农的一面。此外，律文中对于生态的保育颇为重视。

《唐律》是什么？

《唐律》，原名律疏；又名唐律疏义、故唐律疏义，是东亚最早的成文法之一。

《唐律疏议》是中华法系的高峰之作。历史上，上古时期的国家大法叫做"刑"，夏有"禹刑"，商有"汤刑"，周有"吕刑"，而朝廷"议事以制，随事取法"，国家刑律并不稳定，也不公开。到春秋后期，郑国的子产铸"刑鼎"，这才第一次以成文法形式将国家刑律公之于众。

《唐律疏议》是我国历史上保留下来的一部最早，最完整的封建法典和注疏。通篇贯穿了唐初封建统治集团以男权为中心的家长制、族长制、宗法制的社会基层细胞和在此基础上捆束着纲常礼教的封建法系。学术界关于唐律婚姻的研究很多，但多数都是都以《唐律疏议》和以敦煌文书中的报婚书与离婚书状对唐代的婚姻制度进行剖析。

中国的讼师是如何出现并发展起来的？

如果说讼师就是律师，那么世界上律师制度应当起源于古代的中国。

春秋时期（公元前四五世纪），郑国人邓析法律知识渊博且能言善辩。他曾经聚众讲学，传授法律知识和诉讼方法，还助人诉讼，相传是讼师业的鼻祖。传说中邓析的诡辩水准更是无人能及，是讼师界的楷模。事实上，只要有衙门审案，就会有讼师的影子，且队伍日渐壮大，是为刀笔一族，自古至今。

至清朝初期，诉讼代书人都要具备国家颁发的从业许可证——"戳子"，他们是官方认可的从事代书诉状工作的人员。按照清朝法律的规定，他们合法从事代书工作，也要承担如实书写的法律责任。如果不具备资格却帮人代书的，即使是没有利益纠葛，纯属帮忙，都要依法进行处罚。有些人至今仍认为讼师就是律师，至少也应该是律师制度的小小萌芽。

因为只有较为完备的诉讼代理（辩护）制度与职业法律家相结合，才有可能产生律师和律师制度。中国古代虽有某些"代理诉讼"的现象和"助人诉讼"的人员，但由于政治、经济条件的限制，前者未进一步发展成代理制度，后者未形成职业法律家阶层，两者也从未在诉讼领域中结合。因此，中国古代并没有律师制度，而是在清朝末年从国外引进了律师制度。

第十二章　天文历法

什么是五星？

五星是金木水火土五大行星，又称五纬。

金星，古名明星、大嚣、太白。光色银白，亮度特别强。除了太阳和月亮外，是天空看起来最亮的天体，最亮时比天狼星还要亮。金星于黎明见于东方叫启明，黄昏见于西方叫长庚。

木星，古名叫岁星或岁，有人认为甲骨文中的岁字指岁星。古人把木星的周期与农事联系起来，可能因为木星和太阳活动周期相近。木星十二年绕天一周，每年居十二次的一次，所以被称为岁星，并用岁星所在的次名作为纪年的标准。

水星，古名叫辰星，离太阳最近，看上去总是在太阳两边摆动，离开太阳最远不超过三十度。中国古代把一周天分为十二辰，每辰约三十度，故称水星为辰星。

火星，古名叫荧惑。以其红光荧荧似火而得名。火星在天上的运动，时而由西往东，时而由东往西，很迷惑人，故名荧惑。

土星，古名叫镇星。土星每约二十八年绕天一周，每年进入二十八宿中的一宿，叫岁镇一宿，好像轮流坐着二十八宿一样，故名镇星。

什么是五行物质元素说？

五行是中国古代的一种物质观。多用于哲学、中医学和占卜方面。五行指：金、木、水、火、土。五行学说之所以能概括宇宙间的万事万物，其主要的思维方法是按照"五行"的特性，根据事物的不同性质、作用和形态，采用"比象取类"的方法，将事物或现象分为五大类，分别归属金、木、水、火、土五行之中。并根据五行之间的相互关系及其规律，说明各类事物或现象的联系和变化。在医学方面则藉以阐明人体脏腑组织之间在生理和病理上的复杂关系，以及人体与外在环境之间的密切关系。

什么是五行学说？

原始的五行物质元素说，上升为五行学说之后，基本上已经不是单纯的指五种物质本身，而是作为事物属性的抽象概念来应用。五行各有其不同的特性，"水曰润下、火曰炎上、木曰曲直、金曰从革、土爰稼穑"。根据这个特性，采用"比象取类"方法，便把需要说明的事物或现象，朴素地分成了五大类，将相似属性的每类事物或现象，分别归属于五行之中，并在五行属性归类的基础上，运用五行生克规律，以阐释或推演事物或现象的复杂联系和变化。

观星台被建立起来的原因是什么？

观星台建于元代至元十三年，公元1276年，距今已有700年的历史，它是我

国现存最古老的天文台，是世界上现存较早天文科学建筑物。元世祖忽必烈统一中国后，为了恢复农牧业生产，任用著名科学家郭守敬和王恂等进行历法改革。首先，让郭守敬创制了新的天文仪器，然后又组织了规模空前的天文大地测量，在全国二十七个地方建立了天文台和观测站，登封观星台就是当时的中心观测站。经过几年的辛勤观测推算，终于在18年（公元1218年）编制出当时世界上最先进的历法——《授时历》。《授时历》求得的回归年周期为36.2425日，合365天5时49分12秒，与当今世界上许多国家使用的阳历，格里高里历，一秒不差，但格里历是1528年由罗马教皇改革的历法，比《授时历》晚三百年。与现代科学推算的回归年期相比，《授时历》仅差26秒。

第一架地震仪是怎么发明的？

在张衡所处的东汉时代，地震比较频繁。据《后汉书·五行志》记载，自和帝永元四年到安帝延光四年的三十多年间，共发生了26次大的地震。地震区有时大到几十个郡，引起地裂山崩、江河泛滥、房屋倒塌，造成巨大的损失。张衡对地震有不少亲身体验，为了掌握全国地震动态，他经过长年研究，终于在阳嘉元年发明了候风地动仪——世界上第一架地震仪。

据学者们考证，张衡在当时已经利用了力学上的惯性原理，"都柱"实际上起到的正是惯性摆的作用。同时张衡对地震波的传播和方向性也一定有所了解，这些成就在当时来说是十分了不起的，而欧洲直到1880年，才制成与此类似的仪器，比起张衡的发明足足晚了一千七百多年。

候风地动仪的构造是怎样的？

据《后汉书·张衡传》记载，候风地动仪"以精铜铸成，圆径八尺"，"形似酒樽"，上有隆起的圆盖，仪器的外表刻有篆文以及山、龟、鸟、兽等图形。仪器的内部中央有一根铜质"都柱"，柱旁有八条通道，称为"八道，还有巧妙的机关。仪体外部周围有八个龙，按东、南、西、北、东南、东北、西南、西北八个方向布列。龙头和内部通道中的发动机关相连，每个龙头嘴里都衔有一个铜球。对着龙头，八个蟾蜍蹲在地上，个个昂头张嘴，准备承接铜球。当某个地方发生地震时，樽体随之运动，触动机关，使发生地震方向的龙头张开嘴，吐出铜球，落到铜蟾蜍的嘴里，发生很大的声响。于是人们就可以知道地震发生的方向。

汉顺帝阳嘉三年十一月壬寅，地动仪的一个龙机突然发动，吐出了铜球，掉进了那个蟾蜍的嘴里。当时在京城的人们却丝毫没有感觉到地震的迹象，于是有人开始议论纷纷，责怪地动仪不灵验。没过几天，陇西有人飞马来报，证实那里前几天确实发生了地震，于是人们开始对张衡的高超技术极为信服。陇西距洛阳有一千多里，地动仪标示无误，说明它的测震灵敏度是比较高的。

什么是简仪？

简仪是元代天文学家郭守敬于公元1276年创制的一种测量天体位置的

仪器。因将结构繁复的唐宋浑仪加以革新简化而成，故称简仪。它包括相互独立的赤道装置和地平装置，以地球环绕太阳公转一周的时间365.25日分度。简仪的赤道装置用于测量天体的去极度和入宿度（赤道坐标），与现代望远镜中广泛应用的天图式赤道装置的基本结构相同。它由北高南低两个支架，托着正南北方向的极轴，围绕极轴旋转的是四游双环，四游环上的窥管两端安有十字丝，这是后世望远镜中十字丝的鼻祖。极轴南端重叠放置固定的百刻环和游旋的赤道环。为了减少百刻环与赤道环之间的摩擦，郭守敬在两环之间安装了四个小圆柱体，这种结构与近代"滚珠轴承"减少摩擦阻力的原理相同。简仪的地平装置称为立运仪，它与近代的地平经纬仪基本相似。它包括一个固定的阴纬环和一个直立的、可以绕铅垂线旋转的立运环，并有窥管和界衡各一。这个装置可以测量天体的地平方位和地平高度。简仪的底座架中装有正方案，用来校正仪器的南北方向。在明制简仪中正方案改为日晷。

简仪的创制，是我国天文仪器制造史上的一大飞跃，是当时世界上的一项先进技术。欧洲直到三百多年之后的1598年，才由丹麦天文学家第谷发明与之类似的装置。

什么是仰仪？

仰仪是我国古代的一种天文观测仪器，由元朝天文学家郭守敬设计制造。

仰仪的主体是一只直径约直径一丈二尺（元代天文尺）的铜质半球面，它的形状好像一口仰放着的大锅，因而得名。仪唇（半球面的边缘）上边刻着时辰和方位，相当于地平圈，上面还有水槽，用以校正水平。在仪唇的南部放置东西向和南北向的杆子各一根，称为缩竿。南北向缩竿末端延伸到半球的中心，顶端装置一小方板，称为璇玑板。板可以南北向和东西向转动。板的中央开一小孔，小孔的位置正好在半球的中心。仰仪的内部球面上，纵横交错地刻画出一些规则网格，是赤道地平坐标网。用来量度天体的位置。不过，这个坐标网与天球的坐标网，东西相反，以南极替代北极。在仰仪的锅口上刻有一圈水槽，用来注水校正锅口的水平，使其保持水平设置；在水槽边缘均匀地刻画出24条线，以示方向。在正南方的刻线上安置着两根十字交叉的竿子，呈正南北方向，一直延伸到仰仪的中心，把一块凿有中心小孔的璇玑板装在竿子的北端，并且璇玑板可以绕着仰仪中心旋转。转动璇玑板，使它正对太阳。太阳光通过小孔在球面上成像，从坐标网上立刻可以读出太阳去极度数和时角，由此可知当地的真太阳时和季节。

什么是十二生肖？

十二生肖，是由十一种源于自然界的动物鼠、牛、虎、兔、蛇、马、羊、猴、鸡、狗、猪以及传说中的龙所组成，用于纪年。顺序排列为子鼠、丑牛、寅虎、卯兔、辰龙、巳蛇、午马、未羊、申猴、酉鸡、戌狗、亥猪。

用12生肖纪年，在我国至少在南北朝时开始了。当时民间已有12生肖的用

法了。

但是，12生肖的来历如何呢？我国古籍中记载，我国古代的中原地区，最初使用的是"干支纪年法"，就是用10个天干符号甲、乙、丙、丁、戊、己、庚、辛、壬、癸和12个地支符号子、丑、寅、卯、辰、巳、午、未、申、酉、戌、亥相配合来纪年。

什么是黄历？

"黄历"，就是黄帝历。考古发现，我国早在四千多年前就开始有了历法，三千多年前就已经有了用甲骨文记载的历书。我国古代使用的历法有皇帝历、颛顼历、夏历、殷历、周历和鲁历六种，其中以传说是由轩辕黄帝创建的"黄历"最为古老。由于古时我国使用"黄历"的区域广阔，影响很深，所以人们习惯把历书称之为"黄历"。不过，民间在使用"黄历"的过程中，给其添加了许多宣扬吉凶忌讳的内容，故"黄历"的迷信色彩很浓。

什么是"皇历"？

"皇历"则属于"官方"历书。历书在社会生活中的重要性不言而喻，历代皇帝都很重视历法的颁制。从唐朝起，各代王朝开始对历法实行严格的管理。唐文宗大和九年，唐王下令编制了我国第一本雕版印刷的历书《宣明历》。《宣明历》对日月、时辰和节令有着详细的记载。当时，为了防止民间滥印历书，唐文宗下令，历书必须由皇帝亲自审定，官方印刷。从此，历书就被称作了"皇历"。

皇历一词是怎么来的？

关于"皇历"一词的来历，还有说与宋朝太宗皇帝有关。说每当年末岁尾，宋太宗都要给文武官员、皇族贵戚各送一本历书。这本历书里刻有农历的日期、节令，以及在耕作种植方面的普通知识等。因为历书是皇帝所送，故此叫"皇历"。得到皇帝赠送的历书当然是一种极大的荣耀，为许多人所期盼。受其影响，民间百姓渐渐就把历书一概称之为"皇历"了。

"皇历"所记的历法，一般是以一年为限，第二年变更，如果拿去年的"皇历"来查看今年的历法，就一定是错误的，因此人们常用"老皇历"来形容那些因循守旧、不合时宜的思想意识。

漏壶是什么？

古代利用滴水多寡来计量时间的一种仪器。漏壶按计时方法大体上可分为两种：一种是观测容器内的水漏泄减少情况来计量时间，叫做泄水型漏壶；另一种是观测容器（底部无孔）内流入水增加情况来计量时间，叫做受水型漏壶。在一些文明古国，如中国、埃及、巴比伦等，都使用过漏壶。巴比伦一般使用泄水型漏壶；埃及人两种类型都用，不过受水型漏壶使用较晚，也较罕见。

中国的漏壶也称刻漏。最早的漏壶是在漏壶中插入一根标杆，称为箭。箭下用一只箭舟托住，浮在水面上。水流出或流入壶中时，箭下沉或上升，借以指示时刻。前者为泄水型漏壶，叫做沉箭漏；后者为受水型漏壶，叫作浮箭漏。这两种类型统称箭漏。另一种是以滴水的重量来计量时间，叫做称漏。此外，还有一种以沙代水的沙漏。中国历史上用得最多、流传最广的是箭漏。

什么是朔望月、上弦、下弦？

当月亮轨道上绕行到太阳和地球之间，月亮的黑暗半球对着地球，这时叫朔，正是农历每月的初一。

当月亮绕行至地球的后面，被太阳照亮的半球对着地球，这时叫望，一般在农历每月十五或十六日。

在农历每月初八前后，这时月亮的西半边是明的，东半边提暗的，叫做上弦。

农历每月二十三日前后，这时月亮东半边是明的，西半边是暗的，叫做下弦。

最早的天文学著作是什么？

《甘石星经》是世界上最早的天文学著作。在长期观测天象的基础上，战国时期楚人甘德、魏人石申各写出一部天文学著作。后人把这两部著作合起来，称为《甘石星经》。

书中详细记载了五星之运行情况，以及它们的出没规律，并肉眼记录木卫二（甘德所载，1981年席泽宗指出，但国际上未被承认）。书中记录800多个恒星的名字，并划分其星官，其体系对后世发展颇有深远影响。书中提及日食、月食是天体相互掩食的现象。

古人是怎样观察天象的？

我国最早的天象观察，可以追溯到好几千年以前。无论是对太阳、月亮、行星、彗星、新星、恒星，以及日食和月食、太阳黑子、日珥、流星雨等罕见天象，都有着悠久而丰富的记载，观察仔细、记录精确、描述详尽、其水平之高，达到使今人惊讶的程度，这些记载至今仍具有很高的科学价值。

古人经过长时间夜观天象的经验累积之后，发现星座移动的方向是有规律可循的，可以和地球上气候变化相吻合的。以黄昏时观察北斗七星的位置，来判断当令的季节。而这种观察天象有规律的变化来定四季，就叫做"观象授时"。在没有历法的时代，曾经为古人使用过一段很长的时间。

古人在天文仪器制造方面取得了什么样的成就？

我国古代在创制天文仪器方面，也作出了杰出的贡献，创造性地设计和制造了许多种精巧的观察和测量仪器。我国最古老、最简单的天文仪器是土圭，也叫圭表。它是用来度量日影长短的，它最初是从什么时候开始有的，已无从考证。

此外，西汉的落下闳改制了浑仪，这种我国古代测量天体位置的主要仪器，几乎历代都有改进。东汉的张衡创制了世界上第一架利用水利作为动力的浑象。元代的郭守敬先后创制和改进了10多种天文仪器，如简仪、高表、仰仪等。

什么是盖天说？

按照《晋书·天文志》书中记载的宇宙图式来看，天是一个穹形，地也是一个穹形，就如同心球穹，两个穹形的间距是八万里。北极是"盖笠"状的天穹的中央，日月星辰绕之旋转不息。盖

天说认为，日月星辰的出没，并非真的出没，而只是离远了就看不见，离得近了，就看见它们照耀。

盖天说宇宙结构理论力图说明太阳运行的轨道，持此论者设计了一个七衡六间图，图中有七个同心圆。每年冬至，太阳沿最外一个圆，就是"外衡"运行，因此，太阳出于东南没于西南，日中时地平高度最低；每年夏至，太阳沿最内一圆，就是"内衡"运行，因此，太阳出于东北没于西北，日中时地平高度最高；春、秋分时太阳沿当中一个圆，就是"中衡"运行，因此，太阳出于正东没于正西，日中时地平高度适中。各个不同节令太阳都沿不同的"衡"运动。这个七衡六间图是力图定量地表述盖天说的宇宙体系，载于汉赵爽注《周髀算经》。因此，盖天说又称周髀说。

什么是浑天说？

西汉末的扬雄在他的《法言·重黎》提到了"浑天"这个词，这是现今所知的最早的记载。里面的"浑天"是浑天仪，实就是浑仪的意思。扬雄是在和《问天》对照的情况下来说这段话的。由此可见，落下闳时已有浑天说及其观庖瞼鏊。我国古代天文学家张衡提出了"浑天说"。浑天说提出后，并未能立即取代盖天说，而是两家各执一端，争论不休。但是，在宇宙结构的认识上，浑天说显然要比盖天说进步得多，能更好地解释许多天象。

另一方面，浑天说手中有两大法宝：一是当时最先进的观天仪——浑仪，借助于它，浑天家可以用精确的观测事实来论证浑天说。在中国古代，依据这些观测事实而制定的历法具有相当的精度，这是盖天说所无法比拟的。另一大法宝就是浑象，利用它可以形象地演示天体的运行，使人们不得不折服于浑天说的卓越思想，因此，浑天说逐渐取得了优势地位。到了唐代，天文学家一行等人通过天地测试彻底否定了盖天说，使浑天说在中国古代天文领域称雄了上千年。

什么是宣夜说？

宣夜说是我国历史上最有卓见的宇宙无限论思想。它最早出现于战国时期，到汉代则已明确提出。"宣夜"，就是"宣劳午夜"之意。另一说它是讲古代观星者们在夜间进行辛劳的天文观测。

不论是中国古代的盖天说、浑天说，还是西方古代的地心说，乃至哥白尼的日心说，无不把天看作一个坚硬的球壳，星星都固定在这个球壳上。宣夜说否定这种看法，认为宇宙是无限的，宇宙中充满着气体，所有天体都在气体中漂浮运动。星辰日月的运动规律是由它们各自的特性所决定的，绝没有坚硬的天球或是什么本轮、均轮来束缚它们。宣夜说打破了固体天球的观念，这在古代众多的宇宙学说中是非常难得的。这种宇宙无限的思想出现于两千多年前，是非常可贵的。

宣夜说创造了天体漂浮于气体中的理论，并且在它的进一步发展中认为连天体自身、包括遥远的恒星和银河都是由气体组成。这种十分令人惊异的思想，竟和现代天文学的许多结论一致。

宣夜说首先认为"天了无质"——否认了有形质的天，包蕴着无限宇宙的思想。它不仅认为宇宙在空间上是无边无际的，而且还进一步提出宇宙在时间上也是无始无终的、无限的思想。

宣夜说没有把行星与其他行星区别开来，也没有说明行星运动的复杂性。但从科学规律上来讲，宣夜说仍比盖天说和浑天说都进步的多。它在人类认知史上写下了光辉的一页。可惜，宣夜说的卓越思想，在中国古代没有受到重视，几至失传。也许，杞人忧天这个故事能说明宣夜说不能盛行的原因吧。

什么是三垣、四象？

三垣，四象，二十八宿，是我国古代对星空的划分，它们的起源远在周、秦以前。

三垣是北天极周围的三个区域，即紫微垣、太微垣和天市垣。三垣成为三个天区的主体，这些天区也以三垣的名称为名称。

古人把东、南、西、北四方每一方的七宿想象为四种动物形象，叫做"四象"。

四象（或作四相）在中国传统文化中指青龙、白虎、朱雀、玄武，分别代表东西南北四个方向。

什么是二十八宿？

二十八宿（又名二十八舍或二十八星）最初是古人为比较日、月、五星的运动而选择的二十八个星官，作为观测时的标志。二十八宿主要位于黄道区域，之间跨度大小不均匀，分为四大星区，称为

四象。就是龙虎，还有鸟另外还有鹿，那么鹿这一象后来到晚期发展成玄武，玄武就是龟蛇合一，龟蛇结合这样一种图像，这种东西我们现在在史前的天文学里都可以找到，就是它们这一些变化的痕迹，我们现在都可以把它们梳理出来，那么古人为什么会重视这四个象？因为它们在历史上的某一段时间，曾经充当过时间的指示星，它指导人们的时间，那么古代的时间最重要的实际就是四个点，就是两分和两至，春分，秋分，夏至和冬至，就这四个点，而这四个象就曾在历史上的某一些时期，充当过这四个点的标准星象。

什么是石氏星表？

石氏星表是从已经失传的《石氏星经》中整理出的一份星表，作者为战国时魏人石申。石氏星表是现知世界上最古老的星表之一。

星表者，乃是天文观测者长期观察后，将大量测得的恒星以坐标系统性的汇编而成，它是天文学家们的重要参考工具。我国古代最早的星表编制人是战国时代的魏人石申（约在公元前4世纪），他编的《天文》一书共八卷，被后人誉为《石氏星经》。可惜至宋代后失传，还好在唐代《开元占经》中可看到《石氏星经》的一些片断，并整理出一份《石氏星表》，其中明列28宿距星和一百余颗恒星的赤道坐标位置。依据岁差规律推算证明，石氏星表中至少有一部分可以肯定是公元前4世纪测定的，远比古希腊天文学家依巴谷在公元前2世纪编制的星表还早。可见石氏星表是现知世界上最古老的星表之一。

什么是天干地支？

天干地支产生于汉代，它以立春作为一年的开始而不是以农历的正月初一。天干地支简称"干支"。《辞源》里说，"干支"取义于树木的"干枝"。

十天干：甲、乙、丙、丁、戊、己、庚、辛、壬、癸。

十二地支对应十二生肖——子：鼠，丑：牛，寅：虎，卯：兔，辰：龙，巳：蛇，午：马，未：羊，申：猴，酉：鸡，戌：狗，亥：猪。

十二生肖计时的来历是什么？

十二生肖的选用与排列，是根据动物每天的活动时间确定的。我国至迟从汉代开始，便采用十二地支记录本一天的十二个时辰，每个时辰相当于两个小时。

夜晚十一点到凌晨一点是子时，此时老鼠最为活跃。凌晨一点到三点，是丑时，牛正在反刍。三点到五点，是寅时，此时老虎到处游荡觅食，最为凶猛。五点到七点，为卯时，这时太阳尚未升起，月亮还挂在天上，此时玉兔捣药正忙。上午七点到九点，为辰时，这正是神龙行雨的好时光。九点到十一点，为巳时，蛇开始活跃起来。上午十一点到下午一点，阳气正盛，为午时，正是天马行空的时候。下午一点到三点，是未时，羊在这时吃草，会长得更壮。下午三点到五点，为申时，这时猴子活跃起来。五点到七点，为酉时，夜幕降临，鸡开始归窝。晚上七点到九点，为戌时，狗开始守夜。晚上九点到十一点，为亥时，此时万籁俱寂，猪正在鼾睡。

古代最优秀的历法是什么？

《授时历》是我国古代最优秀的历法。据《元史》记载，大都天文台上有郭守敬制作的仪器十三件。据说，为了对它们加以说明，郭守敬奏进仪表式样时，从上早朝讲起，直讲到下午，忽必烈一直仔细倾听而没有丝毫倦意。这个记载反映出郭守敬讲解生动，也反映出元世祖的重视和关心。接着郭守敬又举唐一行为编大衍历做全国天文测量为例，提出今为编授时历也应做此工作，应更多设观测点于"远方测验"。

古代的计时单位有哪些？

时、刻、更、鼓、点，都是古代计时单位。

时：指时辰。古代一昼夜分为十二个时辰，每一个时辰折合现在的两小时。以十二地支为名，从夜间十一点起算，夜半十一点至一点是子时，其余类推。 刻：古代用漏壶计时，一昼夜共一百刻，一刻合现在十四分二十四秒。顷刻，指很短的时间。

更：一夜分五更，每更约两小时，大致分为：晚七点至九点为一更，九点至夜十一点为二更，以此类推。

鼓：击代夜间击鼓报更，因此以其为更的代称。

点：古代用铜壶调漏计时，以下漏击点为名。一夜分五更，一更又分五点。一点合现在二十四分钟。

什么是夏历、农历？

其实夏历与农历是一样的。农历，是把朔望月的时间作为历月的平均时间。这一点上和纯粹的阴历相同，但农历运用了设置闰月的办法和二十四节气的办法，使历年的平均长度等于回归年，这样它就又具有了阳历的成分，所以它比纯粹的阴历好。

现在所有的农历，据说我们的祖先远在夏代就使用了这种历法。所以人们又称它为夏历。解放后还仍然叫做夏历，1970年以后我国改称为"农历"。至于"农历"一名的由来，大概因为由于自古以农立国，所以制订历法必须为农业服务。

什么是阴历？

阴历是根据月相圆缺变化的周期来制订的。因为古人称月亮为太阴，所以又有太阴历、月亮历之称，是纯粹的阴历。我国使用"农历"，一般人叫它"阴历"，那是不对的。农历不是一种纯粹的阴历，而是"阴阳历"。阴历把月亮圆缺循环一次的时间算做一个月，12个月算做一年。然而月亮圆缺循环一次——一个朔望月，是29天12时44分3秒，比29天多，又比30天少。为方便，阴历把月份分成大月和小月两种，逢单的月是大月30天，逢双的月是小月29天，一年共是354天。

农历十二个月份的别称是什么？

一月通常称：正月、初月、柳月、新月、征月、端月、华岁、嘉月、开岁、陬月、新正、岁首等；

二月通常称：杏月、花月、仲春、仲阳、如月、丽月、仲、酣月、酣香、命月、杏月等。

三月通常称：桃月、晓春、桃良、蚕月、春晚、晚春、暮春、上春、春日、季月、莺月、末春、桐月等。

四月通常称：槐月、孟夏、首夏、初夏、阳月、麦月、梅月、纯月、清和、余月、正阳、朱明。

五月通常称：蒲月、仲夏、超夏、榴月、郁月、郁蒸、鸣蜩、天中、仲夏、皋月。

六月通常称：荷月、季月、伏月、焦月、暑月、精阳、溽暑、季暑、季夏、且月。

七月通常称：巧月、瓜月、肇秋、兰秋、早秋、新秋、首秋、相月、孟秋、初秋。

八月通常称：桂月、壮月、仲秋、中秋、仲商、桂秋、正秋、商吕、仲商、竹春。

九月通常称：深秋、暮秋、玄月、穷秋、凉秋、霜商、商序、菊月、季秋、晚秋、杪秋、三秋、霜序、青女月。

十月通常称：阳月、初冬、阴月、小阳春、孟冬、良月、露月、开冬、冬、飞阴月。

十一月通常称：辜月、冬月、仲冬、中冬、畅月、葭月、龙潜月。

十二月通常称：腊月、残冬、季冬、严冬、冰月、严月、除月、暮冬、残冬、末冬、嘉平、穷节。

为什么称农历一月为正月？

人们通常把农历一月称作"正月"，这是因为在中国古代，每年以哪个月为第一个月，各朝代都不相同。夏朝以一月为第一个月，商朝以十二月为第一个月，周朝又以十一月为第一个

月。这些朝代每改正一次月份顺序，就把改变后的第一个月称作"正月"、"正"是改正的意思，直到汉武帝时才最后确定农历一月为正月，一直通行到现在。

为什么"正月"的"正"字，又都读成"征"的音呢？这里面也有个缘故；秦始里名字叫嬴政，他统一天下后，嫌"正"字读音与他名字中的"政"字相同，犯忌讳，就下令把"正月"一律念成"征月"，不然就杀头。从那时起，"正月"的"正"字，就读成了"征"字的音，也一直延续到现在。

为什么称农历十二月为腊月？

在我国远古时代，"腊"本是一种祭礼。在商代，人们每年用猎获的禽兽举行春、夏、秋、冬四次大祀，祭祀祖先和天地神灵。其中的冬祀的规模最大，也最隆重，后来将冬祀称为"腊祭"。因此人们便把十二月称为"腊月"，将举行冬祭这一天称为"腊日"。

什么是旬？

旬是中国一种传统的时间单位，十天为一旬。

旬的概念从夏朝开始已经存在在，甲骨文中就有旬字。中国古代使用天干纪日，每十日周而复始，因此专门用一个"旬"字来表示这个概念。

现在中国人仍然使用旬来表示十天这个时间段。一个月的第一个十天为上旬，第二个十天为中旬第三个十天和余下的天数为下旬。

另外，在中国说人的年龄时，十岁为一旬。例如八旬老翁，就是指八十岁的老头。

第十三章　医疗卫生

"中药"是怎么来的？

人类历史上一切科学知识的产生和发展，都和生产劳动有着密切的关系。都是在人类同大自然斗争中积累起来的，中医药知识也不例外。就拿神农尝百草来说，神农不一定有其人，但"尝百草"的事肯定是有的，而且不可能是一个人。

在原始社会初期，生产力非常低下，人们不懂得耕作收获，只是从自然界寻找现成的东西拿来充饥，"饥则求食，饱既弃余"。可以想象，人类在采集野菜，种子以及植物根茎充饥的时候，有可能吃到一些有毒植物，而发生头痛，呕吐，腹泻等情况，甚至可能昏迷，死亡。比如吃了大量的大黄，会引起腹泻；吃了瓜蒂，可导致呕吐。当然，也可能有例外的情况，正在腹泻时，无意中吃了某种植物，腹泻缓解了。这样天长地久，人们就逐渐懂得哪些东西可以吃，哪些东西不能吃。甚至可以有意识地寻找某些能治病的植物。这样，经过长时间的实践总结，药物也就出现了。

神农尝百草的传说，正是人民群众这种实践的反映。鲁迅先生在《南腔北调集》中说道："大约古人一有病，最初只有这样尝一点，那样尝一点，吃了毒的就死，吃了不相干的就无效，有的竟吃到了对症的就好起来了。于是知道这是对于某一种病痛的药。这样的积累下去，乃有草创的记录，后来渐成为庞大的书，如《本草纲目》就是。"鲁迅先生的这段话，可以说是人类发现药物的生动描述。

先秦时期的名医有哪些？

针灸之祖，黄帝，传说中中原各族的共同领袖。现存《内经》即系托名黄帝与歧伯、雷公等讨论医学的著作。此书对针刺的记载和论述特别详细。

脉学倡导者，扁鹊，姓秦，名越人，战国渤海郡郑（今河北任丘）人。太子尸厥已死，而治之复生；齐桓侯未病，而知其后五日不起，名闻天下。《史记·战国策》推崇其为脉学倡导者。

两汉魏晋时期的名医有哪些？

外科之祖——华佗，华佗又名敷，字无化，后汉末沛国（今安徽亳州）人。尤擅外科，对"肠胃积聚"等病，饮麻沸散，须臾便知醉，肠洗浣，缝腹摩膏，施行腹部手术。

医圣——张仲景，名机，汉末南阳郡（今河南南阳）人。相传曾任长沙太守，当时伤寒流行，病死者甚多。他的著作《伤寒杂病论》总结了汉代300多年的临床实践经验，对祖国医学的发展有重大贡献。

预防医学的倡导者——葛洪，字稚川，自号抱朴子，晋朝丹阳句容（今属

江苏）人。著有《肘后备急方》，书中最早记载一些传染病如天花、恙虫病症候及诊治。"天行发斑疮"是世界上最早有关天花的记载。

唐宋时期的名医有哪些？

药王——孙思邈，唐朝京兆华原（今陕西耀县）人，曾治愈唐太宗皇太后头痛病，宫廷要留他做御医，他谎称采"长生不老药"献给皇上，偷跑了。监视他的人谎报采药时摔死，太宗封他为药王。

儿科之祖——钱乙，字仲阳，北宋郓州（今山东东平）人。著《小儿药证直诀》，以脏腑病理学说立论，根据其虚实寒热而立法处方，比较系统地作出了辨证论治的范例。

法医之祖——宋慈，宋朝福建人。所著《洗冤集录》，是世界上最早的法医文著。

明清时期的名医有哪些？

药圣——李时珍，字东璧，号频湖，明朝蕲州（今湖北蕲春）人。长期上山采药，深入民间，参考历代医书800余种，经27年艰苦劳动，著成《本草纲目》，所载药物共1758种。

《医宗金鉴》总修官——吴谦，字文吉，清朝安徽歙县人。乾隆时为太医院院判。《医宗金鉴》是清代御制钦定的一部综合性医书，全书90卷，是我国综合性中医医书最完善简要的一种。

有女扁鹊之称的汉代名医是谁？

女子行医，始于汉代。当时出现了一批民间女医，她们中医术高明者，常应诏担任宫廷女医。淳于衍便是其中的一个。她虽来自民间，没有经过专门医学校的传授培养，但是她天资聪慧，勇于实践，在与各种疾病搏斗中，积累了许多行之有效的医疗经验。淳于衍精于切脉，通晓医药，有女中扁鹊之称。

被称为"药州"的城市是什么？

河北安国县，古称祁州，因药业繁荣而闻名全国及东南亚地区，素有"药州"之称。历史上与河南禹州并称为"南禹州、北祁州"两大药市。

早在公元1101年，北宋徽宗为纪念邳彤，在安国南建立了"药王庙"，每年清明节举行庙会，至清乾隆年间已成为全国药材集散的总枢纽。清道光年间药商开始形成帮派，庙会期间各地药商云集，整个祁州镇，药气熏天，熙来攘往，热闹非凡。各路客商每天交流药材的数量多达数千万斤，成交额达白银数万两。成为四面八方中药材交流的中心，为我国历史上著名的药材集散市场。

亳州为什么能够名列四大药都？

被称为"商汤古都，魏武故里"的亳州，位于皖北西端，三面与苏、鲁、豫毗邻，涡河从西而东贯城而过。自古以来物华天宝，地灵人杰，老子、曹操、华佗等先贤圣哲就出生于此，是闻名全国的四大古药都之一。

亳州得天独厚的物候地理条件，成为中原地区药材集散场。又因神医华佗遗风在亳州经久不衰，名医辈出，药师济济，中药材培植、炮制技艺更为高人一筹。出产中药材130余种，安徽的四大名药亳州就占了二种，其白芍、菊花、紫菀、花粉、桑皮驰名中外。

由于药材贸易兴隆，亳州七十二条街上店、铺、行、号鳞次栉比。全国中药材来此云集吞吐，药材贸易市场规模很大，城内有四、五条街专门经营药材。故当时有"来入亳州城，一览天下药"之说。

被称为"江南药都"的城市是什么？

江西樟树镇倚"八省通衢要冲"的地理交通优势，药商汇集，药业兴旺，是享誉中外的"江南药都"。由于各地药材云集樟树，樟树自产药材也与之相映生辉，像樟树枳壳就因质量极佳而列为贡品进入皇宫内苑。樟树药业对药材鉴别、炮制均有独到的技术和特色，切制饮片花样众多，厚薄适度，实用性强。

华佗对医术有什么贡献？

华佗（约145-208）东汉末医学家，汉族。字元化，一名旉，沛国谯（今安徽省亳州市谯城区）人，华佗与董奉、张仲景被并称为"建安三神医"。关于华佗故里，学术界普遍认为华佗是安徽省亳州市谯城区人。

华佗行医，并无师传，主要是精研前代医学典籍，在实践中不断钻研、进取。当时我国医学已取得了一定成就，《黄帝内经》、《黄帝八十一难经》、《神农本草经》等医学典籍相继问世，望、闻、问、切四诊原则和导引、针灸、药物等诊治手段已基本确立和广泛运用；而古代医家，如战国时的扁鹊，西汉的仓公，东汉的涪翁、程高等，所留下的不慕荣利富贵、终生以医济世的动人事迹，所有这些不仅为华佗精研医学提供了可能，而且陶冶了他的情操。

华佗精于医药的研究。他曾把自己丰富的医疗经验整理成一部医学著作，名曰《青囊经》，可惜没能流传下来。但不能说他的医学经验因此就完全湮没了。因为他许多有作为的学生，如以针灸出名的樊阿，著有《吴普本草》的吴普，著有《本草经》的李当之，把他的经验部分地继承了下来。至于现存的华佗《中藏经》，是宋人作品，用他的名字出版的。但其中也可能包括一部分当时尚残存的华佗著作的内容。

药葫芦有什么来历？

许多人不明白一些正宗的中药店门前都挂着一个药葫芦是什么意思，其实这也有一段来历。

《后汉书·方术列传·费长方》里记载着这样一个典故：相传汉代的某年夏天，河南一带闹瘟疫，死了许多人，无法医治。有一天，一个神奇的老人来到长安，他在一条巷子里开了一个小小中药店，门前挂了一个药葫芦，里面盛了药丸，专治这种瘟疫。凡是来求医者，老人就从药葫芦里摸出一粒药丸，让患者用温开水冲服，就这样，喝了他的药的人，一个一个都好了起来。此事一传十，十传百，便在许多地方传开了，后来一些行医者就以药葫芦作为中药店的标志，这一习俗一直传了下来。

什么是拔火罐？

"拔火罐"是我国民间流传很久的

一种独特的治病方法，俗称"拔罐子"、"吸筒"，在《本草纲目拾遗》中叫做"火罐气"，《外科正宗》中又叫"拔筒法"。古代多用于外科痈肿，起初并不是使罐，而是用磨有小孔的牛角筒，罩在患部排吸脓血，所以一些古籍中又取名为"角法"。关于拔火罐治疗疾病最早的文字记载，是公元281～361年间，晋代葛洪著的《肘后方》。

后来，牛角筒逐渐被竹罐、陶罐、玻璃罐所代替，治病范围也从早期的外科痈肿扩大到风湿痛、腰背肌肉劳损、头痛、哮喘、腹痛、外伤淤血、一般风湿感冒及一切酸痛诸症。

拔火罐是一种充血疗法，利用热力排出罐内空气，形成负压，使罐紧吸在施治部位，造成充血现象，从而产生治疗作用，中国人称它为郁血疗法。由于这种方法简便易行、效果明显，所以在民间历代沿袭，至今不衰，连一些外国人也颇感兴趣。

北宋针灸铜人有什么特点？

北宋针灸铜人为北宋天圣五年（1027）宋仁宗诏命翰林医官王唯一所制造，其高度与正常成年人相近，胸背前后两面可以开合，体内雕有脏腑器官，铜人表面镂有穴位，穴旁刻题穴名。同时以黄蜡封涂铜人外表的孔穴，其内注水。如取穴准确，针入而水流出；取穴不准，针不能刺入。明代针灸铜人是明英宗诏命仿北宋铜人所重新铸造，于正统八年（1443）制成，北宋铜人原件遂被遗弃而下落不明。此外，明嘉靖年间针灸学家高武也曾铸造男、女、儿童形状的针灸铜人各一具。现故宫博物院收藏一具明代铜人，高89厘米，男童形状。

清代针灸铜人有什么特点？

清代针灸铜人是乾隆七年（1742），清政府令吴谦等人编撰《医宗金鉴》，为鼓励主编者，曾铸若干具小型针灸铜人作为奖品。现在上海中医药大学医史博物馆藏有一具，系女性形状，高46厘米，实心，表面有经络腧穴，但造型清代针灸铜人欠匀。中国国家博物馆亦藏有一具针灸铜人，高178厘米，为晚清制造。现代仿铸针灸铜人是南京医学院和中国中医研究院医史文献研究所合作，于1978年研制的仿宋针灸铜人，现存中国中医研究院医史文献研究所。是用青铜冶炼浇铸而成，胸背前后两面可以开合，打开后可见浮雕式脏腑器官，闭合后则全身浑然一体，高172.5厘米，重210千克。

我国第一部中药学专著是什么？

《神农本草经》是现存最早的药物学专著，为我国早期临床用药经验的第一次系统总结，历代被誉为中药学经典著作。全书分三卷，载药365种（植物药252种，动物药67种，矿物药46种），分上、中、下三品，文字简练古朴，成为中药理论精髓。

书中对每一味药的产地、性质、采集时间、入药部位和主治病症都有详细记载。对各种药物怎样相互配合应用，以及简单的制剂，都做了概述。更可贵的是早在两千年前，我们的祖先通过大量的治疗实践，已经发现了许多特效药物。，如麻黄可以治疗哮喘，大黄可以泻火，常山可以治疗疟疾等等，这些都已用现代科学分析的方法得到证实。

在我国古代，大部分药物是植物药，所以"本草"成了它们的代名词，这部书也以"本草经"命名。汉代托古之风盛行，人们尊古薄今，为了提高该书的地位，增强人们的信任感，它借用神农遍尝百草，发现药物这妇孺皆知的传说，将神农冠于书名之首，定名为《神农本草经》。俨然《内经》冠以黄帝一样，都是出于托名古代圣贤的意图。

《神农本草经》提出了什么样的药物关系原则？

药物之间的相互关系也是药学一大关键，《神农本草经》提出的"七情和合"原则在几千年的用药实践中发挥了巨大作用。药物之间，有的共同使用就能相互辅佐，发挥更大的功效，有的甚至比各自单独使用的效果强上数倍；有的两药相遇则一方会减小另一方的药性，使其难以发挥作用；有的药可以减去另一种药物的毒性，常在炮制毒性药时或者在方中制约一种药的毒性时使用；有的两种药品本身均无毒，但两药相遇则会产生很大的毒性，损害身体等等。这些都是行医者或从事药物学研究的人员必备的基本专业知识，十分重要，甚至操纵着生死之关隘，不可轻忽一分半毫。

中药为什么又称本草？

"本草"一词系中药的统称，最早见于东汉班固编写的《汉书·平帝纪》。该书记载，公元5年，朝廷曾下令征集天下通晓天文、历算、史篇、文术、本草、论语、孝经等方面的人才。

天然药物有植物、动物、矿物三大类，但为什么统称"本草"呢？这是因为古人的药物知识主要来源于植物性药物。

如秦、汉时人所著《神农本草经》一书共收载药物365种，其中植物药就有252种，而动物药仅67种，矿物药是46种。这足以说明植物药占有绝对优势。五代时期的韩保升认为："按药有玉石、草木、虫兽，而真云'本草'者，为诸药中草类最多也。"所以，记载中药的书籍，多称"本草"，如《神农本草经》、《新修本草》、《本草纲目》等。本草，含有"以草药治病为本"的意思。

我国第一部外来药学专著是什么？

李珣的《海药本草》对中国传统医药文化的贡献，还在于自唐中叶王焘《外台秘要》以后，新出医书很少，《海药本草》卓然崛起，成为唐宋间医学连续的一环。它不但丰富了中国医药宝库，而且为阿拉伯伊斯兰医药进入中国打开了一条通路，成为东西合璧的回回医药学立足于中国的开山之作。

他对药物的产地记述备详。如指出：降真香产于海南；金屑出大食；安息香、诃梨勒出波斯；桐木出安南；龙脑香出律国。因其波斯血统，故能明确指出"莳萝"生波斯国。又如茅香、蜜香、乳香、必粟香、迷迭香等，大多数是由阿拉伯药商输入的。作者对这些海外新药的名称、形状、气味、功效、主治等予以全面的介绍，令中国医药诸家开眼界、长见

识，为中国本草增添了许多新药，从而丰富了中国古代医方。这些香药，并不单纯全供药用，也有作薰燎、美容、调味，或作"果子药食用"。

我国最早的药匠是谁？

早在汉代，江宁就有"药匠"开始卖药了，李南便是见于史载最早以卖药为生的"药匠"。

江宁"药匠"最多，分布最广，名扬大江上下。盖源于湖熟、龙都一带。据查证龙都乡的庞家桥、刘家汾前村，有50%以上的人家开药店。他们上祖传下代，亲戚带朋友，同乡带同乡，外出做药工。溯江西至芜湖、九江、汉口、顺流而下到镇江、苏州、上海，从城市到县镇，都有江宁"药匠"从事中药业。《景定建康志》记载，南宋时江宁府就有官办药局3个，下属中药铺11家。元、明、清历代沿袭，并有所发展。被誉为全国四大药店（铺），有50%以上是江宁龙都人所开设的。

为什么"五毒"会成为良药？

"五毒俱全"，这是一个所有中国人都会用的词。一个人如果称得上"五毒俱全"，那么此人就堪称"死有余辜"。这里的"五毒"是指人的五种恶习或恶行，有人认为是"吃、喝、嫖、赌、抽"，有人认为是"坑、蒙、拐、骗、偷"。除了人的品行上的"五毒"外，在生活中也常提到自然界中的"五毒"，有人认为是"蛇、蝎、蜈蚣、壁虎、蟾蜍"，而真正意义上的"五毒"却和这些没有任何关系。

真正意义上的"五毒"是指五种主治外伤的药性猛烈之药。"五毒"就是石胆、丹砂、雄黄、石、磁石。一般认为，所谓的"五毒"并不是每种药材都有剧毒，譬如丹砂、磁石并无太大毒性，但是五种药材通过加工之后合成，其药性就极其酷烈。具体的做法是：将这五种药材放置在坩埚之中，连续加热三天三夜，之后产生的粉末，即是五毒的成药。此药供涂抹患处，据说有相当的疗效。

很显然，"五毒"之名虽然张牙舞爪，面目狰狞，但却有救人性命的效能。说是五毒，但可以毒攻毒，最后却成了五味良药。

巫对中医发展产生了什么样的影响？

回顾巫医在中国医学发展史上的作用和地位，应当指出：在不同历史时期之作用是很不相同的。在巫医作为历史发展新生事物诞生及其发展之初期，巫医作为有知识之人在总结利用医药知识积累方面，其作用应当给予充分的肯定。然而，医学发展到运用唯物史观探求疾病病因、治疗的阶段时，巫医则在维护其唯心病因、治疗上与医学科学的发展出现了对抗，从而不再是促进的力量，而是转化为消极的阻碍势力，这种进步的取代约于西周之末。激烈争论和最终决裂于春秋战国时期。

中国最早的官方药店是什么？

早在1076年，我国宋代京都汴梁就创建了第一个国家药店，官药局。这是我国也是世界上最早开办的国家药局，当时叫做"熟药所"，也称"卖药所"。当时，国家控制了盐、茶、酒等贸易，并将药物也列入国家专卖。设立熟药所，主要负责制造成药和出售中药。由于中成药具有服用方便、携带容易、易于保存等特点，深受广大医生和病人的欢迎。因此，这种"卖药所"发展很快。最初熟药所只有一处，至1103年扩展到5处，并将制造成药的业务从熟药所分离出来，建立了两所"修合药所"。

1114年，北宋朝廷将两个修合药所改为医药和剂局，5处卖药所改为医药惠民局。据《东京梦华录》所载，朱雀门外街巷有熟药惠民南局，大内西右掖门外街巷有熟药惠民西局，全国各地都设立有分局。

熟药惠民局有什么特点？

熟药惠民局以卖药为主。当时官府采取贱价低息办法，药价比市价低1/3，希望发挥一定的"惠民"作用。到南宋时，官办惠民局在淮东、淮西、襄阳、四川、陕西等许多重要地方都有增设。医药惠民局数量在全国达到70余个，初步形成了遍布全国，由国家控制的医药网络。

这些官药局，主要是按方配置中草药和出售成药。其成药来源主要依靠医药合剂局制造供应。当时局里章法严明，规定遇急病而不能及时卖药的要"杖一百"。还规定陈旧不适用的药品要及时毁弃。除卖药外，惠民局还规定，遇到贫困之家及大水大旱及疫病，要免费施药救助灾民。遇到疫病流行时，由官府统一调拨，并承担临时性免费医疗。据史料记载，都市发生疫病时，惠民局则派出大夫携带药品去"其家诊治，给散汤药"。

什么是定心丸？

人们在谈笑之中，经常用"定心丸"一词，恐怕许多人都把它视为戏言。殊不知"定心丸"古代确实是有的，它还是明代军中的必备之药呢！

古代的战争是很残酷的刀光剑影，人叫马嘶，一场激战下来，伤员很多。受了战伤，痛苦自不必言，那生死搏斗的场景，则足以使人心有余悸。所以要治好战伤，有个起码的条件，首先要恢复信心，要心神安定。于是人们就专门配制了用于安定心神的丸药，取名"定心丸"。

明朝末年茅元仪所辑的《武备志》中，记载一种定心丸的配方，为："木香、硼砂、焰硝、甘草、沉香、雄黄、辰砂各等份，母丁洋减半。"其中的木香可解痉、抗菌；硼砂可解毒，防腐；焰硝可解毒消肿；沉香可治呕吐呃逆，胸腹胀痛；甘草可镇痛，抗惊烦；雄黄可治破伤风、惊痫；辰砂可治癫狂、惊悸、肿毒、疮疡。这几味药合炼为丸，其功效可想而知。

炼丹和长生不老有什么关系？

中国古代炼丹术的主要目的，一是修炼长生不老的丹药，二是想把贱金属转化为金银等贵金属。这两个命题实际上都是不可能做到的。

关于长生不老丹，由于中国炼丹主要用五金、八石、三黄为原料。炼成的多为

砷、汞和铅的制剂，吃下去以后就会中毒甚至死亡。但是在炼丹术发展初期就有人服食丹药，首先是三国时期何晏大将军带头服用"五石散"，说是可以强身健体，于是在社会上"服石"之风盛行。由于"五石散"中主要成分为砷制剂，服后浑身发热，甚至要泡在冷水中才能解脱，所以社会上就又流行起宽肥的服装，甚至有人索性躲在竹林中，脱光了衣服混日子，还被誉为高士。

后来炼丹家们进一步又炼出了升华的砒霜，只要服用一刀圭就可得到同样的"药效"，就这样，服用起来就更方便了，结果不是中毒就是发病死亡，这可以说是古代的吸毒潮，所造成严重的社会危害，可以与今日的吸毒热相比。所以在当时的古诗中就有"服石求神仙，多为药所误"，批评了此事。但尽管如此也未能因此而停止对长生不老的追求。

唐代是炼丹术的全盛时期，几乎历代皇帝都热衷于炼丹，而这些皇帝们也大都死于"长生不老丹"。在唐代，服丹身亡的皇帝就有唐太宗、宪宗、穆宗、敬宗和晚唐的武宗、宣宗等六个，中毒的皇帝还不算。

炼丹家们在冶炼合金和制造药物方面确实取得很大的成绩，他们曾经成批生产过黄色的合金和白色的合金。其中就有黄铜、白铜、砷白铜、白锡银等等，当然，还有各种各样的汞合金。这本是炼丹家的成果，但是到了唐代以后，特别是元明时期，竟被一些江湖骗子所利用来作为诈骗钱财的手段，这类骗局在旧小说和笔记中有不少的记载。

中药店为什么供獐狮？

相传，神农采药时在一座山里得此奇兽。它周身像水晶般透明，能吃百草和百虫，各种药性均可通过观察它的肺腑、经络而一目了然。在此之前，神农只尝百草，而对鸟、兽、虫、鱼能不能当药无法断定。自从有了獐狮，神农识药再也不用发愁了。

一天，神农在山中发现了一条黑虫，一遇动静就蜷成一团，像颗圆溜溜的黑珠子，咕噜噜地滚下山去。神农从未见过这种怪虫，十分好奇，拣了一个放在手心把玩，并递给獐狮试服。獐狮闻了闻，龇了龇牙，不愿吞食。神农便把"黑珠"塞进了獐狮的嘴里，獐狮只好小心翼翼地嚼了嚼，就赶快吐了出来，谁知这虫的毒汁仍迅速进入獐狮的肠胃，霎时间令獐狮遍体发黑，口吐白沫，神农急拿解药灵芝草也无济于事。獐狮望着神农，落泪而亡，神农亦悲痛万分，懊恼不已。

原来那"黑珠"名叫"滚珠虫"，又称"滚坡虫"、"千脚虫"，身有剧毒。这种虫子入药后，可以毒攻毒，治各种肿毒和恶瘤。后来，中药店均供"獐狮"引以为戒：千万不可滥用错用药物！

什么是导引术？

秦汉时期医学的进步，直接带动了导引术的发展。当时对人体各器官的结构和功能就已经有了大体的了解，西汉时期医学名著《黄帝内经》中就有对人体结构的讲解。

导引疗病，《内经》中总结导引

疗法的适应症有"痿、厥、寒、热"和"息积"，临床配合"按乔"（按摩）进行；还提到以烫药、导引配合治疗筋病。东汉名医张仲景在《金匮要略》中强调以"导引、吐纳、针灸、膏摩"治疗四肢"重滞"症。在保留了华佗的一些佚文《中藏经》中也指出："导引可逐客邪于关节"；"宜导引而不导引，则使人邪侵关节，固结难通"。汉代医家对导引疗病的认识逐步加深，使用导引疗法的范围也愈益扩大。

导引养生，导引在养生方面的应用也有新的进展。在老子学派和方士少有不少人积极利用导引作养生手段。导养之风，东汉盛于西汉，《后汉书·方术列传》中讲到的许多方士都是精于导引的养生家。这些人对导引的发展无疑是有贡献的，但其导养的目的是希冀长生不老做神仙。因此，当时流行的导引行气之类也掺入了一些神秘玄虚的东西。

中国最早的医院是什么？

中国类似医院的组织最迟在汉朝元始二年就已经有了。那年黄河一带发生旱灾，瘟疫流行，皇帝刘衍选了适中的地方，较大的屋子，设置许多医生和药物，免费给老百姓治病。这可能是中国历史上第一个公立的临时时疫医院。

又到了延熹五年，皇甫规被提升做中朗将的官，率领大队人马，在甘肃陇坻一带作战。适逢着军队里疫病流行，死亡率高达30%-40%。皇甫规便租赁大批民房，设置医药，把病员都集中起来一起治疗。他还每天去看士兵们的病，得到全军的热爱。当时军队中的这种医

疗组织叫做"庵庐"，也就好比现在的野战医院。南齐永明九年，吴兴一带大水，疫病流行，竟陵的王萧把自己住宅拿出来，设医置药，收养贫病，这可能是中国私立慈善医院的最早形式。

北魏太和21年，孝文帝元宏曾在洛阳设立"别坊"，派遣了四个医生，购备许多药物，凡是贫穷害病无力医疗的，都可以在这里来就医。在永平三年（公元510年），南安王命令他的太常官选择适中地方，宽敞房屋，遣派医生，备办药品，凡是有疾病的都住在里面治疗，这可能是公立慈善医院的最初形式。

唐朝的医院有什么特点？

唐朝的医院都叫做"病坊"，大约在开元20年就开始有病坊的名称了，这时的病坊大多都是设在庙宇里的。不仅是长安、洛阳这样的大城市有，就是其他各州亦有设立。因为病坊设在庙宇，主持人多属僧尼，在会昌五年唐武宗李泸曾一度毁销庙宇，颇影响了病坊的工作。后来由李德裕等的倡议，选举乡里中有声望的人来做病坊的主持人，病坊的制度终于得以保持不变下来，到了五代时，个别病坊曾有改名为"养病院"的，可见唐朝后不仅医院事业有很大的发展，名称亦很接近现代了。

宋朝的医院机构有哪些？

宋朝，医院的规模逐渐扩大。在公元1063年，宋仁宗赵祯曾以宝胜、寿圣两座庙宇为基础，各添修50栋房屋，成立两个医院，每个医院病人名额各规定为300人，这样的大规模医院就是现在也

是可观的。

宋朝医院不仅规模空前庞大，数量很多，设备完善，并且还开始成立了门诊部，初叫卖药所，后来改名和剂局，有医有药，便利一般群众治病，甚至外州县的病人也可以通函治疗。现在流传着一部方书，名叫"和剂局方"，也就是该门诊部出版的"处方手册"。这样门诊部形式的治疗机构，群众感到非常方便，在元朝、明朝越是发展了，尤其是明朝几乎各县都成立有一所，通通叫惠民药局，都是官办的。

我国第一部系统的医学著作是什么？

《黄帝内经》成编于战国时期，是中国现存最早的中医理论专著。总结了春秋至战国时期的医疗经验和学术理论，并吸收了秦汉以前有关天文学、历算学、生物学、地理学、人类学、心理学，运用阴阳、五行、天人合一的理论，对人体的解剖、生理、病理以及疾病的诊断、治疗与预防，做了比较全面的阐述，确立了中医学独特的理论体系，成为中国医药学发展的理论基础和源泉。

《黄帝内经》是早期中国医学的理论典籍。简称为《内经》。最早著录于刘歆《七略》及班固《汉书·艺文志》，原为18卷。医圣张仲景《伤寒杂病论》，晋皇甫谧撰《针灸甲乙经》，《九卷》在唐王冰时称之为《灵枢》。至宋，史嵩献家藏《灵枢经》并予刊行。由此可知，《九卷》、《针经》、《灵枢》实则一书而多名。宋之后，《素问》、《灵枢》始成为《黄帝内经》组成的两大部分。

《黄帝内经》是什么意思呢？内经，不少人认为是讲内在人体规律的，有的人认为是讲内科的，但相关专家认为《黄帝内经》是一部讲"内求"的书，要使生命健康长寿，不要外求，要往里求、往内求，所以叫"内经"。也就是说你要使生命健康，比如有了病怎么治病，不一定非要去吃什么药。

《黄帝内经》最主要的贡献是什么？

《黄帝内经》整本书里面只有13个药方，药方很少。它关键是要往里求、往内求，首先是内观、内视，就是往内观看我们的五脏六腑，观看我们的气血怎么流动，然后内炼，通过调整气血、调整经络、调整脏腑来达到健康，达到长寿。所以内求实际上是为我们指出了正确认识生命的一种方法、一种道路。这种方法跟现代医学的方法是不同的，现代医学是靠仪器、靠化验、靠解剖来内求。中医则是靠内观、靠体悟、靠直觉来内求。

太医院是什么？

太医院，古代医疗机构名称。是专为上层封建统治阶级服务的医政及医疗保健组织。太医院始设于金代，隶属于宣徽院。太医院的最高长官是太医院提点，下设使，副使，判官等。此外，太医院中还设管勾主管医学教育，另还设有各种名称的太医和医官。

元明太医院设立了哪些机构？

元代太医院，秩正二品。开始时长

官为宣差，后改为尚医监、太医院提点等。其行政隶属于宣徽院，最高长官之下设院使、副使、判官等名目。元代太医院掌管一切医药事务，官员品秩普遍高于任何朝代。

明代也设有太医院，其长官初始称作太医院令，后改称院使。明代在北京和南京各设一个太医院，但是北京设置的太医院是最高医药管理机关，设有最高医政长官院使，下设院判。而南京太医院只设院判不设院使，以便服从于北京太医院的领导。

清朝太医院的结构是怎样的？

清初，各官品级满汉间有所不同。康熙九年，由于政权已较巩固，为消弭汉人的仇视心理，标榜所谓"满汉一体"，将官制改归划一。所以太医院的官员，无分满汉，职掌皆同。但在乾隆三十五年，仍设特简管理院事满大臣一人，作为太医院的最高长官，直到乾隆五十八年才撤销。此后，太医院各官皆由汉人充任，有时任用少数满人。其人员情况大体是：院使一人，是该院行政及医疗事务的主管官员，左、右院判各一人，是该院的副主管官员，御医十至十五人，吏目十至三十人，医士二十至四十人，食粮医生、切造医生各二、三十人。

种痘术是什么？

我国在治疗疾病中，首先发明人工免疫疗法——人痘接种术。这项发明具有重大的历史意义，因为它是治疗传染病过程中迈出的关键性的一步。

早期的种痘术，采用的是天花的痂，叫做"时苗"。实际上是以人工的方法使接种者感染一次天花，这疫苗的危险性比较高。我国在种痘的过程中，逐步取得选择苗种的经验。清代郑望颐在《种痘法》中主张用接种多苗性和平的痘痂作苗，叫做熟苗，这类疫苗的毒性已减，接种后比较安全。同时代的俞茂鲲又指出，苗种递传愈久愈好。

我国的人痘接种法，不久即引起其他国家的注意与仿效。清康熙二十七年，俄国首先派医生来北平学习种痘及检痘法。

古代最早的医学校是什么？

我国早在西晋时期就设有医政管理兼医疗的机构——医署。北魏因袭西晋医署不改，而刘宋稍易其名为太医署，因此，太医署之名从南北朝刘宋始有。两晋南北朝时期的太署是全国最高的医政管理及医疗保健机构。医署在西晋时隶属宗正，东晋及南朝各代，太医署隶属门下省，相沿二百多年。北齐时改革医政，创立了太常寺管理太医署、门下省管理尚药局的分管体制。太医署在隋唐时尤其是教学功能不断加强，已成为世界医学史上最早的医学校。

隋朝和北宋的医学校的结构是怎样的？

隋唐时太医署属太常寺，在校师生达300多人，由医学、药学、行政三部分人员组成。医学教育分为：医、针、按摩、咒禁，其中医又分为体疗、疮肿、少小、耳目口齿、角法。各科的课程安排、考试制度、升、降、留、退等都有

一定规范。教师职称有博士、助教、师、工等之不同。北宋初袭太医署制，但不以医学教育为主要职能。淳化三年太医署改名为太医局，医学教育功能逐步恢复，太医署之名称从此之后不复沿用。金、元、明、清时期，医政管理兼医疗机关名改称太医院。

什么是刮痧疗法？

刮痧疗法是用边缘光滑的嫩竹板、瓷器片、小汤匙、铜钱、硬币、玻璃或头发、苎麻等工具，蘸食油或清水在体表部位进行由上而下、由内向外反复刮动，用以治疗有关的疾病。

本疗法是临床常用的一种简易治疗方法，流传甚久。多用于治疗夏秋季时病，如中暑、外感、肠胃道疾病。有学者认为刮痧是推拿手法变化而来。元、明时期，有较多的刮痧疗法记载，并称为"夏法"。及至清代，有关刮痧的描述更为详细。由于本疗法无需药物，见效也快，故现仍在民间广泛应用，我国南方地区更为流行。

我国古代的医疗机构分为哪两类？

追溯中国古代的医疗事业可以看出，中国的医疗机构，尤其是代表上层统治阶级利益的医疗机构，很早便已经建立并具有相对完善的体制。据《周礼·天官》载周代的医疗机构较为健全，既设有医师、上士、下士、府、史、徒等人，又分食医、疾医、疡医、兽医四种。当然这种医疗机构的服务对象，可能只是封建帝王及其家眷，或者其他的朝廷官员。

服务于一般官员和平民的公共医疗机构则出现的较晚。大约在战国时期，出现了"疠迁所"。在汉代还出现了专门性的妇科医院，西汉时的"乳舍"，相当现在的产院。从住院的产妇中有屠妇之妻这一事实，可以说明产院并不专为统治阶层而设，而是服务一般官员和平民的公共医疗机构。

宋代的公共医疗机构有哪些？

宋代，公共医疗机构有了进一步的发展，尤其重要的是出现了专门售药的医疗机构。宋代时在各地设有尚药局等公共医疗机构，但其中最重要的医疗机构是"官药局"，当时叫做"熟药所"，也称"卖药所"。宋代是中国医疗事业发展史上的重要时期，除各地建立的公共医疗机构以外，还出现了一些医疗慈善机构，这些机构有不少虽不始建于宋代，但至宋代得到了一定程度的发展和完善。从性质上看，它们大都以医疗贫病为宗旨，有些还带有义务慈善之意，因而统称为医疗慈善机构。

元明清时期的公共医疗机构有哪些？

元代的公共医疗机构，设有广济提举司和惠民局。元代还设立了为平民治病和专为军人治病的医疗机构。如广惠司兼及为贫民治病外，还专设广济提举司为普通百姓服务。

清初的公共医疗机构则仿明朝制，有施药例。顺治间曾在北京景山东门外建药房，令医官给满汉军民施药，康熙中期曾一度扩充，在五城地方设厂施药，至四十年停止。

医生有哪些别称？

宋以前，对医生的称呼较为复杂，一般根据其专科进行称呼，如食医、疾医、金疮医等。宋代始，南方习惯称医生为郎中，北方则称医生为大夫，相沿至今。

医生最早是对学习医学的人的称呼。唐代置学习医，就有了"医生"之称。医生还有大夫、郎中、杏林等别称。直至近代，医生才成为医生为业者之通称。

大夫是北方人对医生的尊称。大夫本是官名，三代时，天子及诸侯皆设之。分为上大夫、中大夫、下大夫3级。秦汉以来，有御史大夫、谏大夫、太中大夫、光禄大夫等名。清代文官阶自正一品至五品，亦称大夫。旧时，太医院专称大夫。加之唐末五代以后官衔泛滥，以郎中是南方人对医生的尊称。郎中本是官名，帝王侍从官的通称。其职责原为护卫、陪从，随时建议，备顾问及差遣。战国始有，秦汉治置。后世遂以侍郎、郎中、员外郎为各部要职。郎中作为医生的称呼始自宋代，尊称医生为郎中是南方方言，由唐末五代后官衔泛滥所致。

经络学说的内容是什么？

所谓经络学说，即研究人体经络的生理功能、病理变化及其与脏腑相互关系的学说。它补充了脏象学说的不足，是中药归经的又一理论基础。该学说，即古代经络学说认为人体除了脏腑外，还有许多经络，其中主要有十二经络及奇经八脉。每一经络又各与内在脏腑相连属，人体通过这些经络把内外各部组织器官联系起来，构成一个整体。体外之邪可以循经络内传脏腑，脏腑病变亦可循经络反映到体表，不同经络的病变可引发不同的症状。当某经络发生病变出现病证，选用某药能减轻或消除这些病证，即云该药归此经。如足太阳膀胱经主表，为一身之藩篱，风寒邪外客引经后，可引发头痛、身痛、肢体关节酸楚等症，投用羌活（散风寒湿止痛）能消除或减轻这些症状，即云羌活归膀胱经。

古人行医都有什么招牌？

最早的行医招牌大概是以模型实物作为行医的"招幌"，如葫芦、串铃、鱼符等，它们都有着美丽动人的传说。葫芦自从汉代壶公在市井悬壶卖药，便不仅作为装药的器具，而且也成为中医的代名词。店堂门口只需挂个葫芦，人们便自然会进去就医抓药。串铃又名虎撑，传说唐代医家孙思邈为虎取喉中之刺，以之支撑虎口，后演变成为走方医的标志和象征。而鱼符是用石片或木头雕成的鱼形幌子，门挂双鱼寓有太极阴阳鱼之意，鱼又谐"愈"之意；鱼不分昼夜总是睁着双眼，悬挂鱼符也意味着药店不分昼夜为患者服务。

《清明上河图》中出现的医药招贴是什么？

宋代张择端《清明上河图》中不仅描绘了北宋开封城的繁华景象，而且还绘有与医药招贴有关的画面。如有两个儿科诊所，一处门前挂了一个编织的挑子，上书"专治小儿科"，另一处门前竖有"小儿科"的招牌；而"赵太丞家"门前竖起高

出屋檐的布制大路牌书有"治病兼售生熟药";再有一处药铺,招牌上"本堂兼制应症煎剂"八字依稀可辨。这决不是艺术家的虚构,我们可以从同时期孟元老著的《东京梦华录》中得到佐证。该书记载,汴京的马行街北有金紫医官药铺、李家口齿咽喉药铺、柏郎中家医小儿、任家产科及香药铺,抱慈寺街有百草园药铺等。

什么是坐堂医?

坐堂医是在中药店中为患者诊脉看病的中医大夫。坐堂医源于汉,相传汉代名医张仲景曾作过长沙太守,每月的初一和十五他坐堂行医,并分文不取。为了纪念张仲景崇高的医德和高超的医术,后来许多中药店都冠以某某堂,并把坐在药铺里诊病的医师称为"坐堂医"。这种称呼一直沿用至今。

什么是游方医?

游方医是无固定坐诊场所的医生。他们会自带药方、药材、药丸,游走四方,随地广采所用药物,走街串巷,深入广大农村集市游说卖药,或是借表演一些武艺开场吸引人买药,俗称"卖狗皮膏药"医生。他们往往会有一铃铛或一布幌作招牌卖药。有的是一个团伙性质的,一个师父带着一伙徒弟出外谋生。

游方医的诀窍是什么?

游方医有三字诀:一曰贱,药物不取贵也;二曰验,下咽即能去病;三曰便,就地取材;随地可以抓到当地的草药,随便取一样平常的日用品就能做为药物治病。尽管游方医多为国医所不称

道,但其中确实有很多东西值得深入整理和研究。有的游方医也受到世人的浅薄鄙视,有人认为他们游食江湖,买卖假药,这些或许是世人对游医的偏见,为正游医之声,清代医药学家赵学敏编著了《串雅外编》、《串雅内编》。《串雅》对游方医给予高度的评价,认为游方医的治疗立法是"操法最神,奏效甚快捷"。

什么是望诊?

望诊是医生运用视觉观察病人的神色形态、局部表现、舌象、分泌物和排泄物色质的变化来诊断病情的方法。望诊在中医诊断学中占有重要的地位,被列为四诊之首,并有"望而知之谓之神"之说。望诊应在充足的光线下进行,以自然光线为佳。望诊的内容包括观察病人的神、色、形、态的变化。

什么是闻诊?

闻诊是医生运用听觉与嗅觉来辨别病人异常声音和异常气味,从而获得有关临床资料的一种诊察方法。听声音包括听呼吸、语言、咳嗽、呕吐、呃逆、嗳气之声。其中声音高亢是正气未虚,属于热证、实证;语声重浊乃外感风寒,肺气不宣,肺津不布,气郁津凝,湿阻肺系会厌,声带变厚,以致声音重浊。嗅气味可分为病人身体的气味和病室内的气味包括口气、鼻气、汗气、痰涕之气、二便之气、经带恶露之气与病室之气。病人说话有口臭,多属消化不良、腐臭多属体内有溃疡。病室内有尸臭气味,多属腑脏败坏。有烂苹果气

味，多属消渴病（糖尿病）危重患者。

我国古代人体解剖是什么样的？

提到解剖，人们总认为西方医学开创了人体解剖学。殊不知，我们的祖先早在两千多年前就已经认识到了人体解剖的可行性和实用性。《黄帝内经》中"其死可解剖而视之"的记载便是明证。

我国人体解剖的渊源十分久远，有关的记载可上溯至西汉末年。到了南北朝时期，当时发生的一起病理解剖实例竟成了一起轰动朝野的案件。沛郡相县人唐赐，平时好喝历酒，一日至邻村饮酒归来，猝染急病，腹痛难忍，嘴里吐出了20多条虫，急请医生诊治，均无效果，临终前，他再三叮嘱其妻张鐾氏为其遗体解剖，查知腹中怪物。张氏略通医术，唐死后，张氏在其儿子的帮助下，亲自操刀对丈夫的尸体进行解剖，解剖发现唐的五脏均已糜烂穿破。以现代医学推测，这是起急性弥漫性腹膜炎致死病例。

什么是牵线切脉？

专权独裁、阴险毒辣又穷奢极欲的西太后慈禧，是我国清代末期的一位女皇。据传，有一次她得了病，请来了陈御医为之诊治。因为当时有规定，太后的龙颜玉面，就是御医也不能与之相见。只能靠牵线切脉，以此诊病下药。于是陈御医叫人将一根红绿丝线的一端拴在她的手腕上，另一端由隔着帷帐的陈御医来切脉。这样御医既看不到太后的面色改变，也不敢询问病情，但最后还是开了药方，针对消导利食、健脾和胃投药，太后连服几帖药后，其效如神，果真康复。于是慈禧太后大喜，她亲自赐了一块"妙手回春"的金匾给了陈御医。

牵线切脉，实属骗人，古今中外都是如此。那么陈御医为什么医术如此高明？原来是他事先已用重金贿赂了内侍及宫女，诊病之前已得知太后三天前因食田螺肉而引起消化不良的"情报"。在诊病时故作镇静，摇头晃脑装模作样一番，然后把早已准备好的处方开了。以此骗得了太后的信任，迎合了她的心理配合治疗，所以病很快好了，如果用现代医学解释，只能说"牵线切脉"有心理疗法的因素。

人患疾病以后，精神状态是一个很重要的因素，精神开朗，身心愉快，无思想包袱能减轻病痛，加速病情好转。反之，有许多生机勃勃的人，一旦知道自己患了某种疾病（特别是不治之症如癌症等）后，精神立刻萎靡不振，卧床不起，不思饮食，病情会迅速加重，甚至在短期内死去。

针灸疗法的起源是什么？

针灸医学最早见于两千年多前的《黄帝内经》一书。《黄帝内经》说："藏寒生满病，其治宜灸"，便是指灸术，其中详细描述了九针的形制，并大量记述了针灸的理论与技术。两千多年来针灸疗法一直在中国流行，并传播到了世界。而针灸的出现，则更早。

远古时期，人们偶然被一些尖硬物体，如石头、荆棘等碰撞了身体表面的某个部位，会出现意想不到的疼痛被减

轻的现象。古人开始有意识地用一些尖利的石块来刺身体的某些部位或人为地刺破身体使之出血，以减轻疼痛。古书上曾多次提到针刺的原始工具是石针，称为砭石。这种砭石大约出现于距今8000至4000年前的新石器时代，相当于氏族公社制度的后期，人们已掌握了挖制、磨制技术，能够制作出一些比较精致的、适合于刺入身体以治疗疾病的石器，这种石器就是最古老的医疗工具砭石。人们就用"砭石"刺入身体的某一部位治疗疾病，砭石在当时还更常用于外科化脓性感染的切开排脓，所以又被称为针石或石。中国在考古中曾发现过砭石实物。可以说，砭石是后世刀针工具的基础和前身。

灸法产生于火的发现和使用之后。在用火的过程中，人们发现身体某部位的病痛经火的烧灼、烘烤而得以缓解或解除，继而学会用兽皮或树皮包裹烧热的石块、砂土进行局部热熨，逐步发展以点燃树枝或干草烘烤来治疗疾病。经过长期的摸索，选择了易燃而具有温通经脉作用的艾叶作为灸治的主要材料，于体表局部进行温热刺激，从而使灸法和针刺一样，成为防病治病的重要方法。由于艾叶具有易于燃烧、气味芳香、资源丰富、易于加工贮藏等特点，因而后来成为了最主要的灸治原料。

第十四章 文学典籍

什么是民间文学？

中国民间文学是指中国人民群众口头创作、口头流传，并不断地集体修改、加工的文学。包括散文的神话、民间传说、民间故事，韵文的歌谣、长篇叙事诗以及小戏、说唱文学、谚语、谜语等体裁的民间作品。民间文学可为创作赋予丰富的人性含量和人间韵味。

民间文学是怎么来的？

民间文学可拓展作家的想象空间。文学作品，特别是小说创作根本上是想象的产物，这是尝试性问题，几千年传统的农业文明、典型的生活方式是日出而作、日落而息。而白日苦短，寒夜漫长，人们无眠而寂寞，就会在街头聚会，谈古论今，又会讲一些奇闻趣事。即便是家人也会聚集在油灯之下听老人们谈笑话，任想象的翅膀自由翱翔。上至仙宫瑶池，中至地上的凡夫僧侣，草木山时，下至海底龙宫，甚至地府中的阎王、小鬼，无不融入故事之中。三界无界，自由来去，人神共舞，草兽互语，时空变换，生死无拘，想象的神奇令人震惊。

中国民间文学、俗文学真正成为现代意义上的一门人文学科，是20世纪的事。它的历史虽然不够悠久，但由于中国民间文学、俗文学本身深厚的底蕴以及该学科自开创之日起一直追踪世界学术前沿的努力，所以在这不到一个世纪的时间里，还是取得了相当的成绩。不过，由于20世纪的风云变幻，它的命运也跌宕起伏，其间盛衰得失，颇能引起学术史的兴味。

打油诗是怎么出现的？

打油诗最早起源于唐代民间，以后不断发展，表现出活跃的生命力。这类诗一般通俗易懂，诙谐幽默，有时暗含讥讽，风趣逗人。一般人把俚俗的诗称为"打油诗"。打油诗，据说是唐代一个姓张的打油人最先创作的，有其相对固定的格式，典型的如"有朝一日天晴了，使扫帚的使扫帚，使锹的使锹"。后来泛指那些平仄、押韵不合"规矩"、比较口语化的诗歌。

若从这意义上讲，打油诗的历史要悠久得多，也许历史上的第一首诗就是打油诗。而张打油，无非是其中最有名的代表罢了。休看张打油的这种诗貌似格律不对、对仗不讲、内容低俗、不求炼字，不登大雅之堂。但细细推敲，仍不失去诗之根本，也是属于旧体诗的一种，正名应叫"俳谐体诗"。其特点是内容和词句通俗诙谐，不拘于平仄格律，但一般的要求押韵。打油诗到了现代，更成为许多人的拿手好戏和取乐讽刺的工具，而且在内容和题材上发生了重大变化，开始反映现实生活，表现人民的思想、要求和愿望，具有鲜明的时代特点，但打油诗的艺术风格没

有改变。

什么是乐府？

在中国中古时期的汉魏两晋南北时代，中央政府一直设置着管理音乐和歌曲的专门官署乐府，负责采集和编制各种乐曲，配诗演唱。这些配乐演唱的诗歌，就称为乐府诗，也简称乐府。

乐府最初始于秦代，到汉时沿用了秦时的名称。公元前112年，汉王朝在汉武帝时正式设立乐府，其任务是收集编纂各地民间音乐、整理改编与创作音乐、进行演唱及演奏等。

汉武帝设立乐府，采集各地风谣，在中国诗歌史上具有重要作用。两汉乐府"感于哀乐，缘事而发"，相当广泛地反映了汉代社会的现实生活，具有真挚深刻的思想内容和活泼生动的艺术形式，虎虎有生气，因而对后代的乐府民歌创作产生了深远的影响。许多诗人如鲍照、杜甫、白居易、元稹、皮日休等，都写过不少优秀的乐府诗。

至唐代，则已撇开音乐，而注重其社会内容，如元结《系乐府》、白居易《新乐府》、皮日休《正乐府》等，都未入乐，但都自名为乐府，于是所谓乐府又一变而为一种批判现实的讽刺诗。宋元以后，也有称词、曲为乐府的，则又离开了唐人所揭示出来的乐府的精神实质，而单从入乐这一点上出发。中国秦、汉至隋代的宫廷音乐机构。后世亦指有关音乐文学的体裁。

赋是如何起源的？

赋是介于诗、文之间的边缘文体，在两者之间，赋又更近于诗体。赋作为一种文体，出现于战国后期。宋玉和荀卿都有以赋名篇的作品。到了汉代，司马相如等人的散体赋被称作赋，屈原的《离骚》等作品也被称作赋。

《左传》等先秦古籍中可以看到不少这方面的例子。《左传》隐公元年记载郑庄公在大隧中和母亲相见，双方各自赋诗，就是即兴创作并诵读出来。上面所说的"登高能赋"，大约也是这种情况。《左传》中大量记载的赋诗言志，则是运用《诗经》中的现成篇章，或直接诵读，或让乐工歌唱。

赋与诗的盘根错节，互相影响从"赋"字的形成就已开始。到了魏晋南北朝时，更出现了诗、赋合流的现象。但诗与赋毕竟是两种文体，一般来说，诗大多为情而造文，而赋却常常为文而造情。诗以抒发情感为重，赋则以叙事状物为主。清人刘熙载说："赋别于诗者，诗词情少而声情多，赋声情少而辞情多。"

诗话是怎么来的？

诗话，是我国古代进行诗联评论、诗词研究的主要载体，对于推动我国诗歌创作和诗歌理论的发展，是卓有成效的。

诗词是中国古代诗歌理论批评的一种形式。诗话的萌芽很早，象《西京杂记》中司马相如论作赋、扬雄评司马相如赋；《世说新语》的《文学》、《排调》篇中谢安摘评《诗经》佳句，曹丕令曹植赋诗，阮孚赞郭璞诗，袁羊调刘恢诗；《南齐书·文学传论》中对于王綮、曹植、鲍照等一系列作家作品的评论；《颜氏家训》的《勉学》、《文章》篇中关于时人诗句的评论和考释，都可以看作是诗话的雏形。

钟嵘的《诗品》，过去有人看作是最早的一部"诗话"著作，清人何文焕编印《历代诗话》就以这本书冠首，但严格地说，它还不是后世所说的诗话。唐人大量的论诗，如杜甫的《戏为六绝句》、《偶题》，李白、韩愈、白居易等的论诗等，则是以诗论诗的一种形式。唐代出现的《诗式》、《诗格》一类著作等，更进一步接近了后世所说的诗话。

什么是我国最早的诗歌总集？

《诗经》是我国第一部诗歌总集，先秦时代称为"诗"或"诗三百"，孔子加以了整理。汉武帝采纳董仲舒"罢黜百家，独尊儒术"的建议，尊诗为经典，定名为《诗经》。诗经现存诗歌305篇，包括从西周初年到春秋中叶共500余年的民歌和朝庙乐章。现存的《诗经》是汉朝毛亨所传下来的，所以又叫"毛诗"。

《诗经》中的诗，当时都是能演唱的歌词。按所配乐曲的性质，可分成风、雅、颂类。"风"包括周南、召南、邶风、鄘风、卫风、王风、齐风、魏风、唐风、秦风、陈风、桧风、曹风、豳风组成，称为十五国风，大部分是黄河流域的民歌，小部分是贵族加工的作品，共160篇。"雅"包括小雅和大雅，共105篇。"雅"基本上是贵族的作品，只有小雅的一部分来自民间。"颂"包括周颂、鲁颂和商颂，共40篇。颂是宫廷用于祭祀的歌词。一般来说，来自民间的歌谣，生动活泼，而宫廷贵族的诗作，相形见绌，诗味不多。

《诗经》是中国韵文的源头，是中国诗史的光辉起点。它形式多样：史诗、讽刺诗、叙事诗、恋歌、战歌、颂歌、节令歌以及劳动歌谣样样都有。它内容丰富，对周代社会生活的各个方面，如劳动与爱情、战争与徭役、压迫与反抗、风俗与婚姻、祭祖与宴会，甚至天象、地貌、动物、植物等各个方面都有所反映。可以说，《诗经》是周代社会的一面镜子。而《诗经》的语言是研究公元前11世纪到公元前6世纪汉语概貌的最重要的资料。

《楚辞》代表的含义是什么？

屈原是战国以来南方派作家的领袖，也是我国伟大的爱国诗人，而《楚辞》是在南方民歌基础上创作而成的一种新的诗体，但它在声韵、情调、思想和精神风貌上有鲜明的楚地特点。《楚辞》对后世的影响主要体现在屈原作品中伟大的爱国精神。

楚辞，其本义是指楚地的言辞，后来逐渐固定为两种含义：一是诗歌的体裁，一是诗歌总集的名称。从诗歌体裁来说，它是战国后期以屈原为代表的诗人，在楚国民歌基础上开创的一种新诗体。从总集名称来说，它是西汉刘向在前人基础上辑录的一部"楚辞"体的诗歌总集，收入战国楚人屈原、宋玉的作品以及汉代贾谊、淮南小山、严忌、东方朔、王褒、刘向诸人的仿骚作品。

《楚辞》由《九歌》、《招魂》、

《天问》、《离骚》、《九章》、《卜居》、《渔父》、《远游》、《大招》、《九辨》、《惜誓》、《吊屈原》、《人居》、《鹏鸟》、《招隐志》、《七谏》、《哀时命》、《九怀》、《九叹》、《九思》等组成。其中《九歌》至《大招》是战国时期的屈原所作，《九辨》是战国时期的宋玉所作，《惜誓》至《鹏鸟》是西汉时期的贾谊所作（《惜誓》据说是贾谊所作），《招隐士》是西汉的淮南小山所作（据说淮南小山是淮南王刘安门下的宾客），《七谏》是西汉的东方朔所作，《哀时命》是西汉的庄忌所作，《九怀》是西汉的王褒所作，《九叹》是西汉的刘向所作，《九恩》是东汉的王逸所作。

日记的来历是什么？

追溯日记源起，恐怕原始人类的"结绳记事"当属最早的日记。有了文字后，用文字代替绳结，自然顺理成章。从这个起源能看出，日记几乎是人的一种本能，它的目的简单说来，就是为了拒绝遗忘。人的记忆有限，不仅催生了日记这种文体，甚至成为人们发明文字的动力。

中国是一个极为重视历史记忆的国度，日记各类文体更是蔚为大观。最早的编年体史书，就是一种国家日记，是我国最早有的。东周开始各国就设了专门史官负责记录编年史，而且分工明确。后来各国史书散失了，只有孔子编订的鲁国史《春秋》流传下来，成为中国最早的一本编年体史书。为何叫《春秋》呢？原因简单，只因商与西周一年只分春、秋两季，并没有冬、夏。到春秋时，虽有了四季的划分，但那时人们仍然称年为"春秋"。

最早使用日记这个词的，据学者考证是南宋的诗人陆游，他在《老学庵笔记》有一句话说："黄鲁直有日记，谓之家乘，至宜州犹不辍书。"黄庭坚的"家乘"一般被视为中国私人日记之始。只是黄的日记并未收入他的全集，想来是编辑者认为日记算不上什么正规著述。不过虽未收入全集，但他的《宜州家乘》却保存下来了。

什么是回文诗？

回文诗是我国古典诗歌中一种较为独特的体裁。回文诗的创作由来已久，现在可见到的回文诗，以苏伯玉妻《盘中诗》为最早。

回文是利用汉语的词序、语法、词义十分灵活的特点构成的一种修辞手法。用在诗中叫回文诗，用在词中叫回文词，用在曲中则叫回文曲，回文诗有多种形式，如"通体回文"、"就句回文"、"双句回文"、"环复回文"等。玉连环也是回文诗的一种，它是由8个字首尾连与环形，每四个字一句，或左或右以任何一字为起端，皆可成文。

回文诗可以分为哪几种？

回文诗，顾名思义，就是能够回还往复，正读倒读皆成章句的诗篇。它是我国文人墨客卖弄文才的一种文字游戏，并无十分重大的艺术价值，但也不失为中华文化独有的一朵奇葩。回文诗有很多种形式如"通体回文"、"就句回文"、"双句回文"、"本篇回文"、"环复回文"等。

"通体回文"是指一首诗从末尾一字读至开头一字另成一首新诗。

"就句回文"是指一句内完成回复的过程，每句的前半句与后半句互为回文。

"双句回文"是指下一句为上一句的回读。

"本篇回文"是指一首诗词本身完成一个回复，后半篇是前半篇的回复。

"环复回文"是指先连续至尾，再从尾连续至开头。

《史记》名字是怎么来的？

在西汉末年著名目录学家刘歆所撰的《七略》中，把司马迁的这部书称为《太史公百三十篇》。其后，东汉史学家班固在编写《汉书·艺文志》时沿用了这种说法。同时代的应劭在《风俗通》中称其为《太史公记》或《太史记》，而班彪的《略论》、王充的《论衡》中则称之为《太史公书》。凡此种种，就是不见"史记"之名。

至于《史记》这一书名，据梁启超考证，大概始于魏晋，实际上是《太史公记》的略称（略掉了"太"、"公"二字）。此后，这一书名便逐渐得到公认。

什么是绝句？

绝句，又称断句、截句、绝诗。每首四句，通常有五言、七言两种。简称五绝、七绝，也偶有六绝。它源于汉及魏晋南北朝歌谣。"绝句"这一名称大约起于南朝。梁、陈时，已较普遍地用绝句泛指四句短诗，其押韵平仄都较自由，或称古绝句。唐以后盛行近体绝句，格律同于八句律诗中的前、后或中间四句。所以，唐人有的在诗集中把绝句归于律诗。后来也有学者认为绝句是截于律诗之半而成。绝句灵活轻便，适于表现一瞬即逝的意念和感受，广为诗人所采用，创作之繁荣超过其他各体诗。

宋代洪迈曾辑录唐人绝句万首，约占现存唐诗总数1/5。除李白、王昌龄、杜牧、李商隐以绝句擅长外，还有不少千古名篇，并不一定出自名家之手。另外，唐人绝句大都配乐歌唱，如王维《渭城曲》、李白《清平调》、刘禹锡和白居易的《竹枝词》、《杨柳枝》等，所以，绝句也被人视作唐人乐府。

中国第一部地方志是什么？

《华阳国志》又名《华阳国记》，常璩撰于东晋穆帝永和四年（348）至永和十年（354）之间，它是记述巴蜀地区历史、地理、人物的著作，是中国第一部地方志书。

常璩，字道将，生卒年不详，蜀郡江原（今四川崇州东南）人。常璩著《华阳国志》，一是为桑梓情浓，二是为政治说教。他担心乡梓历史被湮没，而撰书可"防狂狡，杜奸萌，以崇《春秋》贬绝之值也；而显贤能，著治乱，亦以为奖劝也"。《华阳国志》在编撰上自成体系，它把三州的历史面貌、政治变迁、不同时期的人物传记，由远而近、由广而微编纂成一书，集中记述了东晋初年以前梁、益、宁三州的历史，是本时期地方史的杰作。

191

《华阳国志》共四卷，对西南30多个少数民族和部落的名称及分布的记述，特别是一些部落的历史、传说、风俗及与汉族皇朝关系的记载，为研究民族的起源、迁徙历史等，提供了非常有价值的线索和根据。

我国最早的书店是什么？

"书店"早些时候也叫"书局"，古时候则叫"书肆"。书肆起于何时？据有关文献推断，汉唐之际应是我国古代书肆产生和初步发展的重要时期。书肆产生并见诸文献，是西汉时期。书肆还有叫"书林"、"书铺"、"书棚"、"书堂"、"书屋"等名的。既刻书，又卖书。古代也有直称字号的，有"当文堂"、"养正斋"、"鸿运楼"、"崇文阁"之类。这些名号，除统称"书肆"外，宋代以后也统称为"书坊"。"书店"一名最早见于清乾隆年间，距今已有200多年了。

唐代是我国文化典籍最为兴盛的时期之一，也是我国书肆发展史上的重要阶段。唐代的书肆遍及江南各地。其中以西京长安的书肆最为兴盛。所售之书种类齐全，应有尽有。东都洛阳是唐代的第二大城市，又是当时举行科举考试的第二试场，书肆之设自不待言，益州、成都是唐代麻纸的主要产地，自然也是书肆的活跃之地。

我国第一部图书分类法著作是什么？

《七略》是我国第一部综合性的系统反映国家藏书的分类目录，又是我国最早的一部图书分类法，成书于公元前6年，根据当时的国家藏书编制而成。据阮孝绪《七录序》，刘歆的《七略》，是在其父《别录》的基础上，"撮其指要"而成。《别录》是刘向校书时所撰叙录全文的汇编，篇幅比较多。《七略》是摘取《别录》内容成书，比较简略，所以叫做"略"。《七录序》谓："其一篇即六篇之总最，故以辑略为名，次六艺略，次诸子略，次诗赋略，次兵书略，次数术略，次方技略"，故称《七略》。

《太平御览》的名字是怎么来的？

《太平御览》此书是北宋前期官修"四大书"之一。《四库全书总目提要》谓："宋李昉等奉敕撰。以太平兴国二年受诏，至八年书成。初名《太平类编》，后改名为《太平御览》。宋敏求《春明退朝录》谓书成之后，太宗日览三卷，一岁而读周，故赐是名也。"

我国古代最大的百科全书是什么？

明成祖时《永乐大典》的纂修，是我国文化史上的一件大事，如此一部规模宏大的类书，永乐帝当时未能毅然付之刊印，仅抄写一部，存于皇宫深院中。《永乐大典》初名《文献大成》。明永乐元年（1403年）七月，明成祖朱棣命解缙、姚广孝、王景、邹辑等人纂修大型类书，永乐二年（1404年）十一月编成《文献大成》。《永乐大典》是我国古代编纂的一部大型类书，收录入《永乐大典》的图书均未删未改，是中华民族珍贵的文化遗产，是中国古代最大的百科全书。

《四库全书》是如何编纂成的？

《四库全书》，丛书名。清乾隆时编纂。1772年开始，经十年编成。中国古代最大的一部官修书，也是中国古代最大的一部丛书，分经、史、子、集四部，故名四库。据文津阁藏本，该书共收录古籍三千五百零三（3503）种、七万九千三百三十七（79337）卷、装订成三万六千余册，保存了丰富的文献资料。"四库"之名，源于初唐，初唐官方藏书分为经史子集四个书库，号称"四部库书"，或"四库之书"。经史子集四分法是古代图书分类的主要方法，它基本上囊括了古代所有图书，故称"全书"。清代乾隆初年，学者周永年提出"儒藏说"，主张把儒家著作集中在一起，供人借阅。此说得到社会的广泛响应，这是编纂《四库全书》的社会基础。《〈四库全书〉总目提要》又是一部重要的目录学著作。

历史上同门三才俊有哪些？

三班：汉朝史学家、政治家班固、班超、班昭兄妹。

三曹：魏建安时期著名诗人曹操、曹丕、曹植父子。

三张：西晋文学家张载、张协、张亢兄弟。

柳氏三绝：宋朝词人柳永、柳三复、柳三接兄弟。

三苏：宋朝文学家苏洵、苏轼、苏辙父子。

三袁：明朝公安派诗人袁宗道、袁宏道、袁中道兄弟。

万氏三兄弟：我国影坛美术动画片的先驱万籁鸣、万古蟾、万超尘兄弟。

黄氏三兄弟：我国文艺界著名的摄影师、导演、演员兼作家黄宗江、黄宗洛、黄宗英兄妹。

陈氏三雄：我国举坛名将陈镜开、陈满林、陈伟强兄弟父子（叔侄）。

唐诗共有多少篇？

《全唐诗》，清康熙四十四年，彭定求、沈三曾、汪士纮、汪绎、俞梅等10人奉敕编校，"得诗四万八千九百余首，凡二千二百余人"，共计900卷，目录12卷。

曹雪芹的祖父曹寅奉旨刊刻《全唐诗》，全书架构在明代胡震亨《唐音统签》和清代季振宜《唐诗》的基础上，旁采残碑、断碣、稗史、杂书，拾遗补缺，巨细靡遗。但也有误收、漏收之弊，如《全唐诗》收唐温如之诗，但温如实非唐代人，一些敦煌故物不见于当时，如王梵志的诗，韦庄《秦妇吟》则未见记载，后来还有《全唐诗补编》。

近年日本学者平冈武夫编《唐代的诗人》、《唐代的诗篇》，将《全唐诗》所收作家、作品逐一编号作了统计，该书共收诗49403首，句1555条，作者共2873人。

《木兰诗》的主要内容是什么？

《木兰诗》，北朝民歌，也是我国古典诗歌中不可多得的优秀叙事长诗之一，选自宋代郭茂倩编的《乐府诗集》，长达三百余字。内容写少女木兰

代父从军的故事，塑造了一个奔赴疆场、屡立战功而又不失劳动人民本色的女英雄形象。这种艺术形象，打破了"女不如男"的封建传统观念。它是现实主义和浪漫主义相结合的诗篇。诗的语言丰富多彩，有朴素自然的口语，有精妙工整的律句。句型或整或散、长短错落，排句的反复咏叹，譬喻的新颖出奇，都加强了诗的音乐性和表现力。

《孔雀东南飞》的主要内容是什么？

《孔雀东南飞》，汉乐府诗篇名，因其首句为"孔雀东南飞"，故名。最早见陈代徐陵《玉台新咏》，题名为《古诗为焦仲卿妻作》。全诗一千七百多字，是保存下来的我国古代最早的一首长篇叙事诗。它通过焦仲卿、刘兰芝的婚姻悲剧，有力地揭露了封建礼教、封建家长制的罪恶，同时热烈歌颂了兰芝夫妇为了忠于爱情宁死不屈地反抗封建恶势力的斗争精神。《孔雀东南飞》艺术成就较高，成功地塑造了几个鲜明的人物形象，通过这些来表现反封建礼教的主题思想。全诗语言朴素通畅，叙事中兼有浓厚抒情，描写上铺张排比，是当时五言叙事诗的代表作品。

什么是骈文？

中国古代魏晋以后产生的一种文体。又称骈俪文，也称"骈体文"或"骈偶文"；因其常用四字、六字句，所以也称"四六文"或"骈四俪六"。全篇以双句为主，讲究对仗的工整和声律的铿锵。

中国的散文从汉代到六朝，出现了"文"、"笔"的对立。所谓"文"，就是专尚辞藻华丽，受字句和声律约束的骈文。所谓"笔"，就是专以达意明快为主，不受字句和声律约束的散文。文笔分裂后，骈文就成为和散文相对举的一种文体。骈文盛行于六朝，代表作家有徐陵、庾信。中唐古文运动以后，稍告衰落。在元明两代成为绝响。至清初，作者接踵而起，以清末王运为最后一个作家。

《山海经》是如何出现的？

《山海经》是我国先秦古籍。一般认为主要记述的是古代神话、地理、物产、神话、巫术、宗教、古史、医药、民俗、民族等方面的内容。有些学者则认为《山海经》不单是神话，而且是远古地理著作。《山海经》一书的作者和成书时间都还未确定。过去认为为大禹、伯益所作。现代中国学者一般认为《山海经》成书非一时，作者亦非一人，时间大约是从战国初年到汉代初年由楚，巴蜀等地方的人所作，到西汉校书时才合编在一起。其中许多可能来自口头传说。

《山海经》对后世有什么样的影响？

《山海经》涉猎之广，内容之奇杂，从古至今使人对其该归于何类多有分歧。《汉书·艺文志》将它列入形法家之首，《隋书·经籍志》以下则多将它归入地理书，但清《四库全书总目提要》却谓其为"小说之最古者尔"，鲁迅先生则将它视为"古之巫书"。因此，《山海经》问世之后，围绕其内容、成书时间的争论，对它的作者是谁一直众说纷纭，乃至酿成学术界中千年未解的悬案。

散文是怎么出现的？

我国古代散文的发端，可以追溯到殷商时代，商朝的甲骨卜辞中，已经出现不少完整的句子。西周青铜器上的铭文，有的长达三五百字，记录贵族事功、诉讼原委或赏赐情由等等，记叙的内容已经相当丰富。这些可以看作是古代散文的雏形。春秋战国时期，是我国古代散文蓬勃发展的阶段，出现了许多优秀的散文著作，这就是文学史上的先秦散文。先秦散文分为两种，历史散文和诸子散文。

不同朝代的散文呈现什么样的特点？

《尚书》是第一部散文集。春秋战国时代，百家争鸣，产生了诸子散文。《左传》与《战国策》是先秦历史散文的代表。魏晋南北朝时期，散文多讲求声律，形成骈俪文体，《水经注》、《洛阳伽蓝记》不同凡响。北宋时，欧阳修力倡古文，苏氏父子等人互相应和，古文日渐占领文坛。元明清时期散文基本上继承发展了唐宋古文运动的精神。明代出现了前后七子的复古派，反对复古的唐宋派，主张性灵的公安派。清代影响最大的是桐城派。

《烈女传》的主要内容是什么？

《烈女转》共分七卷，共记叙了105名妇女的故事。这七卷是：母仪传、贤明传、仁智传、贞顺传、节义传、辩通传和孽嬖传。西汉时期，外戚势力强大，宫廷动荡多有外戚影子。刘向认为"王教由内及外，自近者始"，即王教应当从皇帝周边的人开始教育，因此写成此书，以劝谏皇帝、嫔妃及外戚。《烈女传》选取的故事体现了儒家对妇女的看法，其中有一些所赞扬的内容在现在的多数人看来是对妇女的不公平的待遇。

《老残游记》的主要内容是什么？

《老残游记》对事物的描写比较细腻，文笔也很生动。其中对白妞美妙的歌声、桃花山月色、黄河冰月、大明湖的景物都描绘得清丽如画。作品在人物刻画上还采用了大段的心理描写，这在传统的小说中是少见的。

《官场现形记》的主要内容是什么？

《官场现形记》写于光绪二十七到三十一年，共五编，60回，由多个故事连绕而成。小说揭露了上至尚书、军机大臣，下至州县吏役佐杂蝇营狗苟、排挤倾轧、见钱眼开、道德败坏的丑恶现实。首先，作品揭露了官僚统治集团卖官鬻爵、贿赂公行的罪恶：江西代理巡抚何藩台，公开要亲友"四处替他招揽买卖，"一般差使起码一千元，美缺要二万银子。京师还出现了以替买卖官职的人牵绳拉线为职业的人。官场变商场，官员们"千里做官只为钱"，可见清末吏治败坏到何等地步！

《二十年目睹之怪现状》的主要内容是什么？

《二十年目睹之怪现状》不仅写了官场人物，还旁及了医术星相、三教九流，但重点还是暴露官场的黑暗腐朽。作者笔下的大小文武官员都是些道德败坏、贪财无耻的家伙。作品借卜士人开导侄孙，介绍了官场哲学："至于官，是拿钱捐来的。钱多，官就大点；钱少，官就小点"。"你千万记着'不怕难为情'五个字的秘诀，做官是一定得法的。"小说真实地再现了官员们卖官谋利的情况。江苏总督将全省的县名写在手折上，注明钱数兜售官职，还美其名曰"点戏"。于是官场中就出现了做贼的知县，盗银的臬台。更有甚者，一个堂堂的候补道台竟将妻子送去为巡抚"按摩"，苟观察竟逼自己守寡的儿媳去做制台的姨太太。

《孽海花》的主要内容是什么？

《孽海花》以状元金雯青与妓女傅彩云(赛金花)的婚姻故事为线索，对清末同治初年到甲午战争这三十年间的众多真实人物进行了艺术加工，反映了当时广阔的社会画面，表达了反对封建专制统治、反对帝国主义侵略，要求革新图强、拯救祖国的进步思想。小说以较多的篇幅抨击了封建专制政体，大胆地指斥清代帝王"暴也暴到吕政、奥古士都，成吉思汗、路易十四的地位，昏也昏到隋炀帝、李后主、查理士、路易十六的地位。"作品描写西太后凶顽贪暴，荒淫无耻，公然以三万银元出卖一个军机要职，挥霍"一国命脉所系"的

海军军费来修造供她玩乐的颐和园。晚清的大臣们则是些"乱国有余，治国不足"的废物，在内忧外患接踵而来的时候，他们或养尊处优，或惊慌失措，或醉生梦死。

什么是抄本？

在雕版印刷发明之前，书籍的流传主要靠手抄写，这类书籍叫做抄本，或称为写本。在雕版印刷产生之后，还有许多抄本流传。版本包括了刻本、抄本两大类。凡是抄写、誊写、誊录、抄录、摹写的书，都可叫抄本。

现存世界上最早的抄本，当为我国晋人陈寿抄写的《三国志》。这部用纸抄写的书的残卷，是1924年在我国新疆出土文物中发现的，存80行，1900余字。

东汉时期，出现了成熟的造纸术。唐朝7世纪，已出现雕版印刷术。但在古代，印刷出版的书仍是少数。大量的个人作品，是用手抄的形式留存的。文房四宝是每个文人书房里必备的书写工具，书法也是士大夫的必备素养之一。

什么是蓝本？

蓝本原是古籍版本的一种形式。明清时期，书籍在雕版初成以后，刊刻人一般先用红色或蓝色印刷若干部，以供校订改正之用，相当于现代出版印刷中的"校样"，定稿本再用墨印。

在现代机械化印刷术传入中国以前，书籍的出版多靠木版印刷。一部书由多块木版雕成，雕好后一般先用蓝色的墨印出极少的几部作为批量印刷的样书，或称标准本。之后的批量印刷都以蓝本为质

量标准。因此在古籍善本鉴定中，同样一部书，蓝本的价值比墨印的就高得多，因为它稀少，而且内容的准确，印刷的质量，校勘的精良等各方面水平都比较高，"蓝本"的意义因此得来。

我国最长的古典小说是什么？

我国最长的古典小说是《榴花梦》，它是清代道光年间福州女作家李桂玉用毕生精力写成的全书360卷，约483万字，比《红楼梦》长4倍，《榴花梦》用韵文写成叙述唐代中叶一群闺中女子在兵荒马乱时出来建功立业的故事。

常见古书的合称有哪些？

三易：《连山》、《归藏》、《周易》。

三礼：《周礼》、《仪礼》、《礼记》。

四书：《大学》、《中庸》《论语》、《孟子》。

四梦：《南柯记》、《还魂记》、《紫钗记》、《邯郸记》。

四大千：《太平御览》、《册府元龟》、《文苑英华》、《全唐文》。

五经：《诗》、《书》、《礼》、《易》、《春秋》。

五大奇书：《三国演义》、《水浒传》、《西游记》、《石头记》、《金瓶梅》

十通：《通典》、《通志》、《文献通考》、《续通典》、《续通志》、《续文献通考》、《清通典》、《清通志》、《清文献通考》、《清续文献通考》。

十才子书：《三国演义》、《好逑转》、《玉娇梨》、《平山冷燕》、《水浒传》、《西厢记》、《琵琶记》、《白圭志》、《斩鬼传》、《驻春园小史》。

十三经：《易》、《书》、《诗》、《周礼》、《仪礼》、《礼记》、《左传》《公羊传》、《古梁传》、《论语》、《孝经》、《尔雅》、《孟子》。

中国古书的第一部有哪些？

第一部字典是《说文解字》。

第一部词典是《尔雅》。

第一部韵书是《切韵》。

第一部方言词典是《方言》

第一部字书是《字通》。

第一部诗集是《诗经》。

第一部文选是《昭明文选》。

第一部神话集是《山海经》。

第一部神话小说是《搜神记》。

第一部笔记小说集是《世说新语》。

第一部论语体著作是《论语》。

第一部编年体史书是《春秋》。

第一部纪传体通史书是《史记》。

第一部断代史史书是《汉书》。

第一部历史评论著作是《史通》。

第一部兵书是《孙子》。

第一部古代制度史是《通典》。

第一部农业百科全书是《齐民要术》。

第一部工农业生产技术论著是《天工开物》。

第一部植物学辞典是《全芳备

祖》。

第一部药典书是《新修本草》。

第一部药典书籍是《黄帝内经素问》。

第一部地理书是《禹贡》。

第一部建筑学专著是《营造法式》。

第一部珠算介绍书是《盘珠算法》。

第一部最大的断代诗选是《全唐诗》。

第一部绘画理论著作是《古画品录》。

第一部系统的戏曲理论著作是《闲情偶寄》。

第一部戏曲史是《宋元戏曲韵史》。

第一部图书分类总目录是《七略》。

什么是红学？

对《红楼梦》主题的研究、人物的研究；对《红楼梦》作者生平的研究；对《红楼梦》版本的研究，《红楼梦》与其他古典名著的相互影响等，都可称为红学。脂批的作者脂砚斋等人可以说是最早的红学家。所以，自《红楼梦》诞生的那一天起，红学的研究就开始了。红学的出现几乎与《红楼梦》的出现是同步的，也就是说，《红楼梦》尚未完成，红学就出现了。脂砚斋所作的评语，就是在《红楼梦》的创作过程中所作的。脂评牵涉到《红楼梦》的思想、艺术、作者家世、素材来源、人物评价，是标准的、而且十分可贵的红学资料。

经、史、子、集分别指的是什么？

"经史子集"是我国古代读书人对经典的分类法。

经：指儒家经典。汉代开始称《诗》、《书》、《易》、《礼》、《春秋》为"五经"。唐代把《周礼》、《礼记》、《仪记》、《公羊传》、《谷梁传》、《左传》和《诗》、《书》、《易》称为"九经"，后来又把《孝经》、《论语》、《尔雅》列入经部。至宋代又将《孟子》列入，称"十三经"。

史：指记载历史兴废治乱和各种人物以及沿革等的历史书，如《史记》、《汉书》等。

子：指记录诸子百家及其学说的书籍，如《庄子》、《韩非子》等。

集：指汇集一个作者或几个作者的诗文集，如《唐五十家诗集》等。

第十五章　政治军事

中国历代有多少皇帝？

黄帝王朝共7帝立国491年。大夏王朝共19王立国440年。大商王朝共31王立国662年。大周王朝共37王立国879年。大秦王朝共2帝3传立国15年。西楚王朝共1王立国5年。两汉共29帝立国411年。曹魏帝国共5帝立国46年。蜀汉帝国共2帝立国43年。东吴帝国共4帝立国59年。两晋共17帝立国156年。刘宋帝国共9帝立国60年。萧齐帝国共7帝立国24年。萧梁帝国共4帝7传立国56年。陈陈帝国共5帝立国33年。北魏帝国共11帝14传立国150年。东魏帝国共1帝立国17年。北齐帝国共6帝立国28年。北周帝国共5帝立国25年。大隋王朝共5帝立国39年。唐王朝共25帝立国276年。两宋共18帝立国320年。元帝国共15帝19传立国136年。大明王朝共16帝17传立国277年。清帝国共12帝立国296年。

中国皇帝之最有哪些？

秦始皇当为中国历史上第一位皇帝，公元前221年—前210年在位。

最早用年号纪年的皇帝是西汉武帝——刘彻。他于公元前140年开始使用年号"建元"纪年。

最早的娃娃皇帝是西汉昭帝——刘弗陵，公元前87年即位时只有8岁。

即位年龄最小的皇帝是东汉殇帝——刘隆，生下来只有100多天就当皇帝了。

册立皇后最多的皇帝是十六国时期匈奴汉国昭武帝——刘聪，其在位8年，共册立了11位皇后。

唐代的皇帝之最有哪些？

最早称皇帝的女农民起义领袖是唐代浙江睦州人陈硕真。653年率数千农民揭竿而起，自称"文佳皇帝"，设置官署，建立农民政权，威震江、浙一带。

使用年号最多的皇帝是武则天，她当政20多年，就更换了18个年号。

皇帝更换最多的是朝代是唐代，总共更换了20多位皇帝。

清代的皇帝之最有哪些？

在位时间最长的皇帝是清圣祖玄烨——康熙帝，1661年–1722年在位，长达61年之久。

写诗最多的皇帝是清高宗弘历——乾隆帝，据《四库全书简明目录》载，其御制诗有4集，共收诗33950首左右，远远超过了多产诗人陆游。

最后一位娃娃皇帝是清朝末代皇帝溥仪——宣统帝，即位时只有3岁。他也是中国历史上做皇帝次数最多的人。他一生共做过三次皇帝，第一次是1908–1912年；第二次是在1917年由张勋、康有为等拥护复辟，为时只有12天，第三

次是在1934年，在日本"拥护"下，由伪"满洲国"执政升为伪"满洲帝国"皇帝。

古代皇帝的日常政务是什么？

皇帝在吃早饭时，太监会把请求召见的王公大臣们的牌子递上来，叫做"膳牌"，由皇帝决定饭后召见谁。饭后，皇帝开始批阅大臣奏章、召见大臣议事。有时召见一个人、有时几个人。多的时候，一天要召见四五起，每天召见的次数也不等。

皇帝在召见大臣的时候，要询问各方面的情况和存在的问题，然后下发谕旨。清代虽然设有许多辅佐皇帝处理政务的机构，例如议政处、内阁、军机处等，但这些机构并没有决定权，朝中政事都由皇帝一人说了算。

康熙、雍正、乾隆三位皇帝都勤于理政，朱批谕旨不用别人代笔。雍正皇帝批一个折子动辄数十字甚至数百字，乾隆对臣下奏折也是"详细览阅，不遗一字"。勤政的皇帝，常常会批阅奏折一直到深夜。

皇帝处理政务的另一种方式是御门听政，这有些像我们在影视剧中看到的上朝。清朝初期规定，皇帝逢五视朝，政务繁忙的顺治、康熙皇帝几乎是每天听政。御门听政的时间多在黎明，许多重大决策，如康熙十二年讨伐吴三桂叛乱的决策；康熙二十四年、二十五年的反击沙俄侵略中国的雅克萨战役决策等等，都是在御门听政时做出的。

什么是年号？

年号是中国古代封建皇帝用以纪年的名号。年号是从汉武帝开始有的。汉武帝即位的那年，称为建元元年，第二年称建元二年，以此类推。新君即位必须改变年号，称为改元。文天祥《指南录后序》："是年夏五，改元景炎"，是指南宋端宗极为，改年号为景炎。同一皇帝在位时也可以改元，如女皇帝武则天在位十四年，前后改元达十二次。明清两代皇帝一般不改元，一个皇帝一个年号，故往往就用年号来称呼皇帝，如明成祖朱棣在位年号永乐，称永乐皇帝；清爱新觉罗弘历在位年号乾隆，称乾隆皇帝。

什么是谥号？

谥号，古代帝王、诸侯、卿大夫、高官大臣等死后，朝廷根据他们的生平行为给予一种称号以褒贬善恶，称为谥或谥号。谥号多用一个字的，也有用两个字的。后世帝王谥号多用一字，如汉武帝、隋炀帝；非帝王者的大多用两字，如文忠公、忠烈公等。

什么是庙号？

庙号，封建帝王死后，在太庙立室奉祀，特立名号，叫庙号。自汉代起，每个朝代的第一个皇帝一般称太组、高祖或世祖，以后的嗣君则称太宗、世宗等。唐以前对殁世的皇帝一般简称谥号，如汉武帝、隋炀帝，而不称庙号，唐以后则改称庙号，如唐太宗、宋太祖等。

什么是"禅让"？

禅让，指古代帝王让位给别人，中国原始社会末期推选部落首领的制度。

尧舜禹是继黄帝之后的三位贤能的部落联盟首领。当时，这三位部落首领的产生便是实行的"禅让制"。

尧，号陶唐氏，是帝喾的儿子、黄帝的五世孙，居住在西部平阳（今山西省一临汾县一带）。尧当上部落联盟的首领，和大家一样住茅草屋，吃糙米饭，煮野菜作汤，夏天披件粗麻衣，冬天只加块鹿皮御寒，衣服、鞋子不到破烂不堪绝不更换。老百姓拥护他，如爱"父母日月"一般。

尧在位七十年后，年纪老了。他的儿子丹朱很粗野，好闹事。有人推荐丹朱继位，尧不同意。后来尧又召开部落联盟议事会议，讨论继承人的人选问题。大家都推举虞舜，说他是个德才兼备、很能干的人物。尧很高兴，把自己的两个女儿娥皇、女英嫁给舜，并考验了三年才将帝位禅让给舜。

我国最早的军事院校是什么？

我国军事院校的历史，最早开始于1043年北宋庆历年间的武学。另外有人认为，前秦国王苻坚举兵征前燕、平前凉、灭代国，统一了北方的大部分地区之后，为进一步训练军中诸将，以夺天下，于公元380年2月办过实属军事院校的教武堂，教员实晓达阴阳、精通孙吴兵法的专家，学员是身经百战的骁勇战将，而校址则选在位于水陆交通要道的渭城，可见当时苻坚对这所军校是何等重视。教武堂办起来之后，却受到了一些文武大臣的反对。前秦王朝的秘书监朱彤面谏苻坚，说："陛下东征西讨，所向无敌，四海之地，十得其八，虽江南不服，盖不足言。此时，应该稍缓武事，增修文德。而陛下建立学舍，教人战斗之术，这是不能使国家升平泰安的。况且，诸将都是身经百战之多，哪个不懂兵法。现在却将他们受教于文弱书生，这不是强他人之志吗，这件事，实在是无益于实而有损于名，请陛下三思！"苻坚经不住朱彤的诱劝，最后还是下令解散了这所教武堂。

什么是击鼓与鸣金？

击鼓和鸣金是古代军事指挥的号令。击鼓就是敲战鼓；鸣金就是鸣钲。钲是古代的一种乐器，用铜制成，颜色似金。

击鼓鸣金就是击鼓号令进攻，鸣金号令收兵。关于"击鼓鸣金"的来历，有一种传说供大家参考：黄帝在与蚩尤作战时制造的是革鼓。他从东海流波山上猎获了一种叫做'夔'的动物，它的形状像牛，全身青黑色，发出幽幽的光亮，头上不长角，而且只有一只脚。这种动物目光如电，叫声如雷，十分威武雄壮。当时黄帝为它的叫声所倾倒，就剥下它的皮制成八十面鼓，让玄女娘娘亲自击鼓，顿时声似雷霆，直传出五百里。这就是后世"击鼓进军，鸣金收兵"的来历。

我国最早的骑兵是什么？

我国是世界上较早拥有骑兵的国家之一。中国在春秋时代以前作战以车战为主，步兵仅起辅助作用，兵车的数量多少成为军事实力的象征，基本没有骑兵这一兵种。到春秋时期步兵开始兴起，军队成

为车步并重，各国的军队中有了少量的骑兵，同战车步兵混编，仅是一种无足轻重的辅助力量。到了战国时代随着战争规模的扩大，战术的多样化及同北边游牧民族的战争需要，骑兵作为一种独立的兵种正式登上战争舞台。

步兵的由来是什么？

据史书记载，我国最早的步兵部队，产生在春秋时期的晋国，而第一次独立使用步兵作战的地点，则在今天山西省太原市附近。

春秋时期，中原一带的诸侯交战主要是车战。公元前632年，晋文公重耳为了对付戎狄族的武装侵扰，建立了"三行为伍"独立于战车建制以外的步兵。但在相当长的时间内，它主要任务是担任边防和卫戍任务，并不是军队中的主力。直到公元前541年，在太原附近发生的一次与戎狄族的交战，步兵的作用才第一次得到充分的发挥。

沙盘是怎么来的？

根据地形图、航空相片或实地地形，按一定的比例关系，用泥沙、兵棋和其他材料堆制的模型就是沙盘。沙盘分为简易沙盘和永久性沙盘。简易沙盘是用泥沙和兵棋在场地上临时堆制的；永久性沙盘是用泡沫塑料板（或三合板）、石膏粉、纸浆等材料制作的，能长期保存。沙盘具有立体感强、形象直观、制作简便、经济实用等特点。

公元32年汉光武帝征讨陇西（今甘肃东部一带）的隗嚣，召名将马援商讨进军战略。马援对陇西一带的地理情况

很熟悉，就用土堆成一个与实际地形相似的模型，从战术上作了详尽的分析。汉光武帝刘秀看后很高兴地说：敌人全在我的眼中了！变个模型对指挥作战理发了很大的作用。这就是最早的沙盘，也是沙盘的由来。

军官的由来是什么？

"军官"一词在公元前100多年的汉武帝时就出现了。当时只是把掌管军粮的官员称为"军官"。宋代以后史籍中的"军官"就是泛指武职官员了。元代将官吏区分为军官和民官两类，但在职官制度的用语上仍以"文武"相称。

清光绪三十年（公元1904年）十一月十四日，练兵处和兵部在《另定新军官制事宜》的奏折中提出，新军设"三等九级军官"，"上等军官曰都统"，"中等军官曰参领"，"下等军官曰军校"。这是"军官"一词正式用于官制的开始。但光绪三十一年八月，练兵处和兵部在《续拟陆军人员任职等级及补官体制摘要章程》的奏折中，明确规定，军官主要是指部队和军事机关的指挥官及参谋人员。此制一直被旧中国历届政府所沿用。我党领导的革命军队在实行军衔制以前，有时也称干部为军官。实行军衔制以后，就把在军队中工作的少尉以上干部称为"军官"。

我国古代的军衔制度是什么？

我国的军衔是近代北洋政府于1912年8月命名的。当然，这些军衔不是无缘无故产生的，都有深厚的历史渊源。

元帅：最早见于《左传·僖公

二十七年》所载晋文公的"谋元帅"词。唐代设有元帅、副元帅等职务，作为作战时期的最高统帅，有相当大的权力。到宋代则设有兵马大元帅，元代设有都元帅、元帅。

将军：春秋时期，晋国以卿为将军。到战国时，"将军"一词才用于官名，有大将军、上将军等职位。汉代将军名号颇多，如霍去病就叫骠骑大将军。隋唐以后，历代官名都有将军。

校："校"是古代军队的编制单位，统带一校之官称校尉。汉武帝曾设立中垒、屯骑、步兵、越骑、长水、胡骑、射声、虎贲等八校尉。这八校尉作为专掌特种军队的将领，其地位略次于将军。晋武帝时设有军校，为任辅助之职的军官。清代有步军校、护军校等官职。

尉：春秋时期，晋国上、中、下三军皆设尉。秦汉时，太尉执掌全国兵权，地位非常高，为三公之一。以后带尉字的官职，地位逐步下降。唐代折冲府以300人为团，团设校尉。明清时的卫士和八九品队官称校尉，清代七品官中有正尉、副尉。

士：在夏商周三代，天子、诸侯皆有上士、中士、下士之官，是卿大夫以下的低级职位。秦以后间有袭用古制以上、中、下士为官职者。

秦汉时期的休假制度是什么？

秦汉时期，官员的假期分为两种，一是例假，也就是例行休息的假期，就是今天所说法定假日，按照当时的规定是"五天一休"。二是事假，与今天的事假基本类似，当然普通的事情是不能请假的，它主要是病假和守坟。而守坟是因为父母丧期要守孝三年，所以必须请假。对病假的规定，俸禄二千石的官员可以带一部分家属回老家养病，二千石以上的即使有病也不能离开担任官职的地方。除了类似星期天的休假外，政府的法令也规定了节庆的假日。在唐、宋时期，有放假一天、三天、五天或七天的大小节庆。最长的是新年和冬至，各放七天。

唐元时期的休假制度是什么？

在唐代，据统计一年共有53天的节庆假日，包括皇帝的生辰放假三天，佛诞和老子的诞辰各放假一天。宋代有54天这样的假日，但只有18天被指定为"休务"，所以，可以想象其他的假日至少有一部分时间要照常办公。元代规定有16天的节庆假日。明、清时期，节庆假日起初甚至比元代还少。政府法令最初只规定了三个主要的节庆：新年、冬至，还有皇帝的生辰。

明清时期的休假制度是什么？

明、清时期的主要改变是采用了长约一个月的新年假或寒假。钦天监的官员会选择十二月二十日左右的一天，作为全国官员"封印"的日子。大约一个月之后，又会宣布另外一天来"开印"。在这一段期间，官员仍要不时到他们的官署，但是司法案件完全停止处理。寒假可以看作是对例假日和节庆假日损失的补偿。

"三军"的来历是什么？

春秋时，大国通常都设三军，但各国称谓有所区别，如晋国称中军、上军、下

军；楚国称中军、左军、右军；齐国、鲁国和吴国都称上、中、下三军。三军各设将、佐等军衔，而中军将则是三军统帅。随着时代演进，上、下、中军渐渐被前军、中军、后军所代替。

到了唐、宋代以后，这样的编制已成为军队的固定建制。这时三军的主要标志是担任不同作战任务的各种部队。前军是先锋部队；中军是主将统率的部队，也是主力；后军主要担任掩护和警戒任务。

军机处是怎么来的？

军机处是清代辅佐皇帝的政务机构。任职大臣由亲王、大学士、尚书、侍郎、京堂兼任，称为军机大臣。军机处，亦称"军机房"、"总理处"，是清朝中后期的中枢权力机关。

雍正七年，用兵西北，以内阁在太和门外，恐泄漏机密，始于隆宗门内设置军机房，选内阁中谨密者入值缮写，以为处理紧急军务之用。十年，改称"办理军机处"，简称"军机处"。

军机处的作用，包括了行政和统治两方面。就行政方面而言，军机处实有保持机密及提升治事效率的作用。军机处本身只设军机大臣及章京两类人员，大臣面承谕旨，而章京则分班治事，人手既少，自然容易课定责任，保机密不致外泄。且军机处依皇帝旨意草拟诏令，交皇帝过目，再由内阁交到六部，这种公开宣示的方式，称为"明发"。

在统治上，军机处的设立亦能方便皇帝控制部院和派遣差使。军机大臣既非专官，亦无属吏，一切黜陟，全赖皇帝之好恶，这对皇统统驭军机处有利。而且军机大臣不设专官，却常置其职于部院，故君主控制军机大臣时，亦间接统驭部院，达到集权的目的。

什么是尚方宝剑？

我们平日看旧戏，忠奸剧斗，势成水火，忠臣常常落在下风，皇帝也昏庸，就在忠臣眼看要遭奸佞毒害的时候，奇迹出现了：一柄尚方宝剑赫然出匣，上打君不正，下打臣不忠，昏君气沮，奸臣授首。台下观众人心大快，千百颗悬着的激愤之心得到安慰。尚方宝剑成了平民百姓对正义和忠良的寄托与期待，在以天授神权对不法不天的斗争中，尚方宝剑焕发出神奇的光彩。

"尚方"也称"上方"，尚方是少府的一个属官，主要工作为皇帝供应器物。少府是九卿之一。尚方宝剑就是由"尚方"所铸造的宝剑，亦称为势剑。尚方是掌管供应制造皇所用刀、剑等器物的一个部门、是于秦朝所始设的。尚方宝剑是指皇帝所御用剑，是一种最高权力的象征。

持有尚方宝剑的人是皇帝最信任的人，有先斩后奏之特权。但这样先斩后奏也必须按法行事，不能胡来。

符、节有什么样的含义？

所谓符，是古代朝中传达命令、调遣名将所用的凭证，先用金、玉、铜、竹或木制成某种形状，再从中间剖成两半，君王的使者和被调遣者各持一半，传令时相合，以检验真假。战国时期秦国的杜虎符，是现存最早的一件调兵凭证，一符剖为左右两半，右半留存于朝廷，左半交地方官吏或统兵将帅保管，使用时两半相合，就是为"符合"，表示命令验证可信。

节是水陆交通运输凭证，相当于现在的交通运输通行证。《鄂君启节》于1957年4月在安徽省寿县城南邱家花园出土，分为舟节和车节两种，是战国中期楚国器，青铜铸造。舟节主要用于水路运输通行；车节主要用于陆路运输通行。使用时货主与官吏各有相同的节，对核后无误才可通行。

三令五申分别是什么？

"三令五申"是我国古代的军令，军事纪律的简称，它最早出自《史记·孙子吴起列传》。

宋代曾公亮撰写的《武经总要》一书中记载了三令五申的具体所指。"三令"，一令观敌人之谋，视道路之便，知生死之地；二令听金鼓、视旌旗，以齐耳目；三令举斧钺，以宜其刑赏。"五申"，一申赏罚，以一其心；二申视分合，以一其途；三申画战阵旌旗；四申夜战听火鼓；五申听令不恭，视之以斧钺。实际上，它是教育将士应该在战阵中和军事行动中明确作战原则。

兵法三十六计有哪些？

三十六计共分六套，即胜战计、敌战计、攻战计、混战计、并战计、败战计。前三套是处于优势所用之计，后三套是处于劣势所用之计。每套各包含六计，总共三十六计。依序列出，它们是：

第一套胜战计：瞒天过海，围魏救赵，借刀杀人，以逸待劳，趁火打劫，声东击西。

第二套敌战计：无中生有，暗渡陈仓，隔岸观火，笑里藏刀，李代桃僵，顺手牵羊。

第三套攻战计：打草惊蛇，借尸还魂，调虎离山，欲擒故纵，抛砖引玉，擒贼擒王。

第四套混战计：釜底抽薪，混水摸鱼，金蝉脱壳，关门捉贼，远交近攻，假道伐虢。

第五套并战计：偷梁换柱，指桑骂槐，假痴不癫，上屋抽梯，树上开花，反客为主。

第六套败战计：美人计，空城计，反间计，苦肉计，连环计，走为上。

我国古代的十大兵书是什么？

1.《孙子兵法》是我国现存最早的兵书，为春秋末孙武所著，共80篇，图9卷，今存13篇。

2.《孙膑兵法》为战国时齐国孙膑所著。共39篇，图4卷，隋以前失传，1972年在山东临沂县西汉墓中重新发现其残简。

3.《吴子》由吴起、魏文侯、魏武侯辑录，共48篇。

4.《六韬》传说为周代吕尚（姜太公）作，现存6卷。

5.《尉缭子》传说为战国尉缭所著，共31篇，今有5卷，共24篇。

6.《司马法》战国时齐威王命大夫整理古司马兵法，现存5卷，共150篇。

7.《太白阴经》由唐代李筌撰写，10卷。

8.《虎钤经》由宋代许洞撰写，共20

卷120篇。

9.《纪效新书》由明代戚继光在东南沿海平倭寇时撰写，18卷。

10.《练兵实纪》由戚继光撰写，9卷正集，附杂集6卷。

《六韬》的内容是什么？

《六韬》一书，在军事方面，主张"伐乱禁暴"，"上战无与战"，强调"知彼知己"，"密察敌人之机"，"形人而我无形"，"先见弱于敌"。要求战争指导者"行无穷之变，图不测之利"机动灵活地运用各种战略战术。它认为作战中最重要的是奇正变化，"不能分移，不可语奇"。对于攻城，它认为最好的办法是围困打援，迫敌投降。它重视地形、天候对战术的影响。总结了步、车、骑兵种各自的战法及诸兵种的协同战术。它重视部队的编制和装备，详细记述了古代指挥机关的人员组成和各自的职责，提出了因士兵之所长分别进行编队的原则。

被称为"兵学圣典"的兵家著作是什么？

《孙子兵法》又称《孙武兵法》、《吴孙子兵法》、《孙子兵书》、《孙武兵书》等，是中国古典军事文化遗产中的璀璨瑰宝，是中国优秀文化传统的重要组成部分。目前认为《孙子兵法》是由孙武草创，后来经其弟子整理成书的。

《孙子兵法》成书于春秋末期，是我国古代流传下来的最早、最完整、最著名的军事著作，在中国军事史上占有重要的地位，其军事思想对中国历代军事家、政治家、思想家产生非常深远的影响，其已被译成日、英、法、德、俄等十几种文字，在世界各地广为流传，享有"兵学圣典"的美誉。作为华夏文化乃至世界文明中的瑰宝，《孙子兵法》不仅仅是一部兵法，不仅止于中华文化中的重要遗产，他更是华夏智慧与朴素思想的象征。

《孙子兵法》的意义，不仅仅是一部军事著作，它更代表着炎黄子孙的智慧、思想、文化，是几千年华夏文化的结晶，是中华文明的智慧根基、源泉。

中国古代短兵交战的十大阵法分别是什么？

阵法是古代冷兵器时代的一种战斗队形的配置，具有重要的实战意义的。在古代战争短兵接战的条件下，为着要求战场上统一的指挥和协同动作而产生的。

战国时期《孙膑兵法》集先人之大成，将春秋以前的古阵总结为十阵。这"十阵"分别是方阵、圆阵、疏阵、数阵、锥形阵、雁形阵、钩形阵、玄襄阵、水阵、火阵等。水阵和火阵讲的是水战和火战的战法，不是单纯的战斗队形，所以孙膑十阵实际上只有八种基本的战斗队形。

什么是方阵？

方针是冷兵器时代，军队战斗的最基本队形。大的方阵都由小的方阵组成，这就叫"阵中容阵"。孙膑认为方阵应该"薄中厚方"，就是说方阵中央的兵力少，四周的兵力多。中间兵力少，可以虚张声势。四周兵力多，可以更好的防御敌人进攻，方阵是一种攻防比较平衡的阵型，指挥等金鼓旗帜一般部署在方阵的后方。

圆阵、疏阵、数阵分别有什么特点？

圆阵是为了进行环形防御的。金鼓旗帜部署在中央，没有明显的弱点。

疏阵就是疏散的战斗队形，方阵圆阵等均可疏开为疏阵。疏阵加大行列间距，通过多树旌旗、兵器、草人，夜间多点火把，以少数的兵力显示强大的实力。

数阵就是密集的战斗队形，集中力量进行防御和进攻。

什么是锥形阵？

锥形阵：就是前锋如锥形的战斗队形，锥形阵必须前锋尖锐迅速，两翼坚强有力，可以通过精锐的前锋在狭窄的正面攻击敌人，突破、割裂敌人的阵型，两翼扩大战果，是一种强调进攻突破的阵型，锥形阵又叫牡阵。

什么是雁形阵？

雁形阵：所谓雁形阵是一种横向展开，左右两翼向前或者向后梯次排列的战斗队形，向前的是"V"字形，就像猿猴的两臂向前伸出一样，是一种用来包抄迂回的阵型，但是后方的防御比较薄弱。而向后的排列的就是倒"V"字形，则是保护两翼和后方的安全，防止敌人迂回，如果两翼是机动性比较强的骑兵，则在静止时，可获得处于中央步兵的保护与支援，而又可发挥进攻骑兵的威力，增加突然性。亚历山大在印度进

行的会战就是近似于这样一种队形。

钩形阵和玄襄阵有什么特点？

钩形阵：钩形阵正面是方阵，两翼向后弯曲成钩形，保护侧翼的安全，防止敌人迂回攻击后方指挥金鼓之所在。

玄襄阵：这是一种迷惑敌人的假阵，队列间距很大，多数旗帜，鼓声不绝，模拟兵车行进的声音，步卒声音嘈杂，好像军队数量巨大，使用各种办法欺骗敌人。

古代的战车有哪些种类？

战车是指中国古代在战争中用于攻守的车辆。攻车直接对敌作战，守车用于屯守并载运辎重。一般文献中习惯将攻车称为战车，或称兵车、革车、武车、轻车和长毂。夏朝已有战车和小规模的车战。从商经西周至春秋，战车一直是军队的主要装备，车战是主要作战方式。

洞屋车：用于攻城的战车，侯景曾经用它和它的改进型尖头木驴攻克健康，上面抗矢石，下面可以挖掘破城。

偏箱车：戚继光对抗北方游牧民族军队的战车，一侧的装甲可以作为初步的掩体。

春秋战车：中国古代的正式战车，成员包括一个使用长兵器的武士，一名射手和一名御手。

冲车：诸葛亮攻击陈仓的武器，也是历代进行攻城的时候使用的重要战车，在陈仓，被郝昭用链球式磨盘所破。

巢车：古代的装甲侦察车，用于窥伺城中动静，带有可以升降的牛皮车

厢，估计是唐代出现的。

正箱车：三面带有装甲，可以用于推出去进攻。

塞门车：守城的武器，一旦城门被撞开，这就是活动的城门。

云梯车：云梯可不是一般电影上那样一个简单的梯子，它带有防盾，绞车，抓钩等多种组件，是专用攀城工具。

塞门刀车：加以改进的塞门车，这样对方很难攀援，形成活动的壁垒。

火药武器有哪些？

古代炼丹家制药时，逐渐发现硫黄、焰硝和木炭的混合物有燃烧和爆炸能力。唐末天，在战争中开始出现火药箭，还出现"发机飞火"的记载，也就是用抛石机投掷火药包，作燃烧性兵器。宋朝东京开封府(现在的河南开封)

设广备攻城作，其中有生产火药的部门。但自南宋中期以后，火药兵器在兵器中的比重显著增大将火药筒缚在箭支的前部，利用火药燃烧时产生的后推力带动箭支前进。金朝火药制造技术来源于辽，金军攻宋之初，已使用火炮。此后，在宋、金、元之间的战争中，火药的使用愈益频繁。金末抗击蒙古军时，曾使用震天雷、飞火枪等火器。宋代出现了类似近代炮弹的铁火炮，却仍用抛石机投射；又发明了突火枪，以巨竹为筒，发射"子窠"，类似于后世枪炮，却尚未使用金属发射管。这是辽、宋、金代火药兵器进步的极限，却已决定了后世火药兵器的发展方向。总之，辽、宋、金代可算是人类使用火药的奠基时期。到元、明又发现了铜铁铸造的管状火器——铳和炮。